促进与合作：论非政府组织与服务型政府的相互构建

马全中 ■ 著

中国社会科学出版社

图书在版编目（CIP）数据

促进与合作：论非政府组织与服务型政府的相互建构 / 马全中著. —北京：中国社会科学出版社，2018.1
ISBN 978 – 7 – 5203 – 1589 – 0

Ⅰ.①促… Ⅱ.①马… Ⅲ.①非政府组织—研究 ②国家行政机关—行政管理—研究 Ⅳ.①C2 ②D035

中国版本图书馆 CIP 数据核字（2017）第 288552 号

出 版 人	赵剑英
责任编辑	吕　丞
责任校对	闫　萃
责任印制	王　超

出　　版	中国社会科学出版社
社　　址	北京鼓楼西大街甲 158 号
邮　　编	100720
网　　址	http://www.csspw.cn
发 行 部	010 – 84083685
门 市 部	010 – 84029450
经　　销	新华书店及其他书店
印　　刷	北京明恒达印务有限公司
装　　订	廊坊市广阳区广增装订厂
版　　次	2018 年 1 月第 1 版
印　　次	2018 年 1 月第 1 次印刷
开　　本	710×1000　1/16
印　　张	16.25
插　　页	2
字　　数	251 千字
定　　价	68.00 元

凡购买中国社会科学出版社图书，如有质量问题请与本社营销中心联系调换
电话：010 – 84083683
版权所有　侵权必究

目　　录

第一章　社会治理主体多元化中的政府类型再造 …………… （1）
　第一节　行政改革中的社会结构变化 ………………………… （2）
　　一　全球范围的政府改革 …………………………………… （2）
　　二　行政改革中的社会结构 ………………………………… （4）
　　三　社会治理主体的多元化 ………………………………… （7）
　第二节　政府与非政府组织的合作 …………………………… （9）
　　一　新的社会治理主体 ……………………………………… （9）
　　二　治理垄断的分解 ………………………………………… （11）
　　三　政府与非政府组织的互动与合作 ……………………… （14）
　第三节　政府模式重构的必然性 ……………………………… （16）
　　一　合作治理中的治理角色分工 …………………………… （16）
　　二　从管理到服务：政府模式的重构 ……………………… （19）
　　三　非政府组织的治理诉求 ………………………………… （22）

第二章　社会治理演变中的非政府组织 ……………………… （24）
　第一节　非政府组织的生成与兴起 …………………………… （24）
　　一　前国家主义时期的社会治理 …………………………… （25）
　　二　"小政府模式"时期的社会治理 ……………………… （27）
　　三　行政国家对市民社会的影响 …………………………… （30）
　　四　行政国家的危机与非政府组织的兴起 ………………… （33）
　第二节　非政府组织的特质 …………………………………… （38）
　　一　对非政府组织特质的多重解读 ………………………… （39）
　　二　非政府组织的社会自治性 ……………………………… （43）

三　打破社会治理结构的非政府组织 …………………………… (49)
　第三节　全球治理中的非政府组织 ……………………………………… (55)
　　一　非政府组织的伦理精神与服务原则 ………………………… (55)
　　二　新型的全球治理主体 ………………………………………… (57)
　　三　国际非政府组织的国际规则制定角色 ……………………… (62)

第三章　非政府组织与实质公共性的实现 …………………………………… (67)
　第一节　公共性的理论图谱 ……………………………………………… (67)
　　一　政治哲学视野中的公共性解读 ……………………………… (68)
　　二　行政学视野中的公共性分析 ………………………………… (72)
　第二节　公共性的发展与演进 …………………………………………… (78)
　　一　公共性的两个维度 …………………………………………… (78)
　　二　传统公共行政的形式公共性 ………………………………… (83)
　　三　追求实质公共性的民主行政 ………………………………… (87)
　　四　服务型政府的公共性 ………………………………………… (91)
　第三节　非政府组织与公共性的实现 …………………………………… (99)
　　一　新公共管理运动对民主的冲击 ……………………………… (100)
　　二　非政府组织的公共性本质 …………………………………… (102)
　　三　实质公共性的实现 …………………………………………… (105)

第四章　非政府组织与领域融合 ……………………………………………… (112)
　第一节　领域融合的趋势 ………………………………………………… (112)
　　一　哈贝马斯视野中的结构转型与领域融合 …………………… (113)
　　二　阿伦特的公共领域概念解读 ………………………………… (118)
　　三　社会生活的三个领域及其融合 ……………………………… (119)
　第二节　领域融合的组织基础 …………………………………………… (123)
　　一　官僚制的中介角色 …………………………………………… (123)
　　二　公共领域的领域中介功能 …………………………………… (125)
　　三　促进领域融合的非政府组织 ………………………………… (127)
　第三节　领域融合与服务型政府的建立 ………………………………… (133)
　　一　领域的分化 …………………………………………………… (134)

二　非政府组织促进不同领域的融合 …………………………（136）
　　三　领域融合的成果：服务型社会治理模式的产生 …………（139）

第五章　非政府组织与合作治理 ……………………………………（141）
　第一节　参与治理的兴起及其特点 …………………………………（141）
　　一　参与治理的理论解读 ………………………………………（141）
　　二　参与治理的弊端及其属性 …………………………………（148）
　第二节　政府与非政府组织的关系演变及其走向 …………………（152）
　　一　制约与合作：政府与非政府组织关系的理论分析 ………（152）
　　二　政府与非政府组织关系的协作本质 ………………………（155）
　　三　协作的治理困境 ……………………………………………（157）
　第三节　合作治理中的非政府组织 …………………………………（159）
　　一　政府与非政府组织建立合作关系的必要性 ………………（160）
　　二　非政府组织的治理功能 ……………………………………（163）
　　三　建立合作伙伴关系的现实可能性 …………………………（165）
　　四　合作治理的产生 ……………………………………………（169）

第六章　非政府组织与伦理精神的产生 ……………………………（177）
　第一节　非政府组织的公平正义功能 ………………………………（177）
　　一　公平正义的理论系谱 ………………………………………（177）
　　二　公平正义的国家主义方案 …………………………………（180）
　　三　非政府组织实现公平正义的两个维度 ……………………（182）
　第二节　非政府组织的伦理功能 ……………………………………（183）
　　一　非政府组织促进公共政策的伦理属性 ……………………（184）
　　二　非政府组织与政府服务导向的生成 ………………………（188）
　　三　非政府组织与行政人员伦理精神的产生 …………………（193）

第七章　构建服务型政府 ……………………………………………（199）
　第一节　自治与合作 …………………………………………………（199）
　第二节　合作体系中的服务型政府建设 ……………………………（209）
　　一　合作信任关系的构建 ………………………………………（209）

二　基于合作的制度设计 …………………………………（213）
　　三　服务型政府的组织形式 …………………………………（216）
第三节　服务型政府与非政府组织的互构 ………………………（219）
　　一　服务型政府的实践探索与论争 …………………………（220）
　　二　非政府组织促进服务型政府生成的四维分析 …………（229）
　　三　服务型政府对非政府组织引导的几个维度 ……………（232）

参考文献 ……………………………………………………………（240）
　译著 ………………………………………………………………（240）
　中文著作 …………………………………………………………（244）
　中文论文 …………………………………………………………（246）
　学位论文 …………………………………………………………（249）
　英文著作 …………………………………………………………（250）
　英文论文 …………………………………………………………（252）

后记 …………………………………………………………………（254）

第一章

社会治理主体多元化中的政府类型再造

在20世纪七八十年代，世界各国都面临着政府失灵问题。政府失灵是由于管理型政府的治理模式无法适应复杂社会现实所致。为应对政府失灵问题，世界各国纷纷进行行政改革。在行政改革中，各国纷纷将改革的矛头指向政府官僚体制，希望通过缩减政府规模和人员、精简政府职能以及放松对政府的规制等措施来实现政府效率的提升。但随着改革的深入，这场以私有化为目标的改革产生了多重效应。一方面，"随着改革进程的深入，尤其是随着人类社会后工业化航程的开启，一种不同于政府却又确实具有某种政府实体地位的组织产生了，这就是以'代理机构、权力主体和其他政府实体'为代表的'非政府组织'"。[①] 另一方面，20世纪80年代的全球结社革命浪潮为各种类型的组织在政府和市场之外获得了相对独立的地位，这些组织在行政学领域，称为非政府组织。[②] 非政府组织的出现使社会治理主体出现了多元化的局面，从而打破了管理行政中政府对社会治理的垄断局面。由此，社会治理从以前的单中心的政府垄断治理转变为政府与非政府组织等多元社会治理主体的合作治理。在政府与非政府组织的合作治理中，政府需要从原来的控制角色转变为服务的角色，为社会治理提供更多的政策和制度支持。也就是说，非政府组织的出现导致了政府与非政府组织的合作治理，非政府组织实际上促成一种新的社会治理模式——服务型社会治理模式的产生，即非政府

---

① 张康之、张乾友：《公共生活的发生》，高等教育出版社2010年版，第121—122页。
② 张康之：《论伦理精神》，凤凰出版传媒集团、江苏人民出版社2010年版，第57—60页。

组织催生了服务型政府的产生。

第一节 行政改革中的社会结构变化

一 全球范围的政府改革

20世纪70年代末以来，由于凯恩斯主义干预主义政策的影响，西方国家面临着一系列的危机。西方国家首先面临着财政危机。干预主义政策导致西方国家政府职能得到不断地扩张，政府触角延伸到社会生活的各个领域。由此带来的后果便是政府财政开支持续地增长。而与此同时，西方国家减税压力随着经济形势变化而不断增大。政府支出增长和减税压力相互叠加导致西方国家出现了财政危机。其次是政府的管理危机。政府职能的增加另一个负面效应是它产生了政府失灵现象，政府失灵具体表现为政府规模庞大，行政人员增多，行政效率低下和公共服务质量不高等现象。最后，政府面临着信任危机。政府失灵和公共服务供给低效导致西方国家面临着信任危机。下至普通的公民，上至政治家乃至总统都对政府官僚制缺乏信任。普通公民认为政府及其行政人员不可信任，政府部门几乎成为官僚主义的代名词；而政治家则认为官僚组织及其成员不能有效执行其制定的政策，从而将政策失灵的责任推卸给官僚组织。

为何出现政府失灵？来自理论和实践领域的观点都认为是传统的公共行政模式出现了问题。著名的公共管理学家欧文·休斯认为，无论是传统公共行政的原则，还是它的管理方法都出现了问题，休斯指出，传统公共行政的政治行政二分法存在问题，政治与行政在行政实践中是无法分离的，政治行政二分法实际上是对现代社会中政府承担大量的公共政策现实的无视，在休斯看来，以官僚制为主要组织形式的传统公共行政过于落后，官僚制的等级制和理性形式直接导致了政府的低效。[①] 著名的改革家奥斯本也认为政府官僚制存在着适应性的问题，奥斯本认为，与工业社会相适应的官僚机构，其引以为傲的严明纪律以及层级节制的指挥系统，在信息爆炸和知识密集的90年代已经运转不灵了，变得效率

---

① [澳]欧文·休斯：《公共管理导论》，彭和平等译，中国人民大学出版社2001年版，第46—47页。

低下和官僚主义严重，亟须变革。[1]

实际上，政府失灵产生有其特定的时代背景。自20世纪末以来，人类社会便出现了后工业化的迹象，即人类社会逐渐从工业社会向后工业社会转型，此时社会变得高度复杂和极度不确定。工业社会所形成的社会治理模式属于管理行政模式，这种模式在高度复杂和极度不确定的社会现实面前出现了运转失灵的情况。概言之，政府失灵是管理行政不能适应新的社会现实所造成的结果。正是因为传统公共行政模式所形成的政府失灵，导致了西方国家行政改革的兴起。在行政改革中，改革矛头直指政府官僚体制。英国著名行政学家胡德认为西方国家的行政改革主要包括这样几项内容：行政改革强调职业化管理，特别追求一种不同于公共部门的私营组织管理方式和风格；在管理方面，注重对产出的控制，强调政府的成本意识；引进绩效管理和绩效标准，变过程控制为结果控制；改革人事管理制度；引入竞争机制，给人们以公共服务的多种选择机会；单位的分散化，即将政府机构进行分解，将部分公共机构或国有公司分离出去。[2] 在著名行政学家帕特里夏看来，西方国家行政改革则包括组织、人员以及管理方式诸多方面。帕特里夏认为，西方国家行政改革在行政人员管理方面主张加强对行政人员的激励，实行行政人员的任期限制；在组织上，实行公共服务供给组织的分散化和小型化，打破官僚组织在公共服务方面的垄断；在公共服务供给机制上，改变原来政府垄断供给的局面，实行公共物品生产与供给由不同主体来承担；政府从注重程序控制转向重视绩效控制和结果控制。[3]

综观西方国家的行政改革，可以发现这场行政改革主要包括这样几项内容：一是在公共部门借鉴私人部门的管理方法。政府再造的改革者们认为公私部门的管理方法并没有什么实质性的不同，公共部门要引入私人部门的管理方法来对政府进行改造，为此，需要在政府部

---

[1] [美]戴维·奥斯本：《改革政府——企业精神如何改革着公营部门》，上海市政协编译组译，上海译文出版社1996年版，第12—13页。

[2] Hood Christopher, "A Public Management for all Seasons", *Public Administration*, Vol. 69, No. 1, 1991, pp. 3-19.

[3] Greer P., *Transforming Central Government: The Next Steps Initiative*, Buckingham: Open University Press, 1994, p. 8.

门中引入绩效评估机制，用明确可操作的绩效指标对政府进行考核，通过考核结果实现结果控制，从而用业绩控制替代传统官僚制的过程控制和程序控制。官僚制的过程控制和程序控制导致的最大问题是行政效率低下，无法有效应对复杂的社会现实，所以，通过引入绩效评估，改革者试图凭借绩效结果控制公共服务质量和考核政府部门。传统官僚制最大的问题是，由于程序导向和规则导向导致政府部门官僚主义比较严重，公民公共服务需求无法得到有效回应，所以，行政改革通过提倡"顾客导向"理念，提高政府部门对公民需求的回应性，要求政府官员要像企业家对待顾客那样对待公民。由此来提高政府公共服务质量和改善政府行政人员官僚主义作风。二是改造政府官僚制。政府组织规模巨大，人浮于事，效率低下，这是改革者需要解决的问题。对此，行政改革的主要措施是打破政府在公共服务中的垄断地位，具体做法是分化政府的职能，使政府的政策制定职能与公共服务职能分离，政府的主要职责是专注于政策供给。政府垄断社会治理职能容易产生很多问题，但问题关键在于，高度复杂的社会现实导致政府无法有效应对社会治理所带来的挑战，由此进一步导致政府失灵，所以，行政改革必须限定政府的职责，使政府职能限定在适宜承担的领域。这需要打破政府对公共服务的垄断，引入私人部门通过竞争实现公共服务的供给。将那些市场能够承担的公共服务交给市场，通过市场竞争提高公共服务的质量。在公共服务外包的同时，政府将部分公共服务供给功能剥离出去，从而实现政府精简的目的。显然，西方国家行政改革实际上是试图通过缩减政府职能和精简机构实现政府效率提升的目的。但是随着改革运动深入，随着私有化的推进，西方国家行政改革却产生了多重效应，特别是行政改革导致了非政府组织的兴起，从而引起了社会结构的变化。

二 行政改革中的社会结构

西方国家行政改革在一定程度上改变了政府效率低下和政府垄断公共服务供给的局面，产生了较好的效果。同时，以私有化为特征的行政改革却产生了意想不到的效应，这就是以代理机构、权力主体等在行政改革中产生的非政府组织的兴起。[1] 这些代理机构、权力主体主要是在全球范围内行政改革中产生的,即在政府的核心部门之外成立、设置或分立出一些具有独立性的组织,由这些组织提供公共服务和承担其他公共事务。也就是说,这些机构实际上是行政改革中分散化治理所产生的新的组织类型。这些代理机构、权力实体主要是通过以下方式建立起来的:在政府内部通过分拆形成和建立,被分拆的部门与原来政府部门之间形成的是契约关系;通过制度创新将权力实体从政府纵向层级中脱离出去;享有法律和治理上的独立性。[2] 行政改革之所以要建立这些代理机构和权力实体,主要是为了建立一种不同于官僚制的治理结构,同时也为了改变控制环境,给予这些组织一定自由管理权。[3] 所以,这些组织在相当程度上已脱离了政府部门,脱离政府官僚体制而成为新的组织——非政府组织。也就是说,这些非政府组织的出现预示着社会结构发生了变化,标志着新的社会构成成分的出现。对于非政府组织,张康之教授认为,非政府最初是在环保领域表现出治理功能的,但后来,非政府组织在更广泛的领域出现了;"在20世纪80年代开始的全球行政改革进程中,人们对非政府组织的认识,有着一个从战术性考虑向战略性选择的转变过程"。[4] 也就是说,一方面,行政改革给予非政府组织参与公共服务的机会与平台;另一方面,非政府组织在参与公共服务与社会治理中表现出卓越的社会治理功能。非政府组织的这些社会治理功能使其成为重要的社会治理主体。

必须指出的是,在行政改革中,人们对非政府组织作用的认识是不断深化的。也就是说,为了使改革更加顺利,为了给政府瘦身,改革者在政府部门之外设立这些代理机构或权力主体作为"第三部门"。这个第三部门实际上是改革的缓冲地带,这既是为了缓解政府的财政压力,也为了满足社会的公共服务需求。但是,这些第三部门却随着改革的深入显现出重大的意义。张康之教授指出,"随着行政改革运动的深入,第三

---

[1] 张康之、张乾友:《公共生活的发生》,高等教育出版社2010年版,第121—122页。
[2] 经济合作与发展组织:《分散化的公共治理:代理机构、权力主体和其他政府实体》,国家发展和改革委员会事业单位改革研究课题组译,中信出版社2004年版,第19页。
[3] 同上书,第19页。
[4] 同上书,第59页。

部门的存在与发展越来越成为'新社会自治运动'的标志,以'新市民社会'或者非政府组织的形式而引起了人们的普遍关注。"① 在行政改革中,人们发现这些非政府组织所表现出来的独特的社会治理功能和发展趋势远远超过了人们的预期,其实际上代表着社会结构的一种变化。

　　行政改革的兴起实际是对国家全面干预社会生活而导致政府治理失效的一种反应。对于非政府组织,张康之教授认为非政府组织既不属于国家,也不属于市民社会,而是由于国家对社会生活的侵占重合后而新出现的社会现象。② 行政改革最初目的是实现政府的瘦身,同时将原来由政府承担的职能交由社会来承担。但是,这些改革措施却产生了另外一个结果,即改革行动促进了非政府组织的兴起。

　　非政府组织不同于历史上曾经存在的自愿组织。在工业社会存在着大量的自愿组织,这些自愿组织的一个最大特点是,它们在社会治理中处于一种辅助地位。也就是说,这些自愿组织只是政府治理的补充角色或者说辅助工具,它们在社会治理中所发挥的作用是有限的。在某种程度上,它们并不具有真正的独立性,它们总体上依附于政府,在某种程度上成为政府的一部分。这些自愿组织在本质上属于管理型社会治理模式的一部分。管理型社会治理模式是一种控制导向的社会治理模式。在这个治理模式中,政府处于社会治理的中心,而其他组织则处于社会治理体系的边缘。而非政府组织在本质上是一种社会自治组织,它具有真正的独立性,凡是不具有真正独立性的组织都不属于非政府组织。在现实社会中,有些组织,比如工会,由于它是管理型社会的一个组成部分,它在社会治理中处于辅助地位,因此,它不属于非政府组织。非政府组织的另一主要特点是它不满足于社会治理的辅助地位,而是追求与国家或政府合作进行社会治理,要求在社会治理中独立承担某些社会治理职能。从这个意义上看,非政府组织不像历史上的其他组织那样处于社会治理体系的边缘,它是一种打破中心—边缘结构的组织类型。显然,这些都是由非政府组织在社会治理中所具有的独特功能决定的。也正是非政府组织在社会治理中具有迥异于政府的独特治理功能,从而促使非政

---

　　① 张康之:《论伦理精神》,凤凰出版传媒集团2010年版,第60页。
　　② 张康之、张乾友:《公共生活的发生》,高等教育出版社2010年版,第121—122页。

府组织与政府一样成为社会治理主体中的一员，促进了社会治理主体的多元化。

三 社会治理主体的多元化

在传统公共行政制度设计中，政府官僚组织是社会治理的唯一主体，政府垄断着社会治理的所有职能。但这种单中心的治理模式，在人类社会后工业化的进程中由于无法适应复杂社会现实而失效。但随着非政府组织的崛起，社会治理主体从单一化走向了多元化。也就是说，政府、非政府组织乃至私营部门都能够参与到社会治理中来，成为社会治理和公共服务供给的主体。这些治理主体各自拥有自身的优势，都具有不可替代性。

在多元主体中，政府仍然是社会治理的重要主体，只不过其不再垄断社会治理活动，而是和其他主体一道进行社会治理。首先，政府不再是社会治理的垄断主体。政府从许多领域中退出，其不再垄断公共服务供给等社会治理职能。许多具体公共服务的职能则交给非政府组织以及私营部门来承担。其次，政府仍然是社会治理的重要主体。政府作为社会治理主体的优势是显而易见的。政府拥有合法使用公共权力的权利，政府拥有丰富的财政资源和社会资源。因此，虽然政府在社会治理中出现了政府失灵问题，但政府仍然是社会治理的重要主体，在社会治理中发挥着不可替代的作用。

私营部门也能够提供公共服务，因而也成为社会治理主体中的一员。私营部门具有高效的特点，在某些能够市场化的公共服务中，使用私营部门提供公共服务是非常理想的选择。在新公共管理改革中，西方国家通过引入市场竞争实际上也包括引入私营部门作为社会治理的主体。英国学者达霖·格里姆赛认为，私营部门在基础设施和某些大型项目提供上具有非常大的优势，因此，通过在某些公共物品上的公私合作能够实现社会治理的革命；在达霖看来，公私合作具有灵活性的优势，而且有适应范围广的优点。[1] 显然，由于私营部门具有高效率和融资能力强的特

---

[1] ［英］达霖·格里姆赛：《公私合作伙伴关系：基础设施供给和项目融资的全球革命》，中国人民大学出版社2008年版，第236页。

点，所以它们能在社会治理和公共服务提供中发挥重要作用，因而能够成为社会治理的重要主体。

与前两者相比，非政府组织具有政府与私营部门所不具有的优势，从而也成为社会治理的重要主体。首先，非政府组织与政府具有较大的相似性。非政府组织具有非营利的特点，非政府组织所获得的收益不能在组织成员之间进行分配。它的这个特点使非政府组织与政府组织在目标上具有较大的相似性，即都具有一定的公益性和公共目标属性。与政府组织不同的是，非政府组织不像政府那样拥有强制力，它是一种来自社会的自治力量，非政府组织的这种特征使其在社会治理中更能够具有柔性化的色彩。也正因为非政府组织是一种社会自治力量，它在社会治理中更能够满足社会成员的需求。与私营部门相比，非政府组织的非营利性使非政府组织比私营部门更能够得到政府以及社会成员的接受。

新公共管理主张通过竞争提供公共服务供给，进而促使政府与其他社会治理主体之间建立一种伙伴关系。但在实际操作中，政府与其他公共服务供给者之间并没有形成一种合作伙伴关系，而更多的是一种契约关系。也就是说，在供给公共服务过程中，政府通过公共服务合同招标选取实际的公共服务供给者。在此基础上，政府与服务承包者通过签订契约而形成一种合同关系。因此，政府与其他社会治理主体之间形成的只是一种委托代理关系。在这种委托代理关系中，政府始终处于主导地位，政府仍然是控制导向的。正是因为这个原因，新公共管理改革具有不彻底性，其本质只是对管理行政的修修补补，并没有实现对政府官僚制的彻底改造。即便如此，行政改革仍然产生了一些积极影响，那就是它造成了社会治理主体的多元化，这其中就包括非政府组织的兴起。非政府组织由于其独特的社会治理功能，因而它能够在一定程度上催生合作治理的社会治理模式。总体上看，不同的治理主体都具有各自不同的优点，他们之间具有相当程度的互补性。正因如此，具有互补作用的多元社会治理主体之间才具有了建立合作关系的可能性。也正是因为不同主体间的互补性，才造就了政府与非政府组织的合作关系，进而催生了一种不同于管理型社会治理模式的新治理模式——服务型社会治理模式。

第二节　政府与非政府组织的合作

一　新的社会治理主体

行政改革中兴起的非政府组织一经产生，便显现出来不同于政府的治理能力。非政府组织的社会治理能力主要表现为公共物品的供给优势。正是因为非政府组织具有不同于政府的社会治理优势，非政府组织才成为社会治理的重要主体。

在管理行政治理模式中，政府负责公共服务的供给。政府提供公共服务有一个特点，就是它所提供的是统一的无差别的公共服务，它对所有人都是一视同仁的。但这正是政府提供公共服务的一个缺陷。因为，不同的人由于情况不同而会形成不同的公共服务需求。在这种情况下，政府实际上提供了大量的社会不需要的公共服务，这一方面造成了社会资源的浪费，另一方面也加剧了政府与社会的矛盾。而且，随着社会需求的不断扩大，政府实际上根本满足不了日益增长的社会公共服务需求。奥斯本认为，政府在某些公共服务的供给上具有优势，它在特定的场合仍然能够发挥重要的作用，在那些需求相似、环境变化不大、公共服务任务比较简单、服务需求复杂度低的情况下，譬如如图书馆、公园以及一般社会保险等，政府仍具有比较好的提供优势，而那些需求程度高的领域如教育、医疗以及住房等方面，政府供给这些公共服务则显得能力不足。[①] 同时，政府提供的公共服务往往是无效的公共服务。因为政府官僚制森严的等级体系导致政府实际上并不能有效感知社会的需求，或者说政府没有动力去了解社会的真实需求。在某种程度上，政府只是按照政府自己的意愿来提供公共服务。这些公共服务在某种程度上并不符合社会的需要。

与政府组织不同，非政府组织能够提供各种个性化的公共服务。如前所述，政府在提供各种大型的、统一的无差别的公共服务方面具有无可比拟的优势，但是它的最大问题是无法提供个性化的公共服务。非政

---

① ［美］戴维·奥斯本：《改革政府——企业精神如何改革着公营部门》，译文出版社1996年版，第10—16页。

府组织具有数量大的优势。自20世纪80年代以来，非政府组织如雨后春笋般的出现。在著名学者萨拉蒙的眼里，这种全球结社浪潮具有划时代的意义，其意义不亚于民族国家的兴起所造成的影响。实际上，大量非政府组织的出现为非政府组织提供公共服务进而成为社会治理主体打下了基础。非政府组织不但数目众多，而且形式多样，精巧灵活，遍布社会生活不同领域。政府组织是一种官僚制组织，官僚制组织由于其等级制度的关系导致官僚制组织一般结构比较复杂，机构比较臃肿，行动效率较低。而与政府组织不同，非政府组织不同于官僚制组织，其结构较为灵活，这种灵活的组织结构使其具有较高的效率。同时非政府组织种类较多，分布于社会生活的不同领域。正是因为非政府组织种类的广泛性，导致非政府组织能够提供各种各样的公共服务，也能够满足多样化的社会需求。

与政府组织相比，非政府组织更能够了解社会的需求，从而使公共服务的供给更有效率。对于在行政改革中出现的权力主体或其他代理机构等非政府组织，由于其实际上已经脱离了原来的官僚体系，行动更加灵活，更容易对社会需求做出反应。而对于那些在社会中自发形成的非政府组织来说，它们的产生实际上就是社会需求的反应。非政府组织对社会需求的把握使非政府组织能够提供更加适合社会需求的公共物品。同时，非政府组织在危机事件的应对中，也能够发挥重要的作用。非政府组织能够预警危机的发生，通过非政府组织的危机预警功能，能够很好地预防社会危机的爆发。同时非政府组织也能够在危机发生后与政府一道进行危机救助和灾后处理工作。

在治理理论看来，非政府组织之所以能够成为社会治理的主体，主要是因为在全球范围内所出现的公民社会的兴起。俞可平认为，90年代以来治理和善治的实践和理论之所以能够流行，主要原因在于全球范围内民间社会的不断强大。在俞可平看来，公民社会是国家与市场之间的一切社会组织与社会关系的总称，其主要包括那些非政府的、不隶属于国家的组织类型。这些组织具有这样一些特征，它不是官方成立的，具有自主性和自愿性的特点，它们在社会治理中的作用随着这些组织的日益成熟和发展而变得非常重要。[①] 显然，市民社会的成熟和自我治理需求导致了治理的兴起。同样，非政府组织能够成为社会治理的主体主要是因为全球范围内由于市民社会的兴起而导致的全球结社浪潮，由此使非政府组织具备了社会治理的能力和社会治理的需求。同时，伴随着行政改革中产生出来的非政府组织所表现的社会治理能力，促使非政府组织成为社会治理的重要主体。

非政府组织在社会治理中所表现出的非凡的社会治理能力，使非政府组织在社会治理中的地位越来越重要，从而成为重要的社会治理主体。实际上，非政府组织能够成为公共服务供给和社会治理的主体具有更为深远的影响。原来只有政府组织提供公共服务，政府是实现公共利益的唯一主体，政府是公共性的标志，但随着非政府组织也能够成为公共服务的提供主体，使非政府组织也具有了公共性。非政府组织成为社会治理主体事实上造成了公共性的扩散这一事实。公共性的扩散具有重要的意义，它标志着原来政府对社会治理的垄断地位被打破，由此也预示着政府作为单一社会治理主体的社会治理模式被一种多中心治理的社会治理模式所替代。

二 治理垄断的分解

非政府组织由于其出色的治理能力成为社会治理的主体，其造成的直接影响就是政府治理的垄断地位被打破，社会治理从单一主体变为多元主体共同治理。实际上，政府垄断地位的打破既有其更为深刻的时代背景，又有政府自身内在的原因，而非政府组织的兴起则为打破政府的垄断提供了社会治理主体的另一选择。

一般认为，西方国家的行政改革发生的原因是凯恩斯主义的干预主义政策导致政府过多地介入了社会经济领域，从而造成了政府失灵的出现。实际上，这只是属于表面上的原因，内在深层次的原因还在于人类社会从工业社会向后工业社会转变的时代背景。人类社会的发展大致经历农业社会、工业社会和即将到来的后工业社会三个阶段。农业社会是一个构成简单的社会，而工业社会则是一个低度复杂和低度不确定的社

[①] 俞可平：《治理与善治引论》，《马克思主义与现实》1999 年第 5 期。

会。所以，在工业社会里，以政府为唯一治理主体是能够满足社会治理的各种要求，政府能够有效应对社会治理的各种挑战。从20世纪末以来，随着人类社会后工业化进程的来临，社会变得高度复杂和高度的不确定了，以政府为唯一治理主体的治理模式已经无法有效应对风险社会所带来的挑战了。简言之，高度复杂的社会现实是政府失灵的根本原因。斯莫茨曾经明确地指出，许多有关改革的研究都有一个共同的逻辑起点，那就是当代社会复杂性越来越高，越来越分化和多元化，现代社会好像形成了一个由各自不同的又相互独立的社会子系统所组成的网络。① 正是社会生活的复杂性，导致了政府失灵的出现。在人类社会从工业社会迈向后工业社会之际，社会生活的复杂性和不确定性的一个结果就是社会危机的频发，这种风险社会是政府无法独自应对的。另外，随着人类社会从工业社会向后工业社会的转型，人们的社会需求更加多样化。这种社会需求的多样化是政府这一单一主体无法满足的。可以说，高度复杂和高度不确定的社会生活的出现是打破政府垄断的社会背景。

另外，政府垄断的打破也有自身的原因。政府失灵的自身原因是政府自身管理模式的落后。现代政府体制是建立在韦伯的官僚制组织之上的。官僚制组织具有这样一些特点：在制度设计上，官僚制组织强调一种规则导向和程序导向，无论是组织管理还是人员任命，都按照制度运行；在权力运行上，官僚制组织注重层级节制；在职责分工方面，官僚制强调基于专业知识的合理分工；在人员任命方面，强调合理合法的人事制度；等等。显然，官僚制组织是一种设计科学的组织形式。但是，这种组织形式随着它的不断发展，弊端越来越多。

对于官僚制自身的问题，前美国副总统戈尔在其政府改革报告《从过程到结果：创造一个少花钱多办事的政府》中曾经给予了较为形象的描绘。戈尔在报告中指出，在20世纪30年代直至20世纪中期，美国政府建立一个规模巨大的，严格层级制的，集权化的科层官僚组织进行公共事务的治理。这种结构仿造当时的私营公司体制，通过等级化的层级

---

① 玛丽—克劳德·斯莫茨：《治理在国际关系中的正确运用》，《国际社会科学》（中文版）1999年第2期。

设置，同时把组织任务进行划分，由不同的组织成员负责，而组织成员则受各种规则制度的约束。由于严格的程序规定和标准化的组织设计，政府官僚体制是比较稳定的。但是，问题在于这些组织也是效率低下的和反应失灵的，特别因为现代社会是飞速变化的世界，激烈的全球竞争，知识信息的爆炸式增长，各种各样不同的社会需求，都导致官僚机构这个庞然大物变得失灵了。[①]

对于官僚制的失灵，新政治经济学学者认为这是由官僚制的理性经济人属性所决定的。公共选择理论认为，政府部门的工作人员，不会因为在公共部门工作就必然具有利他情怀，实际上，政治家及政府工作人员都是理性经济人。对于政治家而言，他们所追求的是获取更多的选票从而能够当选；而对于政府官员及行政人员而言，他们追求的是更多的预算，更大机构和更多的人员，公共利益不是他们考虑的首选。由此会造成政府规模的庞大和公共服务的低效，从而造成政府失灵。公共选择理论从理性经济人的假设出发来分析政府失灵，能够解释一部分政府失灵的事实，但是这种理论的缺陷也是显而易见的。因为，理性经济人并不能代表行政人员的全部，事实上，大量的行政人员是具有服务精神和公共利益意识的。葛德塞尔在其著作《为官僚制正名》中指出，通过调查发现，虽然人们对官僚机构深恶痛绝，但是人们往往对那些其比较熟悉的基层行政人员抱有极大的好感，觉得他们尽职尽责，富有奉献精神。这从一个侧面说明公共选择的理论假设并不是非常令人信服的。

实际上，官僚制失灵的一个重要原因是官僚制是一种控制导向的组织形式。也就是说，官僚制是以自我为中心，是一种控制导向的，在政府类型上，它是一种管理型政府。这种政府类型由于控制导向和僵化的体制导致它无法适应复杂社会的治理。在工业社会低度复杂性的情况下，这种治理模式是有效的。但是，在高度复杂的风险社会，这种政府模式则面临失灵的问题。

当控制导向的政府在高度不确定和高度复杂的社会面临治理失灵的时候，非政府组织的兴起为社会治理提供了新的选项。非政府组织所表

---

① 陈振明：《公共管理前沿》，福建人民出版社2002年版，第230页。

现出的卓越的治理能力成为社会治理的主体,政府对社会治理的垄断由此被打破。由此造就了政府与非政府组织的合作治理。

三 政府与非政府组织的互动与合作

非政府组织成为社会治理主体导致政府垄断社会治理的局面被打破,社会治理从而进入多中心治理的状态。接下来的问题是,社会治理中政府与非政府组织等多元主体之间应该建立何种性质的关系。对于这个问题,新公共管理理论与参与治理理论的回答是,政府与非政府组织等社会治理主体之间应该建立一种合作伙伴关系。但问题是,参与治理等理论所主张的政府与非政府组织之间的伙伴关系是属于合作关系吗? 实际上,参与治理理论乃至新公共管理理论所主张建立的合作伙伴关系在本质上并不是合作关系,它们所提倡的不同治理主体之间的伙伴关系实际上属于协作关系。

参与治理等理论对于政府与不同参与者之间的关系设计有这样几个特点。首先,在参与治理中,政府处于绝对主导地位。无论是新公共管理改革的实际改革措施,还是参与治理理论的理论主张,政府在社会治理中都处于主导地位,它和其他参与者之间并不是平等的关系。在新公共管理改革中,政府负责公共服务合同设计与招标,同时负责签订公共服务合同以及监督公共服务合同执行等。这时政府与公共服务供给者之间是一种委托代理关系,在这种关系中,政府无疑处于主导地位。在参与治理过程中,政府也始终处于主导地位,其他参与者在整个参与过程中则处于被支配的位置。参与治理理论的初衷是改善行政过程中的集权性质,增加行政过程的民主属性,但参与治理实际上存在着对参与者的支配与控制,参与治理本质上具有非民主性。对此,张康之教授在其论文《对参与治理理论的质疑》中指出,参与治理结构实际上是按照一个中心—边缘结构组织起来的社会治理过程,参与治理也许会造成这样一些问题,第一,参与治理打乱了人们对于民主的组织形式及其相关制度的期望,从而导致对民主的轻视;第二,参与治理使政府缺乏能力和计划性;第三,参与治理使政府关心权限胜过关心公平正义,从而使政府缺乏道德;第四,参与治理用非正式的博弈来代替正式的程序,削弱了政府组织及其制度。① 其次，参与治理仍然是以官僚制为组织基础。在新公共管理中，虽然改革者所提出的是打破官僚制，但是，实际上官僚制仍然是政府的主要组织形式，改革只是将政府的某些职能从政府中剥离出去，但政府的官僚体制并没有发生变化。对参与治理理论来说，其改革措施实际上只是对官僚制的修修补补，只不过是力图使政府的行政过程更加符合民主的形式。由于官僚制是一个控制导向的组织形式，所以，以这种组织为基础的制度设计不能实现真正的合作。

实际上，在参与治理中政府与其他参与者之间的关系在本质上是一种协作。张康之教授在《"协作"与"合作"之辨异》一文中，曾经对"协作"与"合作"进行了区分和论述，认为二者存在着本质上的差别，合作在本质上属于一种迥异于协作的行为模式；协作是一种交换过程，它服从于自私的目的，协作在本质上是被动的和他治的；合作则是来自社会网络的客观要求，是合作者根据对自身境况的感知所作出的合作行动，合作行动者具有真正的自主性和自治性。② 也就是说，协作的主要特点是不同主体之间并不是一种平等的关系，它们之间建立的是一种支配与被支配的关系。正是因为这种支配关系的存在，导致协作关系并不能实现社会治理的高效。在新公共管理以及参与治理中，政府与其他参与者之间的关系便是一种协作关系，正是这种协作关系的存在，导致参与治理并不能实现最初理论设计的初衷，达不到理想的社会治理效果。因此，必须打破这种协作关系，建立起政府与非政府组织的合作关系。

合作关系是与协作关系有本质区别的。合作关系建立的前提是以不同治理主体之间地位平等为条件的，合作关系的建立需要打破不同治理主体间的不平等关系，同时也需要打破政府在社会治理过程中的控制导向。合作首先是一种连续的社会行动过程；合作不是属于一种交换过程，合作者所考虑的更多的是合作中的总体收益；合作是人与人的共同行动，合作者不是形式化的符号；合作是社会网状结构的客观要求；合作是在德制的制度环境下产生的；合作行为是一种自主行为，合作在本质上是

---

① 张康之：《对参与治理理论的质疑》，《吉林大学社会科学学报》2007年第1期，第83—89页。

② 张康之：《"协作"与"合作"之辨异》，《江海学刊》2006年第2期。

自治的，而非他治。① 显然，合作是优于协作的关系类型。合作更有利于建立不同主体之间的伙伴关系，更能够激发不同主体的自觉能动性，它能适合更为复杂的社会环境。

在人类社会从工业社会迈向后工业社会之际，高度复杂的社会现实导致政府与非政府组织必须建立一种合作治理的关系。政府与非政府组织的合作治理需要政府必须摒弃社会治理中的控制取向。社会治理的控制导向容易导致社会治理主体地位不平等，从而难以实现真正的合作，难以发挥不同治理主体的积极性，也无法应对复杂的社会环境。合作治理要求政府必须摒弃官僚体制。官僚体制是一种控制导向的制度安排，在这种体制中，即使组织成员有合作的愿望，也无法实现真正的合作。因为官僚体制在本质上属于一个中心—边缘的结构，它本身属于一种等级式的结构，这种等级式结构只能形成具有支配性质的命令服从关系，而无法实现自觉的合作。政府与非政府组织合作关系的建立需要二者建立一种信任关系，建立信任关系是合作的前提。在协作关系中，政府与其他参与者之间不存在着信任关系。如果他们之间也存在一定形式的信任关系，这种信任关系也只能是一种契约型的信任。这种信任关系不是建立在主体间彼此信任之上，这种信任只是对契约的信任，其实质是主体间彼此不信任。同时，政府与非政府组织合作关系的建立，意味着指导二者合作的不是强调规制的法制，而是一种强调道德的制度德制。政府与非政府组织的合作具有重要的意义，它预示着服务型社会治理模式即将兴起。

第三节　政府模式重构的必然性

一　合作治理中的治理角色分工

非政府组织出色的治理功能和政府独自应对社会治理的困境导致了政府与非政府组织的合作。在合作治理中，政府与非政府组织各自承担不同的角色。对于政府而言，其定位将从控制转向服务角色；而对于非政府组织来说，其承担的角色主要是公共服务的供给。

---

① 张康之：《行政伦理的观念和视野》，中国人民大学出版社2008年版，第362—366页。

在合作治理中，政府需要从原来控制者和指挥者的角色转变为服务者和引导者的角色。在管理型社会治理模式中，政府主要通过控制的方式来获得稳定的秩序。由此，政府必须依赖官僚制组织，这直接导致官僚机构规模快速增长和行政人员数量增加，从而出现政府失灵等问题。在管理型政府模式中，政府既是社会的控制者和管理者，也是公共服务和公共物品的提供者。政府作为社会治理的控制者以及公共服务垄断供给者角色所存在的问题在于：一方面，政府希望通过控制来实现社会秩序，但是政府控制所带来的却是社会矛盾的不断激化以及社会的不稳定；另一方面，政府作为公共服务提供者角色并不能满足人们的公共服务的需求。因此，政府的角色必须要发生转变，即需要从原来的控制者转变为服务者。

在合作治理中，政府要把自己定位在服务的角色上。政府的控制导向在高度复杂的社会中会出现控制失灵问题。为有效应对高度复杂的社会现实，政府应该定位在服务的角色上，政府通过为不同社会治理主体提供服务，促使不同社会治理主体之间彼此合作。具体而言，服务者角色要求政府首先树立服务的理念。政府要转变原来的管理性思维习惯，树立起服务的理念和精神，为人民和不同社会治理主体提供服务。其次，政府要为合作治理的各个主体提供合作的条件。在合作治理中，政府需要为不同社会治理主体提供合作条件，为它们合作提供良好的环境。

在政府职能方面，政府要建立一种引导型政府职能。引导型职能是与干预型职能相对的一个概念，干预型职能主要是指政府在社会经济中发挥着一种控制作用，通过政府对社会经济的干预力图实现社会经济的发展；"引导型政府职能把政府的干预和社会的自主、自由'中和'了起来，或者说它包含着政府干预和社会自主、自由两项内容。"[1] 也就是说，引导型政府职能也包含着干预的内容，但是，这种干预是服从于引导的需要，它不包含强制的内容。引导型政府职能实际上包含了引导、促进、合作、自治和自主的内涵。一方面，政府通过引导促使社会治理主体参与社会治理，促进社会和谐发展；另一方面，引导型政府职能在一定程

---

[1] 张康之：《论政府行为模式从控制向引导的转变》，《北京行政学院学报》2012年第2期，第22—29页。

度上是以社会的自治和自主为前提的。在政府与非政府组织的关系上，政府一方面要促进非政府组织的自治，为非政府组织自治创造各种条件，促进非政府组织的发展，另一方面，政府也要引导非政府组织为社会发展做出更大的贡献。

一般而言，政府主要负责公共政策制定等制度供给功能。在合作治理中，由于非政府组织等多元社会治理主体社会治理能力日益成熟，政府一般不需要直接参与公共服务供给等社会治理活动，它的主要任务是为非政府组织等多元主体提供一个良好的制度环境。也就是说，政府需要为多元主体的合作治理提供必备的制度环境。必须指出的是，在合作治理中政府提供的制度环境与管理行政时期强调规则取向的制度环境存在显著的不同。在合作治理中，政府所提供的制度是属于一种德制。这种制度不是为了加强对社会治理主体的管理，而是为了更好地促进不同治理主体间的合作。

而对于非政府组织而言，非政府组织在合作治理中的角色是提供公共服务和参与社会治理。非政府组织在提供公共服务方面，具有比较灵活、成本低的优点，而且非政府组织提供公共服务种类众多，所以非政府组织在提供个性化服务方面比政府有优势。莱斯特·萨拉蒙认为，非政府组织在提供公共服务方面有以下作用。其一，非政府组织能够提高公共服务的质量；其二，非政府组织能够帮助政府获得更多的专业知识；其三，非政府组织可以以收取费用的形式将公共服务成本向使用者转嫁成本；其四，它能够减轻政府的公共服务负担，缩减政府规模。[①] 显然，萨拉蒙是从实用的角度来分析非政府组织的公共服务功能，具有功利主义色彩，但是，他所说的非政府组织相对于政府的公共服务供给优势确实存在。实际上，正是非政府组织的公共服务供给优势使它成为行政改革的重要工具，进而成为合作治理的重要主体。

总之，在合作治理中，政府需要实现从原来的控制和干预的角色转变为服务和引导的角色。政府需要为多元社会治理主体提供服务，为合作治理创造一个良好的制度条件。伴随着政府服务角色和引导型政府职

---

① 王浦劬、[美] 莱斯特萨拉蒙：《政府向社会组织购买公共服务研究——中国与全球经验分析》，北京大学出版社2010年版，第20—209页。

能的建立，实际上也意味着政府从管理型政府转型为服务型政府。

二 从管理到服务：政府模式的重构

工业社会的政府类型实际上属于管理型政府，所以，政府失灵实际上是管理型政府的失灵。管理型政府是与工业社会相适应的政府形式。管理型政府在价值取向、治理主体、组织形式、制度设计等方面都有自己的特点。

管理型政府是强调效率价值的政府类型。管理型政府把效率价值作为第一价值、中心价值，其他价值都处于价值体系的边缘。正是这个原因，许多公共行政的理论家们都主张公共行政的第一价值是效率价值。行政学之父威尔逊在其著名论文《行政学之研究》中指出，行政学就是研究政府主要能够干什么即政府的职能问题，其次行政学要研究政府如何高效率地完成其所要完成的任务。[①] 显然，从这段论述中可以看出，威尔逊主张效率应该是公共行政的第一价值。

在管理行政中，政府是社会治理的唯一主体或主要主体。也就是说，在这种政府类型中，政府垄断着大部分社会治理职责。在管理行政中，社会治理模式属于一种管理型社会治理模式，这种社会治理模式是单中心主体治理模式。即使社会治理中会有其他社会主体的参与或者引进了公民参与，但政府始终处于主导地位，政府与其他参与者之间是主导与被主导、控制与被控制的关系。其他社会治理主体只能起到社会治理的辅助作用，而难以真正发挥主体作用。

在组织形式上，管理型政府采用官僚制组织形式。官僚制是一种以分层分部、高度集权、命令统一为主要特点的组织形式。在工业社会，官僚制是效率最高的一种组织形式，这种组织形式不但适用于企业，也同样适用于军队、政府等其他公共组织或宗教团体。管理型政府采取官僚制组织形式，也是因为官僚制具有高效、稳定等特点，这与管理型政府价值取向具有一致性。

在制度设计上，管理型政府强调法治。管理型政府强调法治主要是为了制约权力的需要。因为，在管理型社会治理模式中，仍然存在着权

---

① 丁煌：《西方公共行政管理理论精要》，中国人民大学出版社2005年版，第10—15页。

力的运用。而且,这时的权力不同于农业社会,它是一种公共权力,所以为了避免权力的滥用,管理型社会治理模式采用了法治来限制权力的滥用。而且,管理型政府强调法治也与其采用的组织形式有关,因为官僚制组织本身就是一种规则和程序导向的组织形式。

管理型政府是与工业社会相适应的政府类型,在工业社会低度复杂和低度不确定的情况下,管理型政府能够有效完成社会治理。但随着社会复杂程度不断增加以及管理型政府自身的弊端,管理型政府面临着政府失灵的问题。例如,管理型政府的效率价值取向使社会公平正义价值得不到实现,从而使管理型政府丧失了公共性;官僚组织变得越来越庞大和效率低下;管理型政府的法治导致社会治理越来越僵化和滞后。所有这些都预示着管理型政府将退出历史舞台,其必将被另外一种新的政府类型——服务型政府所取代。

随着人类社会逐渐从工业社会向后工业社会过渡,社会变得高度复杂和高度不确定。与工业社会相适应的管理型政府在高度复杂和高度不确定的社会现实面前,已经无法实现对社会的有效治理。取而代之的将是新的政府类型——服务型政府。服务型政府在价值取向、治理主体、组织形式以及制度类型等方面都与管理型政府有本质的区别。

服务型政府是突出伦理精神和强调服务价值的政府类型。服务是公共管理的中心价值,此外,公共管理的制度以及政策等还会体现公共管理其他一些价值,这些价值和服务价值一起形成了公共管理的价值体系。[①] 在这里,公共管理实际上指称的是新的社会治理模式——服务型社会治理模式。在古典公共行政的理论设计中,公共行政第一位的价值是效率价值,因而,效率价值成为公共行政的首要价值取向。效率中心主义所带来的最大问题是,它忽略了社会公平等实质公共性的内容,因此,公共行政的效率中心主义一直以来受到新公共行政理论和新公共服务理论的批评。但是,新公共服务和新公共行政所提出的改革方案仍然只是另一种形式的效率中心主义。公共管理通过将原来位于边缘地位的价值——服务价值置于社会治理价值体系的中心位置,从而实现了社会治

---

① 张康之:《论公共管理中的服务价值》,《中共福建省委党校学报》2003年第4期,第2—4页。

理价值体系的再造。[1]

服务型政府在治理主体上是多元主体的合作治理。服务型政府在本质上属于合作治理。管理型政府是单一主体垄断治理，或者即使引入了其他社会治理主体，由于政府与其他治理主体之间存在支配与被支配关系，所以其实质仍然是政府垄断着社会治理的权力。正因如此，随着人类社会生活的复杂化，管理型政府面临着政府失灵的风险。服务型政府所对应的社会治理模式是服务型社会治理模式，其社会治理主体既包括政府，也包括非政府组织以及其他一些社会治理主体，而且，政府与其他治理主体之间建立的是一种合作治理关系。也就是说，政府与非政府组织等其他主体是一种平等合作的关系。政府在这种关系中不再是指挥者，而是扮演或充当一种服务者的角色，为多元主体的合作提供合作环境，同时引导非政府组织等主体朝着共同目标共同行动。

服务型政府在组织形式上不再使用官僚制组织，而是使用合作制组织。官僚制组织是一种集权、规则优先、控制取向的组织类型。官僚制组织试图通过集权和命令的方式实现它管理的有效性。但是，官僚制集权方式却有着不可忽视的弊端。例如，它容易打击组织成员的积极性，它无法应对风险社会的管理，它也无法在组织成员中形成信任关系。正基于此，官僚制组织面临着失灵的风险，它也成为行政改革的重要改革对象。与官僚制组织不同，合作制组织是一种摒弃了控制导向的组织类型；合作制组织不把稳定组织结构作为自身追求的目标；与此相适应，在合作制组织中，任何形式的控制追求便失去了意义和基础。[2] 也就是说，合作制组织是一个非控制导向的组织类型，其非控制导向的特点使其具有不同于官僚制组织的优势，这种优势使合作制组织更能适应高度复杂社会现实所带来的挑战。

在社会治理方式上，服务型政府强调德治。"德治是按照这样一个逻辑结构建构的。首先，以制度的道德化为起点，然后，通过治理者及其

---

[1] 张康之：《社会治理中的价值》，《国家行政学院学报》2003年第5期，第20—23页。
[2] 张康之：《寻找非控制导向的合作制组织》，《中共杭州市委党校》2014年第4期，第4—12页。

行为的道德化影响整个治理体系中的全部成员,实现人的道德化。"[①] 服务型政府强调德治,主要目的在于克服管理型政府的规则导向的弊端。管理型政府由于过度强调规则和程序导致其在社会治理中出现失灵现象。新公共管理学者主张通过放松规制来提高政府的效率实际上就是对管理型政府过多规制的反应。但是,新公共管理改革放松规制存在着缺陷,放松规制改革并不能实现社会治理质量的提升,因为,只要社会治理的管理控制导向没有发生变化,放松规制只能成为一种暂时现象,假以时日,大量的规则仍然会产生。所以,社会治理必须要抛弃规则取向,进而建立一种德治的社会治理模式。

显然,从管理型政府转变为服务型政府是人类社会发展的必然,服务型政府的产生是伴随着人类社会后工业化进程产生的。另外,服务型政府的产生更是因为后工业化进程中人类的社会结构发生变化,特别是非政府组织这一新的治理主体的产生所导致。概言之,非政府组织的产生催生了服务型政府的建立,服务型政府的建立实际上是根源于非政府组织的要求。

三 非政府组织的治理诉求

非政府组织的大量兴起以及非政府组织所表现出来的社会治理功能,预示着政府垄断治理的结束和合作治理的产生,非政府组织实际上起到了一种催生服务型政府诞生的作用。也就是说,服务型政府的建立实际上根源于非政府组织的要求,非政府组织在多个方面促进了服务型政府的生成。

首先,非政府组织促进了公共性的扩散。非政府组织促进公共性扩散的标志之一,是非政府组织成为社会治理的主体之一。非政府组织在公共服务供给等社会治理活动中所表现出来的优势,使其成为社会治理的重要主体。原来只有政府才能提供公共服务以及承担社会治理职能,政府是公共性的唯一承担者和实现者,现在非政府组织也能进行社会治理和提供公共服务,非政府组织因而也具有了公共性。公共性实现了从

[①] 张康之:《论伦理精神》,江苏人民出版社 2010 年版,第 197 页。

政府向非政府组织的转移，从而造成了公共性的扩散。同时，非政府组织也促进了实质公共性的实现。管理型政府在其行动过程中并没有把公共利益作为其主要目标，管理型政府所实现的仅仅是形式公共性。而且非政府组织作为一种社会自治组织，它作为社会治理主体实际上更能够满足社会的各种公共服务需求，更能够促使公共利益得以实现，因而，非政府组织促进了实质公共性的实现。从这个意义上讲，非政府组织促进了服务型政府的产生。

其次，非政府组织促进了领域融合。非政府组织作为一种自治组织，它兼具不同领域的特征。非政府组织具有公共领域的特征，它能够参与公共管理，拥有一定的社会治理权力；非政府组织因为是一种社会自治组织，它又具有私人领域的特征；非政府组织具有一定的伦理和道德属性，它又具有日常生活领域的特征。因此，非政府组织是一种打破领域分界的力量，它实际上构成了领域融合的组织基础。正是因为非政府组织成为领域融合的组织基础，它促使社会结构的变化，促进了服务型政府的产生。

非政府组织促进了合作治理。大量非政府组织的产生以及非政府组织不同于政府的治理能力，使非政府组织具备成为社会治理重要主体的条件。在后工业化进程中，政府"单中心"治理的失败需要政府与其他治理主体一起进行合作治理。非政府组织的出现，为合作治理提供了主体条件。非政府组织的兴起，实际上促进了合作治理的产生。合作治理在本质上是一种服务型社会治理模式。因而，非政府组织促进了政府从管理型政府转变为服务型政府。

非政府组织促进了伦理精神的生成。非政府组织在多方面促进了伦理精神和服务价值的产生。非政府组织首先自身具有一定的伦理性；其次非政府组织能够促进公共政策具有一定的公共性和公正性；非政府组织同时也促进了行政人员具有服务精神。也就是说，非政府组织通过促进伦理精神的产生，为服务型政府的产生创造了条件。

第二章

社会治理演变中的非政府组织

在发生学的意义上，非政府组织是在政府再造、重塑政府以及私有化等行政改革过程中产生和兴起的，是伴随着人类社会治理变革过程发展壮大的。换言之，全球范围内的行政改革给予非政府组织兴起和显示其功能的契机。在国家主义社会治理模式面临失效的情况下，非政府组织作为一种行政改革的重要改革措施而受到人们广泛关注。非政府组织具有不同于政府组织和营利组织的属性，它在社会治理中具有自己的治理优势，因而，非政府组织能够成为社会治理的重要主体，弥补政府在社会治理中的不足。同时，必须认识到，非政府组织这一新生事物在本质上是市民社会在新的历史条件下所发生的一种变异，非政府组织的出现是市民社会不断发展变化的结果。因此，考察非政府组织的兴起，一方面需要考察社会治理中市民社会变化的历史脉络，然后在此基础上考察非政府组织产生的特点；另一方面要考察非政府组织作为新市民社会的历史特性，进而探讨它与历史上其他的组织有何不同。

第一节 非政府组织的生成与兴起

以非政府组织为代表的新市民社会的兴起是在国家主义的治理模式衰落的背景下产生的。近代以来的社会治理模式在本质上属于一种国家主义的社会治理模式，而国家主义社会治理模式又可以分为绝对国家时期模式、自由资本主义法治国家模式和行政国家模式。国家主义治理模式的主要特征在于，市民社会始终处于被治理者的位置，国家是社会治理的唯一主体，二者之间是治理与被治理的关系。这一特点在绝对国家时期表现得尤为明显；在自由资本主义时期，虽然国家对社会的干预较少，政府处于一种小政府模式，但是国家与社会之间治与被治的关系从未改变；在福利资本主义时期，干预主义取代自由资本主义，国家的社会的干预和控制变得更为明显。在福利国家时期，国家对社会的干预已经处于一个非常强的状态，特别是伴随着行政国家的形成，国家对社会渗透与干预已经达到了一个顶峰，而社会则在国家的强力干预之下，逐渐失去了原来的自主和自治的状态。但是，在人类社会从工业社会迈入后工业社会之际，国家主义社会治理模式面临着社会治理的危机，特别是到了行政国家时期，由于政府规模庞大，效率低下，行政国家式治理模式出现了治理失效的危机。在此背景下，非政府组织作为行政改革的临时措施而成为政府改革的重要工具。同时非政府组织作为一种新的历史现象，预示着社会结构的变动，标志着新市民社会的兴起，同时预示着人类治理模式的变革。

一 前国家主义时期的社会治理

"国家主义的观念是在近代以来形成的，是伴随着民族国家的兴起而生成的。"[1] 所以，自民族国家生成以来，人类社会开始了一种国家主义的社会治理模式，在这种社会治理模式中，国家处于治理者的位置，而市民社会则处于被治者的状态。在国家主义的社会治理模式中，国家与市民社会始终是一对矛盾，也就是说，国家主义治理模式的发展历史也就是市民社会不断争取权利、与国家矛盾发展的历史。这一历史进程最早可以追溯到绝对国家时期市民社会的产生，晚近一直发展到福利国家的兴起。

正如张康之教授指出的，正是绝对国家才促使城市的市民转变为社会的市民，由此产生了市民的社会。[2] 也就是说，市民社会产生于绝对国家之中，正是在建立绝对国家的过程中，封建君主为了抗衡贵族的势力而获得更多的统治权才借重于城市和市民，在此过程中，市民社会才得以形成。因此，是绝对国家的产生才导致了实质意义上的市民社会，正

---

[1] 张康之：《论伦理精神》，凤凰出版传媒集团、江苏人民出版社2010年版，第51页。
[2] 张康之、张乾友：《公共生活的发生》，高等教育出版社2010年版，第110页。

是由于绝对国家的产生,才使城市的市民转变为社会中的市民。

　　人类社会的治理模式实际上可以分为前国家主义、国家主义和后国家主义三个阶段,与此相对应的是不同的社会治理模式。[①] 绝对国家时期的社会治理在本质上是前国家主义的社会治理模式,其对应的人类社会形态是农业社会。在绝对国家时期,市民社会与绝对国家本身是一对矛盾。绝对国家时期社会治理的主要特点是国家极力维护自身在社会治理中的统治地位,国家实现统治的主要方式是运用权力来控制或"治理"市民社会。统治行政时期所依据的主要手段是权力;作为个体而言,统治行政中的人属于弄权者和权力拜物教徒,当人掌握了权力,其心目中最有价值的部分便是权力,权力使人忘恩负义,也可以使人骨肉相残;更为重要的是,权力容易使人失去自主性,因为人一旦掌握了权力,他便成为权力体系的一部分,同时权力体系是其个人利益实现的保障。[②] 显然,在绝对国家时期,权力是个人实现其利益的重要保证;同样,在国家层面,权力也是统治阶级实现其统治的重要工具,统治阶级运用权力来实现对市民社会的治理。由此,国家与市民社会之间存在着较为突出的矛盾。

　　总之,在绝对国家时期,社会治理在本质上属于一种统治行政的社会治理模式。在这种模式下,权治是其本质特征。也就是说,在这种社会治理模式中,以君主为代表的统治阶层行使着对整个社会的治理权,市民社会被动地接受来自统治阶层的各种指示和命令。这种治理模式在当时是具有一定进步意义的,符合人类历史发展的潮流。但是,随着人类社会的不断发展,市民社会的发育成熟,特别是资产阶级的不断发展壮大,统治行政逐渐退出历史舞台,取而代之的是资产阶级法治国家的自由资本主义时期的社会治理。在这种治理模式中,市民社会与国家不再是混沌一体的状态,而是二者出现了清晰的边界,市民社会开始成为自觉的存在。

[①] 张康之:《论"后国家主义"时代的社会治理》,《江海学刊》2007年第1期,第93—99页。

[②] 张康之:《寻找公共行政的伦理视角》,中国人民大学出版社2012年版,第205—206页。

二 "小政府模式"时期的社会治理

在绝对国家时期,虽然国家始终把控制市民社会作为主要任务,但市民社会始终存在着摆脱绝对国家的行动和呼声。随着市民社会的不断发展和资产阶级革命,市民社会倾向于摆脱绝对国家的控制,进而建立一种社会至上的社会治理模式。市民社会的主要目标是实现对国家的支配,在当时的历史背景下,就是实现一种以议会主权为主要特征的主权国家。[1] 对于这一历史趋势,政治学学者们对此进行了深刻的阐述,从理论上对市民社会与国家的分离进行论证。在社会治理模式的建构上,学者们则主张建立一种自由资本主义式样的社会治理模式。自由资本主义时期社会治理模式的主要特点在于,人们在理论上强调国家与社会的分离,在治理方式上主张实行一种最小政府治理模式。

对于市民社会的诉求,先哲们对此做出了深刻的论述,认为不是国家主宰市民社会,而是应该市民社会主导国家。政治哲学家大都主张国家与社会的分离,主张市民社会相对于国家的独立性。洛克认为,自然状态的人进入社会以组成一个民族、一个国家。[2] 从洛克的观点中可以看出,自然状态是人类社会的初始状态,在这个时候,并不存在国家和政府。而自然状态下人们的自然权利并不能得到有效保障,所以,为了保护自身的自然权利,人们放弃了自然状态下孤立的自由和平等,而组成政治社会。[3] 也就是说,自然状态是人类的最初状态,在这一条件下,人们是平等而自由的,但是,这种状态下人们的权利会受到侵害,为了保护这种权利,人们组成政治社会,建立国家和政府。概言之,市民社会先于国家而存在。这一观点具有重要意义,它表明在国家与社会的关系上,并不是国家决定市民社会,而是市民社会决定国家。换言之,国家对市民社会的干预和控制并不具有合理性。

在洛克的基础之上,孟德斯鸠通过三权分立的学说彻底地将市民社

---

[1] 张康之、张乾友:《公共生活的发生》,高等教育出版社2010年版,第109—112页。
[2] [英]洛克:《政府论》(下篇),叶启芳、曲剧弄译,商务印书馆1964年版,第54页。
[3] 徐大同:《西方政治思想史(16—18世纪)》(第三卷),天津人民出版社2006年版,第292页。

会与政治社会进行区分。孟德斯鸠认为,虽然人民拥有立法权,但这并不必然导致立法权就由人民来承担,因为在具有自由精神的国家之中,所有人都具有自由的品质,所以应该自己管理自己,因此,立法权只有由人民共同享有,但是,在较大的国度里这很难得到实现,在较小的国家中也不一定可行,所以,人们只有选举代表通过代理人来做他们能力范围之外的活动。[①] 从孟德斯鸠的论述中可以看出,市民社会的主要作用在于选举政府领导人以及人民代表,人民代表则肩负着表达民意的作用。市民社会只在选举的时候表现出它应该拥有的政治权利,其他时候则远离政治领域。政治领域只是人民代表、官员以及法官们的活动领域。换言之,市民社会又一次被排除在政治领域之外。在这种制度设计中,貌似市民社会获得拥有立法权,但是,由于代表制的设立,市民社会从主权者变成了被治理者。

先哲们的理论设计从总体上为自由资本主义的建立做理论准备。自由资本主义时期构建的政府模式实际上是一种最小政府模式。在资本主义建立初期,为了反对保守力量对新兴资产阶级的干预,因此,资产阶级革命所建立起来的是一种小政府的社会治理模式。在这一时期,人们认为最好的政府就是最小的政府,政府只具备较少的职能,政府活动主要集中在为市民提供社会治安、维护市场秩序等一些有限的领域;政府规模也比较小。这种政府模式因而被称为有限政府。古典经济学的著名代表人物斯密主张,政府应该扮演守夜人的角色,为资本主义的发展保驾护航。他在其著作《国富论》中认为,政府必须是廉价政府,廉价政府有利于资本积累,而资本的积累来源于节俭。在此基础上,斯密认为,政府具备这样几种职能:首先,安全职能,即保障国家安全,保护领土完整和不受外来敌人的侵犯;其次,保护个人安全,即社会上的任何个体都不受其他任何的压迫和侵犯;最后,提供那些社会和市场所需的但市场或私人不能承担或完成的公共物品。[②] 在这里,斯密强调政府在市场中仅负责有限的职能,凡是市场能够发挥作用的地方,都让市场机制去

---

① [法]孟德斯鸠:《论法的精神》(上册),张雁深译,1978年版,第157—159页。
② 亚当·斯密:《国民财富的性质和原因的研究》,郭大力、王亚南译,商务印书馆1983年版,第250—255页。

自由发挥作用，充分利用"看不见的手"去调节经济。此时的市民社会受到较低限度国家的管制，因而处于一种自治的状态。

资产阶级革命所建立的是一种法治国家模式。在国家建构上，采取的是一种三权分立的政治体制。最早对三权分立思想作出论述的是英国的思想家洛克。洛克主张国家的权力分为立法权、执法权和对外权。在这些权力中，立法权是最高的，执行权是负责执行已经制定的法律，立法权和执行权属于处理内部事务的权力，二者是彼此分离的，对外权则负责与国外相关的诸种事宜。但是，洛克的权力分立理论存在一些问题，比如，如何实现对立法权的制约，权力划分的标准不统一等。基于此，孟德斯鸠则明确提出了三权分立的学说，即国家权力明确分为立法、行政与司法三种权力。洛克将立法权分为两种，一种为创制权，另一种则为反对权；行政权则执行立法机关所制定的各种法律和政策；司法权力则裁决纠纷等。这样通过三权的分立与制衡，达到了权力的相互制约和防止暴政的目的，同时，也使市民社会免受政治国家的侵犯和干预。

三权分立学说在资产阶级革命后普遍成为资产阶级国家的建构原则。以英美为代表的西方国家大都实行三权分立体制，实行立法、行政和司法三权分立与制衡的制度设计。当然，在自由资本主义时期，在政府组成上还属于小政府和有限政府模式，政府规模维持在一个较小的水平。在组织形式上，政府采取韦伯式科层官僚制的形式；在政府职能方式上，政府只承担有限的政府职能，仅行使着维护社会治安，维护公共安全，建构有序市场秩序的职责。概言之，自由资本主义时期社会治理在本质上属于法治，是一种管理主义社会治理模式。

自由主义社会治理模式在发展中也存在困境。显然，自由资本主义时期的社会治理模式符合市民社会要求的治理模式，它在一定程度上促进了社会经济的进一步发展。但是，这种治理模式随着资本主义的不断发展，自由资本主义模式便出现了危机。这场危机的标志是19世纪二三十年代发生的经济危机，正是这场危机彻底地宣告了自由主义社会治理模式的终结。这场经济危机预示着守夜人式的政府模式无法应对资本主义急速发展所带的治理挑战。在这种背景下，干预主义治理模式便应运而生。

三　行政国家对市民社会的影响

面对资本主义经济危机，学者们认识到自由资本主义模式和守夜人政府模式不再适应社会经济发展的需要，所以需要构建一种新的经济理论以取代自由主义经济理论。著名经济学家凯恩斯主张应该用国家干预主义模式取代经济自由主义模式，政府不能是守夜人式的小政府，而应该是积极作为的福利国家政府模式。福利国家政府模式主张政府在社会治理中不要采用小政府式的守夜人政府职能模式，而应该采用一种积极干预的政府模式，政府对社会生活进行积极全面的干预。政府对社会生活的全面干预有利于克服经济危机所产生的负面影响，促进了社会经济的发展和社会的稳定，但是，干预主义也容易导致政府规模增大，机构增多，行政权力扩张等问题，即形成了行政国家。

行政国家是资本主义发展到一定阶段的产物，行政国家的形成有多重原因。首先，经济和政治危机是行政国家兴起的直接原因。20世纪30年代发生的世界性的经济危机使世界各国认识到自由资本主义存在较大的缺陷，使福利国家模式成为世界各国的首选；第二次世界大战结束后，为了医治战后和平的创伤，各国也纷纷增加了政府的职能范围。其次，科技的进步也是行政国家产生的重要原因。科技的进步对于促进生产力的发展和工业革命的深化具有重要作用。一方面，科技进步使人类社会生产力不断地发展，促进了社会的进步；另一方面，科技进步也增加了社会的复杂程度，这客观上为行政国家的崛起创造了便利条件。最后，议会民主的衰落和司法行政的迟钝是行政国家兴起的又一重要原因。根据一些法学学者的研究，行政国家的兴起主要有两个原因，一是议会民主的衰落，二是司法的迟钝。[①] 议会民主的衰落使得行政权在国家权力的博弈中逐渐取得了优势，行政权获得了较多行政立法的权力；同时，由于司法存在迟滞效应也使得行政权相对于司法权而言获得了较大的发展空间。

行政国家主要是指，在福利国家模式下，政府由于承担较多职能而导致行政权力扩张的国家类型。行政国家首先表现为一种行政职能复杂

[①] 姜明安：《行政国家与行政权的控制和转化》，《法制日报》2000年2月13日。

化现象；其次表现为行政权力扩大化现象；再次，行政国家表现为行政机关规模的庞大和人员的增多；最后，在行政行为上，行政国家表现为行政人员自由裁量权的增加。以美国为例，美国从建国初到21世纪初期，行政人员和机构规模都达到了一个高峰，联邦行政人员从建国前的4479人发展到300万人，联邦机构从3个扩张到70多个。在行政职能方面，政府职能从以前的国防外交、税收、安全保障等扩张到经济管理、文化教育、社会保障、宏观调控、管理国有企业等各个领域。美国政府的行政权力也大为扩张。行政权的扩张首先表现在行政权力对社会生活的管理和控制加强上。这具体表现在政府通过行政许可和行政审批等手段对社会经济生活进行广泛的干预。同时，行政权的扩张还表现在美国总统权力不断增加，具体而言，这表现为美国总统否决权的频繁使用，对委任立法权的充分使用，总统利用战争权力和变相取缔条约权等权力来削弱国会的权力；通过党内各派以及利益集团来达到控制人事权的目的。[①] 也就是说，行政权的扩张不但表现在行政权对传统立法权的侵犯与扩张上，而且也表现在行政权对司法权空间一定程度的挤压上。概言之，行政国家主要表现在行政权力的扩张，行政职能的不断扩大，行政事务的不断增多，行政权力在立法权、司法权等权力体系中处于优势地位。实际上，行政国家不但表现在行政权力对立法权和司法权的侵犯与扩张上，而且也表现在国家对社会生活干预的加强，具体表现为国家对市民社会的入侵。

  国家对市民社会的入侵首先表现在国家对社会生活的全面干预。福利国家模式为了达到提升社会有效需求和充分就业的目的，政府必须是积极政府，而不能充当守夜人政府的消极角色。因此，政府需要对经济运行进行干预，积极介入市民社会生活而充当一种强政府的角色。在凯恩斯理论的指导下，西方发达国家所建立的是一种福利国家模式，即对市民提供一种高福利的社会保障政策，从而保证了社会需求的稳定和经济社会的发展。与自由经济时期的守夜人政府相比，政府活动范围大大增加了，国家侵入原本属于市民社会内部的事务。因而，原来国家与市

---

① 卓越：《当代美国政府总统扩张权力的基本途径》，《西安交通大学学报》（社会科学版）2009年第3期。

民社会清晰的界限逐渐变得模糊，市民社会与国家的分立状态逐渐被国家与市民社会混沌一体所取代。福利国家对市民社会的入侵主要体现在国家进入了原本属于市民社会自身的领域。福利国家通过给予市民较高的社会福利，为市民的生存提供更高质量的保障，市民因而在教育、健康保健、养老等领域获得更多的社会服务，这些都有力地促进了社会经济的发展和社会的稳定。但是，随着福利国家成为现实，国家干预社会生活成为一种常态。伴随着国家对社会生活的全面干预，市民社会全面沦丧，社会逐渐丧失了原来自由资本主义时期的独立性与自主性。个人从摇篮到坟墓，国家似乎无所不在，从表面上看，国家对个人的关怀似乎是无微不至的；但是，这也说明国家权力在人的生活中时时刻刻与个人相伴随，即使是在原本属于非常私人的家庭生活领域，也时常可以看到公共权力的影子。也就是说，福利国家通过给予市民社会提供高强度的社会服务的同时，也造成了市民社会的衰落，使公共权力进入了原本属于社会的领域，从而造成了市民社会事实上的衰落。哈贝马斯看到，公民只能作为各种福利的被动接受者，因此他与国家之间的关系不是通过一种政治参与的方法，而是通过要求给予的态度与国家产生关系，他们总是希望给予，却不愿参与任何真正的决策，公民们与国家的接触主要发生在政府或权力部门的会议室以及政府官员的办公室里。[①] 从哈贝马斯的分析中可以看到，通过福利供给这样一种形式，国家实现了对社会生活的全面干预，市民社会也因为社会福利的获得而放弃了社会治理的要求，从而使市民社会被国家全面俘虏。

国家对市民社会的入侵还表现在私人组织以及政府公司的兴起。事实上，国家对市民社会的入侵不仅通过职能的扩张这一方式将触角伸展到市民社会，而且国家通过政府公司这一种组织创新的方式，实现了对市民社会进一步的控制，使市民社会发生了进一步的变异。政府公司设置的初衷原本是凯恩斯主义为了加强国家对社会生活的干预而成立的。政府公司在一定意义上起到为国家调控经济或实行某种政策的功能。在哈贝马斯看来，为集体生存做好准备的表达方式掩盖了福利国家所产生

[①] ［德］哈贝马斯：《公共领域的结构转型》，曹卫东等译，学林出版社1999年版，第245页。

的各种各样新功能的多样性，同时掩盖了功能进一步改善的基础，也就是人们组织起来的相互交织的私人利益，通过各种政策和法律的实施，国家能够深深地介入经济社会领域，把各种彼此博弈的社会力量和社会利益转化为政治动力，通过这种国家强有力的介入，重新在自身领域中发挥作用。[1] 国家为了集体福利，通过政府公司这一组织形式的创新，实现了国家功能的增进与对商品流通和社会劳动领域的干预。在此基础上，这实际上具有某种意义的国家社会化和社会国家化的意蕴。也就是说，政府公司的出现，一方面标志着国家干预社会生活有了新的形式，不仅政府机关具有公共性，承担着公共服务或管制的职能，而且政府公司也能够承担政府职能发挥作用；另一方面，政府公司的出现，也意味着私人组织也能够承担起原来只有政府机构才能承担的公共职能，私人组织也成为公法的执行主体。因此，在此意义上，政府公司的出现，实际上是一个国家社会化和社会国家化的双向过程。在根本意义上，政府公司实际上代表着国家侵入社会的又一个标签。虽然政府公司成立的初衷是更好地实现对社会的治理，或者说国家的本意是让市民社会进行自我治理。但事实是政府公司越来越表现为政府机构的特点。政府公司在实际的运行中，变得越来越官僚化，与一般的政府机构没有什么明显的区别。因此，政府公司的出现，表明国家对社会生活的控制进入了一个新的时期，国家对市民社会的入侵形式更加多样化和隐蔽性。

四 行政国家的危机与非政府组织的兴起

福利国家的干预主义政策在应对资本主义经济和社会危机方面发挥了重要作用，但是，随着福利国家的进一步深入发展，福利国家的负面效应也逐渐地显露出来，其直接结果就是行政国家的出现。行政国家主要特征在于行政权力相对于其他国家权力的优势地位，它标志着国家公共行政职能的全面扩张，同时表明公共权力对社会生活的全面渗透。也就是说行政国家意味着行政机构和行政人员大量的增加，行政职能大为扩张，行政权力更为强势，行政自由裁量权进一步扩大。伴随着福利国

---

[1] ［德］哈贝马斯：《公共领域的结构转型》，曹卫东等译，学林出版社1999年版，第176页。

家和行政国家的发展，这种高福利和强政府的社会治理模式变得难以为继了，行政国家和福利国家的社会治理模式开始面临财政、管理和信任危机。

行政国家面临的危机之一是财政危机。随着福利国家的不断发展，社会福利开支增大导致财政支出不断增加，政府财政出现危机。与政府财政开支不断增加相反，政府的财政收入却在不断地减少。这一方面因为经济发展动力不足而导致税收的减少；另一方面也因为选民对政府征税存在负面评价，所以，政治候选人往往把减税作为竞选的承诺，这在一定程度上导致了税收的下降。这些因素都导致了政府的财政危机。通过以上分析可以看出，财政危机是行政国家面临的主要危机之一。当然，在财政危机之外，行政国家的危机还包括管理危机和信任危机。

行政国家的管理危机主要表现为传统公共行政的失效。传统公共行政理论是建立在政治与行政二分法、科学管理理论和韦伯的官僚制理论基础之上的。韦伯的官僚制是以强调专业分工、非人格化管理、行政人员的职业化、等级制以及注重规则为其主要特点。这种组织模式在一定时期能够起到较为有效的作用。但是随着社会的发展，这种强调稳定性和规则取向的组织模式在新的社会现实面前逐渐失去了原有的功能，官僚制面临着管理失灵的问题。官僚制失效成为人们对政府不满的导火索，官僚制因而也成为僵化、部门主义、形式主义、官僚主义等负面词汇的代名词。官僚制失效既表现在政府部门内部管理方面，如政府部门存在效率低下、行动迟缓等问题，也表现在官僚制在政府政策管理上的失效。在传统公共行政模式之下，政府政策管理具有强制性和整齐划一性，这种整齐划一的政策管理方式与官僚制的特点相吻合，但是这种政策管理方式有其内在的缺点：其一，参与性不强；其二，管制有时会扭曲价格体系；其三，机动性差；其四，强制色彩过强等。[1] 所有这些不仅导致政府内部管理的失效，而且影响了政策的效果，管理失效加剧了行政国家的危机。

与管理危机相关，行政国家也面临着信任危机。官僚制由于其规则

---

[1] 张璋：《20世纪80年代以来的全球行政改革：背景、理论、举措与经验》，《北京行政学院学报》2002年第4期。

取向和无法对公民需求做出有效的回应,因此,它面临着普遍的信任危机。由于官僚制存在将自身利益最大化的倾向,在行使公共权力的时候产生了目标替代,从而将部门利益凌驾于公共利益之上,导致公民对官僚部门产生反感。当然,公民对官僚制产生反感,在一定程度上是社会心理使然,即人们普遍认为政府是一种必要的恶,必须对他加以警惕。在公民之外,官僚制也面临着政治家们的批评。民选政治家对官僚制批评的主要原因有三点:一是官僚部门存在自利倾向,容易在执行公共政策过程中产生目标替代。民选政治家发现,由于行政部门执行权过于强大和行政自由裁量权的存在,导致政策执行过程中存在大量的机会主义行为,政治家所做的政治决策在很多时候无法得到有效的执行。因此,政府部门和行政人员在一定程度上对政治家权力领域造成了侵犯,这是政治家批判官僚制和政府部门的主要原因之一。另外,政治家批评政府部门及其行政人员也有其他目的。因为政治家们发现,官僚部门和行政人员是其不正当决策最好的替罪羊。当政策出现问题时,政治家可以将责任推卸给官僚部门;当政策成功时,功劳自然是自己的;而且在竞选时,也可以把官僚部门作为批判的对象,以换取选民的欢心和选票。

显然,财政危机、管理危机和信任危机是行政国家衰落的直接原因。正是这些危机的出现导致行政国家面临着失控的风险,进而导致各国政府推动行政改革以应对这种局面,形成全球性的改革浪潮。

在一定程度上,行政国家出现各种危机是国家对社会入侵的结果。正是由于行政国家全方位入侵和干预社会,使政府自身的职能和责任得以不断增加而不堪重负,另外政府干预也导致市民社会萎缩,使社会丧失自我治理的能力。两方面因素综合作用导致行政国家不堪重负,产生各种危机。而且,伴随着人类社会从工业社会向后工业社会的转型和社会复杂程度的加大,行政国家面临着更多的挑战。

实际上,财政危机、管理危机和信任危机只是行政国家衰落的表面原因,其内部深层次原因则是社会时代背景的变化,即人类即将从工业社会迈入后工业社会,人类正处于工业社会向后工业社会转型的历史进程之中。与工业社会相比,后工业社会的主要特点是它具有社会高度复杂和高度的不确定性特征。在这种社会现实面前,原来与工业社会相适应的管理型社会治理模式已经无法有效应对转型时期的复杂社会现实,因而出现了一系列的危机。管理行政在组织形式上采用的是传统官僚制的组织形式。如前所述,官僚制因为规则导向和追求稳定性而导致其应对社会治理具有高效稳定的特点,但是,随着社会生活复杂化加大,官僚制逐渐出现了应对失效的现象。在人类社会向后工业社会转型之际,人类社会便进入了高度复杂的风险社会。这种高度复杂的社会形态给社会治理带来了极大的挑战,特别对在工业社会里建立起来的社会治理模式形成了很大的压力。这种高度不确定的社会现实,对我们的社会治理提出了新的要求,它要求我们必须建立起一种与这种高度复杂和高度不确定社会相适应的社会治理模式。[1]

面对行政国家危机,世界各国纷纷进行行政改革。在20世纪70年代末,在世界范围产生了一股行政改革的浪潮,目标直指行政国家和官僚体制。这场行政改革的主要特征是给政府瘦身和私有化,以摆脱国家对社会过多的干预,达到为行政国家瘦身的目的。胡德认为,西方行政改革大致有七个特征。一是政府部门实行职业化管理;二是实行绩效管理,明确绩效标准与进行绩效测量;三是对产出控制格外重视;四是公共部门单位趋于分立化;五是促使不同部门之间相互竞争;六是对私营部门管理方式给予重视和加以借鉴;七是重视资源利用的效率。[2] 显然,这是一场针对行政国家弊病而对公共部门官僚制进行瘦身的改革活动。这场改革的最大特点是对政府进行私有化改革,即对政府进行瘦身,把一些不是政府核心职能的部门从政府中剥离出去。很显然,私有化的目的是减轻国家的各种负担,所以,私有化起初就表现为国家从市民社会退出,同时试图恢复市民社会与国家之间的边界。[3] 但是,凯恩斯的福利国家政策和干预主要措施已经将国家的触角全面延伸至市民社会,西方国家行政改革很难恢复市民社会与国家的原有边界。但是,西方国家行政改革却产生了另外一种效应,即它促进了非政府组织的兴起。"新一轮的社会运动正在发生,那就是以非政府组织为标志的新市民社会的生成。"[4]

---

[1] 张康之:《时代特征中的复杂性和不确定性》,《学术界》2007年第1期,第49—59页。
[2] Hood, Christopher, "A Public Management for all Reasons?" *Public Administration*, Vol. 64, No. 1, 1991, pp. 3 - 19.
[3] 张康之、张乾友:《公共生活的发生》,高等教育出版社2010年版,第117—121页。
[4] 同上。

在行政改革的过程中，从政府部门中剥离的或为承担政府职能而组建的代理机构，这些机构的出现具有划时代的意义。张康之教授看到，随着改革进程的深入，尤其是随着人类社会后工业化航程的开启，一种不同于政府却又确实具有某种政府实体地位的组织产生了，这就是以代理机构、权力主体和其他政府实体为代表的"非政府组织"。[1] 代理机构、执行机构的兴起主要原因是行政国家的管理危机，是行政国家在职能过多和效率低下的情况下所采取的一种改革行为。以英国为例，在20世纪末，英国中央政府在提供公共物品过程中出现了很多的问题，譬如各个部门负担很重，高层政府决策职能对公共服务职能产生一定的限制；中央政府对管理服务缺乏应有的重视；高层政府缺乏具体行政事务的管理技巧和经验；行政事务太多太散，不能形成一个整体来进行管理。[2] 因此，在这种情况下，英国政府在"下一步计划"这一行政改革中采取建立新的机构来弥补政府治理的不足。譬如，新建立机构来履行原来只有政府可以行使的职能；中央政府通过全权任命的来管理执行机构，全权大臣在其中行使着项目经理的角色。显然，这些执行机构与政府部门是不同的，但他们却承担着原来由政府承担的职能。显然，代理机构、权力主体等非政府组织实际上是行政改革的重要措施。也就是说，行政改革中涌现出来的非政府组织是对政府失效的一种矫正，或者说非政府组织就是解决政府失效而受到重视的。虽然代理机构等是改革的一种临时措施，但是，它一经出现便表现出了不同于其他组织的特色和功能。

从西方国家行政改革实践可以看出，非政府组织主要职责在于提供公共服务。但非政府组织在与政府合作提供公共服务的过程中，却表现出与政府以及其他组织的不同之处。首先，非政府组织有自己的治理诉求。非政府组织的主要特点或者历史属性在于，不论它是从市民社会产生，还是从国家中产生，它都不属于传统的社会治理体系，并且非政府组织有其独特的治理诉求，与那些在以前辅助过国家的组织不同，非政府组织所追求的目标是独立承担社会治理的一些职能，非政府组织要求

---

[1] 张康之、张乾友：《公共生活的发生》，高等教育出版社2010年版，第117—121页。
[2] 经济合作与发展组织：《分散化的公共治理——代理机构、权力主体和其他政府实体》，国家发展和改革委员会事业单位改革研究课题组译，中信出版社2004年版，第32页。

与国家合作，与国家一起进行社会治理。① 也就是说，非政府组织与历史上的其他组织不同之处在于，它不满足于在社会治理中仅仅充当辅助或边缘的角色，正因如此，非政府组织代表着一种新的社会现象。张康之教授认为，非政府组织是在市民社会与国家组成的私人部门和公共部门之外，所构成的一个全新的第三部门，它既不属于传统的市民社会，也不属于国家，而是在国家与市民社会重合后而新生的一种社会现象，对此，张康之教授把它称为"新市民社会"。② 非政府组织作为一种新的社会现象，它是人类社会发展到一定阶段的产物，它的产生有其特殊的历史意义。它的出现，预示着社会治理模式的变革。当然，必须指出的是，非政府组织兴起的历史意义和历史前景是建立在它与众不同的历史特性上的。

第二节　非政府组织的特质③

非政府组织是人类社会后工业化进程的产物，它具有自身的一些特点。非政府组织作为一种独特的历史现象，它的诞生有其历史的必然。非政府组织是在行政改革的过程中产生的，行政国家引起的危机和行政改革是非政府组织产生和兴起的直接原因。从时代背景看，非政府组织的产生有其历史必然性，非政府组织是人类社会从工业社会迈向后工业社会背景下兴起的，即非政府组织是管理行政面临失效的情况下产生的。概言之，非政府组织是时代背景的产物，其产生有历史必然性。非政府组织兴起主要源于非政府组织自身特殊的属性和功能。它不仅在提供公共服务方面表现出了不同于政府的一些特点，而且它还拥有不同于政府的治理功能。正如上文中张康之教授所言，非政府组织的主要特点或者历史属性在于，不论它是从市民社会或者是从国家产生，它都不属于传统的社会治理体系，并且非政府组织有其独特的治理诉求，与那些在以前辅助过国家的组织所不同的是，非政府组织所追求的目标是要求与国

---

① 张康之、张乾友：《公共生活的发生》，高等教育出版社2010年版，第117—121页。
② 同上。
③ 本节部分内容曾经发表于《党政研究》2014年第4期，第37—43页。

家合作进行社会治理或者独立承担一些社会职能。① 从这段论述中可以看出，非政府组织与历史上的其他组织既有区别，又有联系。非政府组织既是一种自治组织和自愿组织，又与历史上自治组织与自愿组织有很大的不同。

一 对非政府组织特质的多重解读

对于非政府组织，国内外学者对非政府组织作出了各自的解读。

美国研究非政府组织的专家莱斯特·萨拉蒙认为非政府组织具有组织性、民间性、非营利性、自治性、志愿性等特征，他认为，非政府组织的第一特征是它的正式组织特征。② 这意味着非政府组织必须有一定的规章制度，有组织领导和经常性的活动，而一般的、临时聚集的群体则不能作为非政府组织。民间性意味着非政府组织不同于政府，非政府组织不受政府的层级限制，它不是政府部门的一部分。当然，非政府组织不是政府组织的一部分并不意味着它与政府没有什么关系。事实上，非政府组织与政府之间往往存在资金、人员和其他联系。非营利性是指非政府组织与营利性的组织相区别，即非政府组织不把营利作为组织的目标，非政府组织必须具有公益性或互益性的特征。即使非政府组织在组织活动过程中获得了一定的利润盈余，这些利润盈余也不能为管理者或所有者所拥有，只能把组织盈余用于实现组织宗旨相符的组织活动上。自治性则指组织是自主治理的，它不受其他第三方制约和管束。志愿性则是指参与这些组织活动是以志愿为基础的，而不是指非政府组织经费完全来自志愿捐赠或者志愿捐赠必须要达到一定比例，也不是指组织人员都是志愿者或志愿者需要达到一定比例。从以上分析可以看出，萨拉蒙对非政府组织的定义是一种结构功能主义的定义，这种定义虽然不是十分凝练但却具有较强的操作性。

对于非政府组织，有人认为它在组织目标上具有其特殊目的和功能。持这一观点的人认为非政府组织的组织目标应该是公益目标或互益目标。

---

① 张康之、张乾友：《公共生活的发生》，高等教育出版社2010年版，第121页。
② ［美］莱斯特·M.萨拉蒙：《全球公民社会：非营利部门视界》，社会科学文献出版社2007年版，第3页。

从这一点来说，非政府组织不是服务于私人目的的，而是服务于公共利益或者至少是服务于组织成员的利益。我国学者王名认为，非政府组织就是那些不是把营利作为主要目标的组织类型，非政府组织主要是那些志愿性的、具有互益和公益活动目的的、非官办性的社会组织；因此，非政府组织的主要特征包括非营利、非政府性、志愿公益性或志愿公益性等方面。[1] 俞可平认为，非政府组织是指具有共同利益追求的，且由公民自愿组成的非营利性社团；它具有四个方面的特征：一是非政府性；二是非营利性；三是相对独立性；四是自愿性。[2] 丽莎等人认为，非政府组织具有自治性、非政府性、非营利性和明确的市民社会使命。[3] "非政府组织（NGO）这个名词在不同的国家有不同的含义。在西欧和北美，它指的是活跃在国际舞台上的非营利组织，如大赦国际（Amnesty International）、世界自然基金（Worldwide Fund for Nature 或 WWF）等。在第三世界国家，它专指以促进发展为目的的民间组织，此外，'发展'的定义是广义的，既包括经济发展，也包括社会、医疗卫生、教育方面的进步，医院、慈善机构、大学等则被称为志愿者组织或非营利组织，以示区别"。[4] 联合国等国家机构对非政府组织的定义是，在地方、国家或国际级别上组织起来的非营利性的、自愿性的公民组织；世界银行认为非政府组织是那些致力于解除贫困和疾苦、保护环境，提供最基本社会服务或以促进社区发展为目标的私人组织；非政府组织是服务于社会利益的私人非营利组织，非政府组织通常通过倡议以实现社会、政治和经济目标，其中也包括诸如平等、教育、健康、环境保护和人权等目标。[5] 从以

---

[1] 王名：《非营利组织管理概论》，中国人民大学出版社2011年版，第2页。

[2] 俞可平：《中国公民社会：概念、分类与制度环境》，邓正来主编《国家与公民社会：中国视角》，格致出版社2011年版，第41页。

[3] 丽莎·乔丹、彼得·范·图埃尔：《非政府组织问责：政治、原则和创新》，康晓光等译，中国人民大学出版社2008年版，第9页。

[4] 王绍光：《多元与统一——第三部门国际比较研究》，浙江人民出版社1999年版，第16—17页，转引李本公主编《自国外非政府组织法规汇编》，中国社会出版社2003年版，第278—279页。

[5] Hildy Teegen, Jonathan P. Doh and Sushil Vachani, The Importance of Nongovernmental Organizations (NGOs) in Global Governance and Value Creation: An International Business Research Agenda, *Journal of International Business Studies*, Vol. 35, No. 6, 2004, pp. 463-483.

上的分析可以看出，学者大都突出非政府组织的组织目标，指出非政府组织主要目的在于它致力于公益或互益目标，同时非政府组织具有明确的市民社会使命；在行为特征上，非政府组织具有鲜明的志愿性特征；通过前者，使非政府组织与营利性组织相区分，通过后者，使非政府组织与政府相区别。

合法性视角也是学者们认识非政府组织的一个视角。从这个视角出发，大多强调非政府组织获得官方认可的特性，即非政府组织需要得到了官方的承认。这种视角强调了非政府组织的合法身份。学者 Sen, Siddhartha 则主张，非政府组织是那些能够被官方机构如联合国、民族国家政府以及国际组织认可的，具有非政府组织地位的那些组织。[1] 蒂姆则认为非政府组织（Timm，1984：27）"由一些献身于规划和执行草根发展项目的人们而自发组建的社会组织，这些组织不属于政府系列，但却符合法律的规定。"[2] 合法性的视角主要强调非政府组织被政府认可的一面，强调非政府组织产生的合法性以及它与政府合作的特征。与合法性视角相关，另一种认识非政府组织的视角是从法律的角度来认识非政府组织，即从法律条文的规定来确认哪些组织是非政府组织。譬如，美国税法对非政府组织的免税条件有明确的规定，因此，只要符合这个规定的便属于非政府组织。在我国，相关法律也对社会组织进行了界定。

也有学者从组织资源"来源"的视角来分析非政府组织。持这一观点的学者大都认为非政府组织与其他社会组织的区别在于，非政府组织的收入既不是来自税收，也不是来自商品或服务的收费，而是来源于各种捐赠收入或者组织成员所缴纳的会费。从这个视角出发，非政府组织的最大特点是非政府组织收入来源的志愿捐赠性质。这种视角的问题在于，它必须有明确的标准来界定多大比例的收入不是来自政府而是来自捐款或者会费，从而把组织界定为非政府组织。而按联合国国民收入统计系统的规定，只有收入一半以上来自捐款的组织才算作非营利组织。

---

[1] Sen, Siddhartha, Housing NPOs, the State and the Poor: The Case of India, *Third World Planning Review*, 14: 2 (1992: May) p. 149.

[2] Kalimullah, Nazmul Ahsan, "Islamic Non-Government Organisations in Bangladesh With Reference to Three Case Studies", *Islamic Quarterly*, Vol. 34, No 2, 1990, p. 71.

如果这样，相当部分组织则被排除在非政府组织范围之外。

从以上分析可以看出，关于非政府组织的特点主要包括这样几点：第一，非政府组织是具有一定的公益目标导向的组织。非政府组织必须不以营利为目标，因为非政府组织不是营利组织，它受到利润不可分配这一限定条件约束。第二，非政府组织不是政府部门。它不是由政府部门成立，它具有民间性，是民间社会自主成立的。第三，非政府组织具有自愿性。非政府组织是自愿成立的，非政府组织自愿性既表现在组织建立方面，也表现在组织成员进入组织的意愿方面。第四，非政府组织具有自治性。即非政府组织必须是独立自治的，能够自我治理的，而不受其他主体的控制和干预。第五，非政府组织具有一定的治理结构，即非政府组织具有正式的组织结构和形式，它不是人员简单的集合。

显然，国内外学者们对非政府组织的分析是深刻的，他们都是基于一定的视角而对非政府组织作出各种有说服力的判断。但是，必须指出的是，以上关于非政府组织的特点分析与概念界定有其不足之处。譬如，萨拉蒙曾经将自愿性作为非政府组织的主要特征，但是，非政府组织并不能等同于自愿组织，因为，几乎所有类型的组织都可以归结为自愿成立的，所以，自愿性并不能成为非政府组织区别于其他组织的主要特征。[1] 同样，把非政府性作为非政府组织的一个特征也同样不能把非政府组织的特点给充分表现出来。因为，在政府组织之外，几乎所有的组织都具有非政府性或者说民间性的特点。民间性也不能作为非政府组织的主要特征。把非营利性作为非政府组织主要特征也同样容易产生误解，因为政府组织同样也具有非营利性。概言之，以上对非政府组织的特征分析虽然具有一定的客观性与合理性，但是，它仍然不能准确表达出非政府组织的主要特征。

现在的问题是，我们应该如何理解非政府组织呢？张康之教授认为，实际上，非政府组织在被我们认识之前，在人类社会中确实存在一定数量的自愿组织，可是，"它能够作为一个重要的社会现象而为我们所认知并被赋予"非政府组织"这样一个全新的称谓，显然意味着它具有某种

---

[1] 张康之、张乾友：《公共生活的发生》，高等教育出版社2010年版，第117页。

独特的历史特性。"① 从以上分析可以看出，非政府组织作为一种新的社会现象，对于它的理解，人们不能仅仅局限于自愿性、非营利性或公益性等外在的特征，而要通过其表面现象去发现非政府组织的本质。也就是说，我们需要基于非政府组织这一新生事物产生的时代背景，去把握其独特的历史特性，分析非政府组织在社会结构中的位置，总结它具有怎样的治理功能，它在社会治理中能够扮演怎样的角色，以及它未来的发展前途如何。

二　非政府组织的社会自治性

20世纪后半叶以来，随着行政改革的深入而出现的非政府组织是一种独特的历史现象。它与历史上的一些自愿组织有较大的不同。它也不等同于历史上的自治组织。作为一种历史现象，非政府组织具有全新的特质。非政府组织区别于其他社会主体的一个重要标志在于它是一种社会自治组织。非政府组织本质上是自治的，即它能够自我治理，它在组织目标定位和组织行动上具有自主性。严格地说，非政府组织就是那些独立的、有着自主治理能力的组织。

历史上曾经出现的那些志愿组织实际上不属于自治组织，或者说它的自治性不强。自治意味着组织必须在组织目标、组织行为以及内部治理等方面都具有独立性和自治性，但许多社会组织或志愿组织并不能在这些方面实现独立或自治。我国学者徐勇在其论文《村民自治的成长》中曾经论述到，我国村民自治存在很多问题，虽然我国村民自治的理论设计体现了现代民主制度的理念，但是，这种类型的自治却存在着国家赋权的特点，国家和政府在村民自治的权限上拥有制度制定的实质性权力，村民能否真正实现自治，实际上是由政府下放权力的幅度所决定的。② 从这段论述中能够看出，村民自治在目前的情形下还有进一步提升的空间。导致自治不成熟的原因很多，一方面社会主体发育不成熟导致其社会自治能力不强；另一方面，社会自治不成熟也是由于行政权力过

---

① 张康之、张乾友：《公共生活的发生》，高等教育出版社2010年版，第117页。
② 徐勇：《村民自治的成长：行政放权和社会发育——1990年代后期以来中国村民自治发展进程的反思》，《华中师范大学学报》（人文社会科学版）2005年第2期。

度干预造成的。实际上，历史上曾经出现的社会组织也与村民自治一样，在一定程度上缺乏独立性和自治性。在农业社会曾经出现的各种慈善组织也不能算是非政府组织，因为其不具有真正的独立性和自治性，这些组织往往是依附于统治集团或宗教势力。在一般情形下，这些组织都受到统治集团或宗教势力的操纵，不具有独立性。在工业社会时期，也存在着很多自愿组织。与农业社会的慈善组织相比，这些自愿组织已经具有了一定的独立性，但是，总的来说，这些组织仍然不是真正的社会自治组织。首先，这些组织在管理和资源供给等各方面都依赖于政府。在美国有大量的自愿组织，这些自愿组织的组织资源很大程度上来源于政府，政府资金和资助在这些组织的资源供给中占据很大的比例。由于这些组织的组织资源受到政府的控制，所以，这些组织一般自治性不足，或者说它们很难实现组织的独立自治，因而这些组织的自治性会受到很大的影响。有学者认为，美国政府与非营利组织之间的关系能够分为三个阶段，压制时期、扶持时期以及伙伴时期。[1] 压制时期美国政府对这些社会组织是敌视的和不友好的。产生这种压制关系的原因是在建国初政府对这些组织的防备心理所决定的，社会团体对政府的监督和制衡导致政府对这些组织持有戒备心理，政府对这些组织使用了很多压制的措施；到了 20 世纪，这些志愿组织的作用日趋明显，志愿组织逐渐受到了政府的重视，政府开始从政策和制度上扶持这些志愿组织；而且随着干预主义的兴起，这些社会组织的作用越发明显，政府越来越依赖这些组织来提供公共服务。[2] 从美国的志愿组织发展进程能够得出，在资本主义发展初期，虽然这些志愿组织能够取得一定的独立地位，对政府形成一定的制衡，但由于政府的敌视，这些组织受到政府的控制，导致这些组织仍然缺乏独立性。随着资本主义的发展，政府对非政府组织控制手段变得多样化。政府通过对这些组织物质和资金援助，达到控制这些组织的目的。也就是说，在资本主义后期，虽然出现了政府与志愿组织的伙伴关系，但这些伙伴关系的本质仍然是政府控制着这些志愿组织，这些组织缺乏独立性和自治性。

---

[1] 郑琦：《美国政府与社会组织的关系演进》，《社会主义研究》2012 年第 2 期。
[2] 同上。

与统治行政时期和管理行政时期的慈善组织和志愿组织不同,非政府组织是一种真正的社会自治组织。所谓社会自治就是社会主体或公民的自我管理。在微观层面,社会自治主要表现为个人或群体自治;在中观层面,社会自治主要表现为组织或团体自治;在宏观层面,社会自治则表现为地方或区域自治。非政府组织则是一种中观层面的社会自治。作为一种社会自治组织,非政府组织拥有社会自治的权力。自治权力意味着主体对自身事务拥有实质决定权和支配力。非政府组织的社会自治能够产生积极的社会效应,它能够起到分权和社会监督的作用。一是它能够弥补政府治理的不足;二是它能够分担政府公共服务供给的压力;三是它能够对国家权力形成制约,从而规制国家权力的运行与发展。

非政府组织自治权既是一种权力,也是自治团体的一项权利。对于非政府组织自治权力的来源,不同理论对此看法有较大的不同。对于社会自治权的来源,主要有两种论点,一种观点认为社会自治权来自国家的授予,另一种观点认为社会自治权力是公民乃至社会所固有的权力。与以上论点不同,马克思从消除人的异化和劳动异化的角度来论证他的自治思想。马克思是从人类解放的高度来认识社会自治的,马克思认为,无产阶级以及人类得到完全解放的标志是成立自由人的联合体,在自由人的联合体里,每个人的自由发展是一切人自由发展的条件。显然,人的自由发展是社会发展的最终目标。但是,自从有了私有制以来,人不但没有得到全面发展,而且由于政治经济等多重约束,出现了人的异化现象。异化分为人在经济方面劳动的异化和政治上国家的异化。为了消除劳动异化和国家异化,马克思认为必须以社会自治消除之,即建立一种自由人的联合体。也就是说,通过社会和人的自治来破除人对人奴役,人对人的压迫,阶级对阶级的剥削,从而达到消除劳动异化和国家异化的。也就是说,自治是克服资本主义中所存在的劳动异化和政治异化。[①]

在以上关于自治权力的来源上,由于钦定说认为自治的权力来源于国家授予,因而理论上存在国家干预自治的风险,从而使自治难以实现;

---

① 李嘉图:《自治是不断的革命》书介,当代外国政治书摘(第四辑),东方出版社 1987 年版,第 172—176 页。转引自徐增阳《论马克思的自治思想》,《当代世界与社会主义》2009 年第 6 期。

而保护说由于过于强调人民的自治权,则可能使国家的权力受到削弱而使社会处于无政府的状态。马克思通过阐明自治是实现人的全面发展和自由发展的条件,说明了自治对于人类解放的价值。不论是基于哪种观点,都可以说明非政府组织作为一种社会自治组织,它是拥有自治权的。非政府组织的这种自治权不受外在力量的干涉,是真正意义上的自治。

非政府组织是一种社会自治组织,是人类社会从工业社会向后工业社会转型中所出现的新生事物。也就是说非政府组织作为一种社会自治组织,是与后工业社会紧密联系在一起的。对于社会自治,必须要把它放在既定的社会背景中进行考察,非政府组织是人类社会向后工业社会转型这一历史阶段出现的一种制度形式,同样也是公共管理这一创造性社会治理模式的一项主要内容。[1] 自治在人类的历史中已经存在很长时间了,但是,作为一种普遍现象或人类社会的一种基本制度形式,则是与后工业社会联系在一起的;在农业社会的统治行政中,虽然存在自治,例如允许乡村社会存在某种形式的自治,但这只是封建统治者维持统治的一种手段;在工业社会,自治也不是一种普遍的社会治理方式,因为与工业社会相伴随的是一种控制导向的社会治理模式,这种社会治理模式在根本上是与社会自治相互矛盾的;在工业社会时期,由于诸如文化和地域等差别的存在,会在局部采取自治的方式来调节社会治理所产生的各种矛盾,这是必要的,但是,此时这种自治在社会治理中并不广泛存在。[2] 随着风险社会的来临,社会变得高度复杂,以控制为导向的"管制型"社会治理模式无法应对新型社会现实的挑战。这些新情况导致必须把社会自治作为一种新的社会治理制度安排,而非政府组织作为一种社会自治组织,就是在这种背景下产生的。

非政府组织的自治不仅体现在组织管理的层面,也表现在治理的层面上。一方面,非政府组织在组织层面是自治的。非政府组织作为一种社会自治组织,它能够对组织进行自我治理。因此,非政府组织与政府组织的区别之一在于,它不受政府行政权力的影响,或者说,政府或其

---

[1] 张康之:《论新型社会治理模式中的社会自治》,《南京社会科学》2003 年,第 38—54 页。

[2] 同上书,第 38—54 页。

他组织不能使用行政权力或其他手段干预其组织的正常运作。无论是组织成员的构成和组织领导的产生，还是组织目标的确立和组织日常运作，非政府组织都拥有充分的自主权，而不应该受到来自政府或其他团体的控制和约束。另一方面，非政府组织的自治在社会治理层面表现出服务的特征。与政府组织不同，非政府组织并不拥有行政组织等组织所拥有的强制力。"也就是说，社会自治组织中治理行为不是行使政治权力的行为，以往一切时代的政治权力的强制力在这里是不存在的。"[1] 非政府组织作为一种社会组织，它以服务为宗旨，将服务理念融入组织管理和社会治理之中。因此，非政府组织本质上是一种服务型的组织。非政府组织在社会治理中的行为本身是一种服务行为，非政府组织通过治理行为为社会提供各种各样的公共服务。在非政府组织提供公共服务和进行社会治理时，它既是治理者，也是被治理者。因为，"在社会自治体系中，每一个人都是服务者，同时每一个人也都是服务的接受者，这是一种'人人为人人服务'的制度规范体系"。[2] 既然每个人或组织都是服务者，服务者和被服务者的界限也就被打破，那么治理者和被治理者的界限也就消融了。从这个角度上讲，非政府组织的出现，实际上在一定程度上打破了管理行政的治理模式，它催生了一种不同于管理行政的新的社会治理模式即服务型社会治理模式。非政府组织由于它的服务取向而成为社会治理的主体，与政府一道共同合作进行社会治理。

非政府组织是一种社会自治组织，它与政府等社会治理主体在社会治理中是一种平等的合作关系。但是，作为一种自治组织，是否意味着非政府组织就不受政府"他治"的约束吗？如果有，非政府组织的自治与政府的"他治"存在怎样的关系呢？青年学者安建增认为，自治在政治实践和政治哲学中具有重要的价值，其本质在于获得一种追求自主行动而避免受到无正当理由进行干预的权利，可是，由于自治组织或团体的自利倾向和本位主义，以及自治能力的不足，所以对自治的控制成为一

---

[1] 张康之：《论新型社会治理模式中的社会自治》，《南京社会科学》2003年，第40—41页。

[2] 同上书，第40页。

种必要。① 显然，从这段论述可以看出，对自治给予控制主要源于自治主体自身的缺陷，因而需要从制度等方面对非政府组织等自治主体加以制约。但是，如果从管理主义的视角对非政府组织等自治主体加以约束，势必会造成对非政府组织等社会自治主体的自主性的破坏，也就是容易导致他治过强而自治不足。我国著名学者张康之教授认为，社会自治运动需要政府的引导和支持，但政府却不应该参与这种社会自治活动。②在发达国家，社会自治是一个自然的过程并已经发展到较为成熟的阶段。但是，对于一些后发展国家而言，社会自治则需要政府等主体加以扶持和引导。也就是说，政府等政治组织需要为非政府组织等自治组织提供一个较好的发展环境，鼓励，引导和支持非政府组织开展社会自治活动。政府在非政府组织的社会自治中，应该尽量少参与或不参与。当非政府组织等社会自治组织处于不成熟阶段时，政府的主要职责在于引导。政府的引导职能主要表现在两个方面，一是培育社会自治精神，二是建立社会自治体制。而且，政府对自治的引导职能仅限于培育社会自治，而当非政府组织等社会自治力量成熟以后，政府便需要从社会自治领域退出，使非政府组织等社会自治组织进行自我治理和自我服务。从以上的分析可以看出，非政府组织的自治与政府的他治之间的关系不是管理主义式的对自治加以控制，而是政府作为外在于自治的一种他治对非政府组织等自治主体的引导，这种引导在本质上表现为一种服务的精神。在政府对非政府组织等社会自治主体的引导中，促进了非政府组织的成长，使非政府组织成为真正的社会自治组织。在政府对社会自治精神的培育和引导过程中，政府与非政府组织在伦理精神和服务理念的指引下，是一种平等的合作关系，这与在管理主义思维下，通过对社会自治组织的控制而对其进行约束是不同的。对非政府组织的引导是促进非政府组织的发展和使其能够成为真正的社会自治组织。概言之，对于非政府组织等社会自治组织而言，在其发展的初级阶段，是需要政府的他治和引导，

---

① 安建增：《对自治施以控制的正当性——基于政治哲学的考察》，《社会主义研究》2012年第1期。

② 张康之：《论新型社会治理模式中的社会自治》，《南京社会科学》2003年，第38—54页。

而当其真正成长为社会自治组织之时,政府的他治便没有必要。

三 打破社会治理结构的非政府组织

非政府组织作为一种在人类社会迈向后工业化进程中出现的组织类型,它是一种独立的、自主治理的、具有治理能力的组织。非政府组织的出现具有划时代的意义。"所谓非政府组织就是一类新型的社会自治组织,是在原先的政治体系的结构中不曾存在过的组织。"[1]换言之,非政府组织与历史上其他组织的不同在于,它不像历史上的其他组织,总能在社会治理的中心—边缘结构中能够找到自己的位置。也就是说,那些在传统社会治理结构,即中心—边缘结构中能够找到自身位置的组织,都不属于非政府组织的范围,而那些不属于中心—边缘结构,不属于政府或依附于政府,不是在社会治理中发挥辅助作用却承担着一定社会治理职能的组织,我们才把它称为非政府组织,严格地说,它就是有着独立的、自主的和具有自治能力的那些组织。[2]

在工业社会,社会治理是一种管理型社会治理模式,管理型社会治理模式在社会结构上呈现出中心—边缘的特点。管理行政具有如下一些特点。首先,管理行政在价值取向上追求效率价值取向。著名管理学家波特认为,从行政学角度看,最为重要的就是效率,虽然从实用的角度看,效率必须与其他价值相协调,可是科学研究所特有的价值就是效率。[3] 换言之,管理行政的大部分设计都围绕着效率这个主要价值展开,效率价值是公共行政的主要价值。其次,管理行政以官僚制为主要组织形式,同时也以官僚制为行使职能的主要载体。管理行政以韦伯的科层官僚制为主要组织形式。官僚制组织的权力是建立在完善的正式规则之上的,这些规则是根据组织目标和组织功能而制定的。在官僚制组织中,组织的权力在横向层面进行分配,各个部门各负其责相互配合。组织权力同时在纵向层面层层授权,明确规定每个成员的职责和权力,权力在

---

[1] 张康之:《论参与治理、社会自治与合作治理》,《行政论坛》2008年第6期,第1—6页。

[2] 同上书,第1—6页。

[3] Luther Gulick andu L Urwick, *Papers and the Science of Administration*. New York: Columbia University Press, Institute of Public Administration, 1937, p. 192.

纵向上实行上一层级控制下一层级，层级节制；人员管理实行考任制，组织成员通过考核录用，领取固定的薪金。官僚制的这种设计使得官僚制组织具有高度稳定和便于操作的特点，因而官僚制组织在工业社会能够成为主要组织形式。在行使社会职能方面，管理行政以官僚制组织为行使职能的主要载体。也就是说，政府部门是进行社会治理的唯一主体或主要主体。在这种局面下，即使有一些组织也会成为社会治理的主体，但只是起到一种辅助的作用。概言之，在管理型社会治理模式中，社会治理实际上是一种中心—边缘结构。在这种结构中，政府是中心治理主体，其他主体都处于社会治理体系的边缘。政府始终处于治理者的地位，而其他社会治理主体则处于被治理者的位置。同时，在管理型社会治理模式中，政府在社会治理中始终存在控制导向，其他组织即使能够参与到社会治理体系中来，也只能作为一种边缘角色而存在。

这种中心—边缘式的治理体系存在缺陷。"我们知道，作为管理行政的一些政府职能是相对独立的，单个机构都能独立完成，运行中不会产生较多、较大的矛盾；但那些需要分工合作完成的职能，运行之中则不可避免地会产生这样或那样的矛盾。"[1] 由于官僚制不同部门之间在协作完成政府职能时缺乏协调机制和存在推诿扯皮现象，致使政府效率低下而不能有效地进行社会治理。实际上，公共部门不但存在协调不力的内部运行问题，而且，在社会治理层面，作为社会垄断治理主体的政府还存在着治理失效的问题。虽然，在社会治理中，政府也会允许部分社会主体参与到社会治理中来承担一部分政府职能，但是这些主体仅作为一种辅助角色，不能发挥重要作用，或者说这些主体都是在政府的支配下参与社会治理的。一般而言，管理行政的这种中心—边缘结构在低复杂性的社会条件下尚能对社会进行有效的治理，但是随着社会复杂程度的增加，这种治理模式的缺陷便日益明显。特别是当人类社会从工业社会向后工业社会转型之际，社会变得高度复杂和高度的不确定，管理行政这种单中心的社会治理模式面临着失效的风险。在这种情况下，管理行政的单中心治理结构亟须打破，社会治理呼唤新的治理主体的出现。非

---

[1] 张康之：《论行政发展的历史脉络》，《四川大学学报》（社会科学版）2006 年第 2 期，第 55 页。

政府组织便是一种打破管理行政中心—边缘结构的新生力量,非政府组织的产生和兴起预示着社会治理结构的变革。

非政府组织是一种新型的组织,它在以往的治理结构中找不到自己的位置。非政府组织的出现,本身意味着社会构成成分的变化和治理模式的变革。非政府组织与其他的自愿组织不同之处在于,它要求能够承担社会治理的职能。"与那些曾经辅助过国家治理社会的自愿组织不同,非政府组织不再把自己定位为一种社会治理的辅助工具,而是要求与国家合作承担乃至独立承担某些社会治理的职能。"[1]

非政府组织的治理功能与非政府组织自身的特性密切相关。非政府组织在提供公共服务上表现出不同于政府的特点。著名学者维斯伯德(Burton Weisbrod)曾经指出,现代政治制度的设计使得政府只能提供均一化、无个性适合中位选民偏好的公共服务,在选举民主制度下,选民的投票决定着政治家的偏好和政府提供公共服务的数量和质量,在选举中,中位选民往往能够决定着选举的走势,因此,无论是政治家还是政府,公共服务的提供总是去满足中位选民的需求,而其他选民的需求却无法得到有效满足。[2] 显然,代议制的政治设计导致了公共物品供给单一化,但是,人们的社会需求却随着时代的发展而在不断地丰富。二者之间存在着不可调和的矛盾。在这种情况下,非政府组织却能够弥补政府提供公共服务单一化的缺陷,它能够提供多样化和个性化的公共服务和公共物品,满足不同群体的公共服务需求。萨拉蒙通过调查发现,非政府组织的服务群体并不是我们想象中的只是针对穷人,非政府组织有相当大比例的服务对象针对的是范围更加广泛的人群。"也许这项调查中最主要的结果是,非营利社会服务机构比有时我们想象的更少关注穷人。因此,在我们能够收集完整资料的1474家人类服务机构中,只有27%的表明他们的绝大多数服务对象是穷人(也就是收入在贫困线以下)……非常重要的是,一半以上的机构(53%)只有'很少'(即20%或更少)

---

[1] 张康之、张乾友:《公共生活的发生》,高等教育出版社2010年版,第121页。
[2] Bruce R. Kingma, "Public Good Theories of the Non-Profit Sector: Weisbord Revisited", *Voluntas*, Vol. 8, No. 2, 1997, pp. 135–148.

或者没有低收入服务对象。"① 从萨拉蒙的论述中可以看出，非政府组织服务的目标具有多样性，能够针对多种社会群体提供公共服务。从这点来看，非政府组织由于能够提供多样性和个性化的公共服务而能弥补政府供给公共服务的不足，从而在提供公共物品方面表现出优越于政府的地方。也正是因为非政府组织在提供公共服务中所表现出来的优越性，使其能够成为社会治理的主要角色，与政府合作承担某些社会治理的职能。在与政府合作承担社会治理职能时，非政府组织不是处于社会治理体系的边缘，不是作为政府治理社会的辅助角色或助手，而是一种和政府平等的、独立自主的社会治理主体。简言之，非政府组织由于其出色的公共服务功能而具有打破管理行政中心—边缘结构的能力与诉求。

非政府组织作为一种打破中心—边缘结构的新生力量，还在于其在本质上属于新市民社会。张康之教授看到，"如果说传统的社会结构呈现出的是市民社会与国家的分离和分立，那么在私有化运动中，当国家准备退出被它侵占的市民社会领地时，却出现了一个'第三部门'。所以，非政府组织既不属于传统的市民社会，也不属于国家，是在国家与市民社会重合后而新生的一种社会现象，所以，我们将其称为'新市民社会'。"② 非政府组织作为一种全新的社会现象，它是在人类后工业化的进程中和行政改革的过程中出现的。我们不能把它简单地归类为私人部门或公共部门，因为它兼具这两个部门的特征。正是因为它兼具这两个部门的特征，所以，非政府组织是一种打破领域分立的力量，代表着一种领域融合的趋势。正基于此，非政府组织不属于传统的中心—边缘结构，它在这种中心—边缘结构中找不到自己的位置，而是一种打破中心—边缘结构的力量。相对而言，历史上曾经出现的其他组织则属于这种中心—边缘结构。

非政府组织与统治行政时期和管理行政时期慈善组织和非营利组织有较大的差别。非政府组织是一种打破中心—边缘结构的组织，而统治行政时期的慈善组织和管理行政时期的非营利组织则处于社会治理体系

---

① [美]莱斯特·M. 萨拉蒙：《公共服务中的伙伴——现代福利国家中政府与非营利组织的关系》，商务印书馆2008年版，第127页。
② 张康之、张乾友：《公共生活的发生》，高等教育出版社2010年版，第121页。

的边缘。在统治行政时期所出现的各种慈善组织，其自身在某种程度上就是这种中心—边缘结构的组成部分。这些组织虽然不是处在社会治理体系的中心位置，但在某种程度上是处于一种次中心的位置，这些组织和统治阶级一起实施着对社会的统治。显然，这些组织是属于中心—边缘结构的组成部分，而不会主动地去打破中心—边缘结构的。在工业社会的管理行政时期，各种志愿组织实际上也是中心—边缘结构的组成部分，它们处在社会治理体系的边缘，在社会治理中只能起到协助的作用。在垄断资本主义时期，政府采取的是一种干预主义政策，在这种政策下，各种非营利组织得以在公共服务的供给中与政府"合作"。实际上，管理行政时期的合作不能算是真正的合作，因为此时政府与这些非营利组织的关系是治理与被治理或控制与被控制的关系。在这种关系类型中，非营利组织处于社会治理体系的边缘，在社会治理中只是处于一种辅助治理的地位。

非政府组织的出现打破了国家在治理职责上的垄断。在农业社会和工业社会，国家是唯一的社会治理主体，国家因而垄断着社会治理，社会治理是国家专享的职责。在农业社会统治型社会治理模式和工业社会管理型社会治理模式下，也存在着一些社会自愿组织。但是，农业社会的社会慈善组织只能是统治阶层维护其统治的一个工具，它们服从于统治的需要。而且，农业社会自治其实是一种宗法自治，本质在于它具有封建性，它是统治集团的一部分。农业社会的这些慈善组织实际上只是起到了巩固封建统治和社会稳定的作用。一般来说，在农业社会中，慈善组织的成员主要是由乡绅大户和官员组成，他们通过自己的慈善行为对社会底层进行救助。这些慈善组织在一定程度上起到缓解社会矛盾的作用，使封建社会的统治更加稳定。这些慈善组织实际上起到维护统治秩序的作用。在工业社会管理行政模式中，社会自治组织与政府也只是一种协作关系，而非一种合作关系。协作意味着存在一种主从关系、支配与被支配或主导与被主导的关系。依照张康之教授的观点，"协作体系的秘密反映在目标上，就是，这个体系中每一个构成主体都是相互以对方的目标为实现自我目标的手段。"[1] 也就是说，在管理行政中，由于存在

---

[1] 张康之：《论超越了协作体系的合作体系》，《理论学刊》2009年第3期。

支配关系和主体间工具导向的倾向，导致不同行为体之间存在协调问题，而且这种协作也很容易走向形式化。在协作体系中，正是由于这种协作关系的存在，导致这些社会自愿组织处于管理型社会治理体系的边缘，它们只是作为社会治理的辅助角色而存在，与国家之间是支配与被支配的关系。在这种情况下，参与社会治理的社会自愿组织很难与政府共享社会治理的权力，而是仅仅充当社会治理的一种辅助角色。在新公共管理运动中，改革者们主张政府与非营利组织结成合作伙伴关系，政府负责划桨等政策制定的职能，而具体服务供给的职能则交给社会组织；在此基础上，政府与其营利组织等其他组织也能结成伙伴关系。但是，这种合作伙伴关系实质是政府掌握着社会治理的主要权力。新公共管理改革者主张政府主要负责政策制定的角色。这实际上是政府在社会治理中处于治理地位的表现。也就是说，虽然政府允许其他社会治理主体参与到社会治理中来，但是，这些参与者一直处于被治理的地位，无法发挥其真正的治理作用。因为在这种制度设计中，政府与其他参与者通过签订合同而形成一种契约关系。在这种契约关系中，政府是治理者，而其他具体公共服务提供者则是被治理者，这些公共服务供给主体相对缺乏治理自主性。在这种治理模式中，政府实际上仍然控制着社会治理的垄断权，只不过垄断社会治理的形式发生了变化，这种治理形式只是具有合作的假象。管理行政时期，政府拥有大量的资源，其他社会组织在资源上大都依赖政府。因此，在管理型社会治理模式中，政府对这些社会自治组织的组织行为和组织目标有较大影响力，在这种情形下，这些组织实际上很难打破政府对社会治理的垄断。有学者指出，从国际观点来看，非营利组织提供服务与大量的政府支持存在关联，没有政府的大力支持，庞大的非营利组织是不能长期维持的。[①] 由此可见，在管理型社会治理模式中，社会自治组织是依赖于政府部门的，它的功能发挥与政府支持密切相关。因而，在这种社会治理模式中，这些自愿组织不会对政府的职责以及社会治理主体地位造成挑战。而在后工业社会出现的非政府组织，则不同于这些社会自愿组织。非政府组织不同之处在于，它不再谋

---

① [美] 莱斯特·M. 萨拉蒙：《公共服务中的伙伴——现代福利国家中政府与非营利组织的关系》，商务印书馆 2008 年版，第 282 页。

求社会治理辅助角色的地位,而是追求一种独立自治和独自承担某些社会治理的角色地位。在社会治理上,非政府组织谋求一种与政府合作的关系。因此,非政府组织要谋求一定的社会治理职能,分享政府的社会治理权力,打破政府在社会治理上的垄断地位。在非政府组织承担社会治理职能时,非政府组织是自治的、独立的,不受政府干预节制的。当然,在一些发展中国家,由于社会自治发展得不充分,非政府组织需要政府的引导。政府需要从体制上和社会自治精神方面对非政府组织加以培育,在这一过程中,政府对非政府组织起到的是一种引导作用。但是,当社会自治发展比较成熟时,政府对非政府组织的引导和培育便可退出,给予非政府组织自治的空间。无论政府对非政府组织的引导,还是非政府组织与政府的合作,二者都是平等的关系,不是支配与被支配的关系。

第三节 全球治理中的非政府组织

自20世纪后期以来,非政府组织蓬勃兴起,其中以环保组织和一些国际非政府组织较为典型。这些环保组织和国际非政府组织在组织目标和价值理念突出了伦理属性,在行动上表现出了相当的独立性,在全球治理中逐渐发展成为举足轻重的治理主体,并对全球治理结构和治理规则产生较大的影响。这些环保组织和国际非政府组织一方面对全球治理结构产生了较大的影响,另一方面也对民族国家的治理垄断发起了挑战。

一 非政府组织的伦理精神与服务原则

作为一种新兴的治理主体,国际非政府组织和一些环保类非政府组织发展较快,这从国际非政府组织发展数量和活动领域中都能得到体现。国际非政府组织一方面表现出活动领域的广泛性,即他们的活动领域遍及环境生态保护、社会救济发展、促成国际合作、人道主义救援、防止武器开发等领域。另一方面,国际非政府组织的发展速度惊人,自20世纪80年代以来,国际非政府组织得到迅猛发展,据2004年统计,国际非政府组织占国际组织总数的 87.51%。①显然，国际非政府组织具有活动领域广泛和组织形式多样等特点，但是，从总体来看，这些国际非政府组织在价值取向上具有一些共性和特点，即这些非政府组织所具有的伦理精神和服务取向。非政府组织的这些价值取向可以从它组织原则和组织目标的价值取向两个方面来分析。

　　自愿精神和平等原则是国际非政府组织具有伦理精神和服务原则的重要表现。莱斯特·萨拉蒙曾经指出，非政府组织的一个重要原则是它的自愿性特征，即这些组织都不是根据法律要求而组建的，同时这些组织都接受一定程度的时间和资金的自愿捐献。②非政府组织的自愿性主要表现在这些组织是根据组织成员的意愿而组建社会自治组织的，并自愿将时间和精力奉献于利他的社会目的。非政府组织的自愿性在一定程度上将它与政府组织相区别开来。政府组织等公共部门是根据法律组建起来的，虽然它具有谋取公共利益的价值取向，但在组织建立上却具有一定的强制性。与政府组织不同，非政府组织建立上的自愿性表明它在一定程度上具有更强的伦理精神和服务取向。在资金来源上，非政府组织也不同于政府的强制性税收缴纳，它主要来源于组织成员和社会各界的自愿捐赠。营利性组织虽然也是自愿建立起来的，但是，营利性的组织却因为它的利润目标取向导致其缺乏一定的伦理向度。正因为非政府组织这种非国家和非经济的自愿机制赋予其不同于政府的伦理精神和服务价值。非政府组织的伦理精神和服务价值还表现在非政府组织的平等原则上。对于非政府组织成员来说，无论是组织管理者还是普通组织成员都是平等的。与政府部门和营利组织不同，官僚制组织层级节制在非政府组织中受到了弱化。非政府组织各个组织成员之间都是平等的，无论是组织决策还是项目活动，非政府组织成员都是平等参与、共同决策的。层级节制是官僚制的一个重要特点，所以在公共部门和营利组织中，官僚制的层级节制是组织管理的一个重要原则。但在非政府组织中，由于

---

　　①　丁宏：《全球化、全球治理与国际非政府组织》，《世界经济与政治论坛》2006年第6期，第101—106页。

　　②　[美]莱斯特·萨拉蒙：《全球公民社会：非营利部门视界》，社会科学文献出版社2007年版，第3页。

其组织建立的自愿性质,官僚制等级化原则在非政府组织中受到了有效的遏制,而且,非政府组织在本质上是属于网络式组织。另外,国际非政府组织的服务对象一般针对所有国家的目标群体。国际非政府组织通过自身的组织行动,为目标群体提供优质的服务。

国际非政府组织的伦理精神和服务价值也体现在组织目标上。非政府组织的组织目标具有公益性和非营利性,此二者是相互关联的。正因为非政府组织的非营利性,这在一定程度上决定了非政府组织的公益取向。非政府组织都是非营利性的,但这并不是意味着这些组织在运行中不会盈利,在很多情况下,非政府组织实际上是盈利的,非政府组织的非营利性是指它们不以营利为目的,法律也禁止它们将利润分配给组织的经营者。[1] 非政府组织的非营利性使其自身带有一定程度的公共性,进而使其组织目标的公益性和公共利益指向更加突出。所以,在组织目标上,非政府组织通过其非营利性取向而具有一定的伦理向度和服务精神。同时,由于非政府组织大都是由共同兴趣和爱好的人所创建,其支持者也大多是对组织有一定认同感的人,因而,非政府组织在实现组织目标和伦理价值原则时具有更坚实的基础。国际非政府组织通过建立全球性网络,树立共同的信念和目标,从而能够参与到全球治理事务之中。以国际环保组织为例,这些环保组织通过宣传环境保护的理念,增加了人们保护环境的意识;同时他们也以实际行动去反对和阻止政府、营利部门或个人的那些破坏生态的行为。简言之,正是非政府组织组织目标具有伦理向度和服务精神,所以,非政府组织才成为全球治理中的一员,成为全球治理的主体之一。

二 新型的全球治理主体

由于国际非政府组织和环保组织具有一定的服务价值取向和伦理精神,所以它们能够成为全球治理的主体之一,从而与民族国家一样成为全球治理的重要主体。

在一些政治哲学家看来,国际非政府组织成为治理的主体与全球治

---

[1] 王绍光:《多元与统一——第三部门国际比较研究》,浙江人民出版社1999年版,第47—49页。

理的兴起有关。自20世纪90年代以来,治理一词就开始在社会科学领域受到关注。在罗茨看来,治理主要表示一种新的统治过程,或者是在统治社会的方法上实现了更新;治理存在不同的方式,一是作为最小政治体管理的治理,二是作为控制企业运行组织体制的治理,三是指把竞争机制和私人部门管理手段作为改革主要措施新公共管理意义上的治理,四是指强调效率和责任的作为善治的治理,五是指作为一种多主体的社会控制体系的治理,即治理是指政府与非政府组织等组织的合作与互动。[①] 全球治理委员会认为,治理是对共同事务的多种方式的总称;在治理中既涉及利益调和与持续行动的过程,也包括正式制度与非正式制度的兼容与使用,因此,治理是一个过程,它的特点是协调而非控制,治理的主体既包括公共部门,也包括非政府组织以及私人机构。[②] 虽然,不同学者和机构对治理的定义有所不同,但是,它们都把非政府组织的参与作为治理的一个重要特征。显然,在治理中,非政府组织是一个重要的主体,非政府组织参与治理能够弥补政府作为单一治理主体的不足。当政府作为唯一管理主体的时候,政府会出现失灵的情况,从而导致社会资源配置的失效;同样,市场也存在着失灵问题,因为市场存在垄断、供给公共服务动力不足以及生产的无政府状态等问题,也无法达到资源配置的最优化。一方面,国际非政府组织的产生为全球治理创造了条件。我国学者俞可平认为,20世纪以来,善治理论之所以广为接受,其主要原因或现实原因之一是民间社会的产生,民间社会是作为一种在国家和市场之外的社会组织或民间关系的总称,它的构成要素包括各种非政府的或非国家的社会组织。[③] 正是因为全球公民社会的兴起,才为治理创造了条件,使一种多中心的治理方式能够取代以民族国家为中心、单一主体的管理模式。"虽然到目前为止,各国政府和政府间国际组织(如联合国)在全球治理中仍将一如既往地起主导作用,但这种作用正在日益被全球公民社会所共享。"[④] 由于风险社会的来临,社会的复杂性和不确定

---

① 罗茨:《新治理:没有政府的管理》,《政治研究》1996年第154期。
② 全球治理委员会:《我们的全球伙伴关系》,牛津大学出版社1995年版,第23页。
③ 俞可平:《治理与善治引论》,《马克思主义与现实》1999年第5期,第37—41页。
④ 俞可平:《论全球化与国家主权》,《马克思主义与现实》2004年第1期,第10—16页。

性增加，所以导致以国家为主导的单一主体的社会治理模式失效，另一方面，市场机制也存在问题，市场存在失灵情况，在这种情况下，引入非政府组织等治理主体成为必然。概言之，由于国家与市场都存在失效，非政府组织的产生以及其特殊的治理功能使得非政府组织成为一种可以替代政府垄断治理的可选机制之一，从而成为全球治理的主体。当然，必须指出的是，国际非政府组织之所以能够成为全球治理的主体，与其治理功能密不可分。

随着全球化进程的持续发展，全球问题层出不穷。这些问题既需要主权国家的参与，也需要国际非政府组织的合作。一般而言，国际非政府组织能够起到促进人类与环境和谐发展、缓解地区冲突和解决贫困问题、促进人类和平等作用。

国际非政府组织由于其具有专业性强，来自民间，所以它们在提供专业信息方面具有优势。国际非政府组织能够为国际组织或民族国家提供各种专业信息。国际非政府组织的成员大都是由相关专业人士或对相关领域感兴趣的人士组成，所以，国际非政府组织在相关领域更具有专业性。因此，国际非政府组织能够就有关国际事务向民族国家或国际组织提供专业信息和专业经验，帮助政府或国际组织起草相关文件和制定相关的规范。

国际非政府组织在促进生态和谐发展方面具有重要作用。当代社会经济迅速发展，人们生活水平得到提高，但是，各种环境问题却十分严重。各种自然灾害频发说明全球环境问题很突出。在处理环境问题上，政府和市场都从各自的立场出发，因而都存在一定的治理局限。非政府组织由于其具有一定信息资源和专业知识，从而能在全球环境治理中发挥重要作用。譬如，1992年在巴西召开的联合国环境大会所通过的《21世纪议程》和《里约环境与发展宣言》就是在国际非政府组织推动和参与下制定的。近年来，国际非政府组织在保护生态环境方面作出了重要贡献，取得了不少成绩。1999年年底2000年初，绿色和平组织在南极同日本捕鲸船对抗；它们通过游说各国领导人，寻求对过度捕鲸行为的禁止。国际非政府组织的行为有时也能得到政府间组织的支持，国际非政府组织因而能够对相关违法行为进行揭露和监督。国际非政府组织能够促使一些环保机制的建立。例如，在保护地球的热带雨林方面，世界各国缺乏协调，在国际环境非政府组织的倡议下，"国际热带伐木组织"这一政府间国际组织成立，从而使人类生态环境得以改善。通过这个案例表明，国际非政府组织在环境治理领域发挥作用。国际非政府组织的这些行为在一定程度上促进了国际事务的治理。同时，有些国际非政府组织能够帮助和督促民族国家加入某一环境条约。譬如绿色和平组织通过定期出版《有毒废物贸易最新动态》这一出版物，帮助非洲阻止发达国家运转有毒废物到非洲。世界自然资源保护联盟帮助中国等75个国家执行或加入《生物多样性公约》，保护中国的生态环境。从国际非政府组织参与全球环境治理可以看出，国际非政府组织与民族国家一道合作进行全球环境治理。在这个合作机制中，政府仍然是价值和资源分配的重要主体，但是，民族国家不再是唯一的主体，民族国家必须与国际非政府组织一道进行国际环境的治理。国际非政府组织利用其在环境方面的知识和社会影响力，从而能够在环境治理上帮助民族国家克服不同国家无法合作的状态，从而促进国际合作机制的建立。

  国际非政府组织具有解决冲突的功能，从而能够在维护国际安全方面发挥作用。国际非政府组织在化解国际冲突中能够提供相关的信息，从而有利于国际冲突的解决。譬如，国际非政府组织通过提出核裁军和军控方面的建议，推动了全球核裁军进程。牛津小组和堪培拉委员会等组织坚持全面核裁军政策，对全球的核裁军做出了重大的贡献。此外，国际非政府组织也能够参与联合国国际维和行动。国际非政府组织在一定程度上能够弥补联合国维和行动经费、人力和信息资源的不足，所以，国际非政府组织能够在联合国维和行动中发挥重要作用。当前，国际非政府组织在联合国维和行动中主要起到医疗保障、安置难民等作用。国际非政府组织也能够促使国际条约的签订和执行。在一些国际公约的签署过程中，国际非政府组织起到很大的作用。譬如，国际非政府组织在《核不扩散条约》《生物武器公约》《禁止杀伤人员地雷公约》等条约的制定和签署中都发挥了十分重要的作用。国际非政府组织能够向冲突各方提出安全和解建议，对化解地区冲突起到积极作用。

  在国际非政府组织参与全球治理过程中，国际非政府组织能弥补民族国家和国际组织的不足，从而在全球治理中发挥重要作用。因此，国际非政府组织与民族国家和国际组织在全球治理中建立的是一种合作关系。在当前阶段，虽然民族国家在全球治理中仍然扮演着主要角色，国际非政府组织的功能受到限制，但是可以预见，国际非政府组织在将来必然会发挥更重要的作用。

在全球治理中，国际非政府组织参与治理的方式呈现出多样化的趋势。首先，国际非政府组织参与全球治理的方式是建立全球倡议和游说联盟。国际非政府组织通过建立信息传播体系的方式积极参与全球治理。跨国倡议联盟是由多个非政府组织联盟组成，他们由于关注共同的问题而彼此合作，互换信息，就共同目标彼此协调行动。国际非政府组织通过这种跨国网络发起全球性的倡议行动，从而游说民族国家采取措施解决各种问题。目前，国际非政府组织全球倡议活动还存在一定的局限，但是国际非政府组织确实在全球治理中起到一定积极的作用。正是这种跨国网络的存在，才使一些环境问题、核裁军问题能够引起人们的关注，成为国际社会乃至民族国家的议事日程。国际非政府组织曾经抗议过经合组织的多边会议，对世界贸易组织的西雅图会议进行过大规模的抗议等。[①] 其次，国际非政府组织能够促进地方政府实现有效治理。

国际非政府组织通过多种手段参与地方治理。一方面，国际非政府组织能够为地方政府提供资金方面的支持，帮助地方政府更好地进行地方治理；另一方面，国际非政府组织也对地方政府起到一定监督的作用。国际绿色和平组织曾经联合其他组织发表报告称，为了满足世界上的部分发达国家的对家具等木质品的需求，某些发展中国家往往成为世界上最大的木工加工场，报告既指出了发达国家的责任，也批判发展中国家地方政府对环境治理的不负责任；显然，国际非政府组织对地方政府批评的目的是促使地方政府能更好地从环境保护的角度促进地方治理，从而实现全球治理。[②]

总之，国际非政府组织能够在全球治理中发挥重要作用，与它自身的性质和功能是分不开的。国际非政府组织的伦理价值取向和服务特质使其具备类似于政府的公共性特质，而正是这一特质使国际非政府组织

[①] 叶江：《试论国际非政府组织参与全球治理的途径》，《国际观察》2008年第4期，第16—24页。

[②] 同上书，第16—24页。

能够参与到全球治理中来,从而像民族国家、国际组织一样,成为全球治理的主体。国际非政府组织的主体地位不但由非政府组织的性质所决定,而且这也是由国际非政府组织的功能决定的。国际非政府组织具有很强的信息咨询功能,能够为民族国家和国际组织提供各种决策信息;国际非政府组织能够在环境治理中发挥重要作用,促进生态系统的平衡;国际非政府组织具有解决国际冲突和地方冲突的能力,从而促进全球的和平发展等。在国际非政府组织实现组织目标和参与全球治理时,所采取的主要方式包括建立游说联盟、与地方政府合作甚至对地方政府进行监督等。但是,必须指出的是,国际非政府组织参与地方治理,影响民族国家和国际组织的形式还包括国际非政府组织对国际规则的影响,即国际非政府组织对法治的突破。在参与全球治理中,国际非政府组织也成为一个重要的规则制定主体,在制定和执行全球治理规则方面发挥重要作用。

三 国际非政府组织的国际规则制定角色

作为非政府组织的典型形态,国际非政府组织对全球治理规则具有重要影响,它能够在一定程度上参与制定和监督执行国际规则,打破民族国家和国际组织对国际规则制定的垄断。而且,由于国际非政府组织的参与,使国际规则的制定具有更多的伦理和道德色彩,从而促进和加强了国际规则的伦理化。

国际非政府组织成为国际规则制定的主体。在当前国际规则的制定中,民族国家和国际组织是规则的制定主体。由于国际组织在一定程度上由部分发达国家所支配,所以,在国际规则的制定中,也存在着中心—边缘结构,而国际非政府组织的参与则打破了这个中心—边缘结构。国际非政府组织对于国际规则和国际法的影响主要表现在它已经对传统的国际法律秩序产生了影响,特别是对国际法的制定、发展和执行等很多方面都产生了影响。[1] 国际非政府组织对国际法有多方面的影响。国际非政府组织在当代国际法的形成过程中有这样一些作用,能够促进国际

---

[1] 鄂晓梅:《国际非政府组织对国际法的影响》,《政法论坛(中国政法大学学报)》2001年第3期,第122—126页。

法的编撰和发展，监管国际法的实施，参与国际诉讼程序等。[①] 国际非政府组织在国际法制定过程中能够发挥重要作用。例如，国际非政府组织在《生物多样性公约》、《国际濒危物种贸易公约》等文件中便发挥了重要作用。国际非政府组织参与国际法制定的方式主要有，直接参加谈判和国际会议，通过参与谈判过程和国际会议实现对国际法制定的影响，通过在联合国等国际组织中获得咨商地位来参与国际组织的活动，从而影响国际法的制定。国际非政府组织对联合国的影响主要表现在国际非政府组织能够影响联合国的决策以及计划起草等方面。国际非政府组织由于在技术和智力资源上具有优势，所以其意见和建议往往对联合国具有重要价值。以自然保护国际联盟为例，这个国际非政府组织拥有大量的专业技术人员和智力储备，其专家委员会拥有8500多名专家和其他专业人员，所以该组织对于环保领域的国际规则具有相当的影响力。自然保护联盟能够在多方面参与环境法律方面的工作，协助制定多个国际公约和一些民族国家的立法。该联盟在《迁移物种公约》和《生物多样性公约》等国际条约的制定中都发挥了重要的作用。在联合国成立之初，国际非政府组织便被联合国赋予协商权的地位。联合国宪章明确规定，经济及社会理事会得采取适当办法，与各种非政府组织会商有关本理事会职权范围之事项。通过这些规定，明确了国际非政府组织在联合国这个国际组织中的参与权和协商权。在此基础上，联合国又出台了一系列国际非政府组织参与联合国的制度和原则。20世纪60年代末经济和社会理事会通过第1296号决议，1975年第1919号决议以及1996年的相关决议都对国际非政府组织与联合国的关系作了较为明确的规定。国际非政府组织在联合国的规则制定主体地位主要体现在它具有咨商地位，即国际非政府组织具有咨商权。第一，对少数国际非政府组织给予普遍咨商权，使其能参与经济和社会理事会的会议，提出对相关问题的看法和意见；第二，给予部分国际非政府组织以特殊咨商地位，这些非政府组织主要活动于人权等特殊领域。但是，在一些领域，国际非政府组织在相关国际法中能否参与，与民族国家态度有相当大的关系。如果国际非政

[①] 鄂晓梅：《国际非政府组织对国际法的影响》，《政法论坛（中国政法大学学报）》2001年第3期，第122—126页。

府组织能够提供一定的物质资源和信息支持，且与某些国家的宗旨一致，那么国际非政府组织在相关国际法的制定中便能发挥重要作用。反之，国际非政府则受到相关国家的排挤和抵制。显然，国际非政府组织在国际法的制定中的作用还有很多的提升空间。

国际非政府组织使国际规则具有一定的伦理色彩。实际上，国际非政府组织对国际贸易规则也有较大的影响。有学者曾经指出，介入和影响一些国际组织的制度制定、执行以及监督以及调节冲突即使不是非政府组织存在的主要理由，但也应该是国际非政府组织的主要目标。[①] 非政府组织在多个方面对国际贸易规则产生影响，非政府组织能够通过多种方式参与国际贸易规则的制定。自20世纪末以来，国际非政府组织对世界贸易规则的影响进入一个新的阶段。具体参与形式包括非政府组织参与世界贸易组织的部长会议，参与某种议题的研讨会以及参与秘书处的相关交流等。譬如，自新加坡部长会议起，世界贸易组织允许非政府组织参加相关的部长会议，在此次会议上，有100多个发展、环境和消费者团体的非政府组织参与了会议，但是这些列席会议的非政府组织成员此时没有相关的发言权和表决权。此外，非政府组织还以世界贸易组织的公共论坛为载体，来加深对相关议题的讨论，从而实现对国际贸易规则的影响。通过多种形式的参与，非政府组织能够对世界贸易组织的规则形成实质影响。特别是在知识产权领域，非政府组织对相关规则的制定具有重要影响。[②] 国际非政府组织对国际规则的影响表现在它能使国际公约具有一种伦理特质，或者说，使其具有一定的伦理色彩。正如前述，在目前的国际社会秩序中，仍然是属于一种中心—边缘结构。在这种模式中，发达国家和其所控制的国际组织往往是从其自身的利益出发来制定规则，这种规则显然缺乏一定的公平性；而且，由民族国家组成的国际组织所制定的国际规则往往关注的是自身的经济利益，而对于人类发展的整体和长远利益缺乏考虑。基于此，国际非政府组织通过提出基于

---

① Peter Van den Bossche, "NGO Involvement in the WTO: A Comparative Perspective", *Journal of International Economic Law*, Vol. 11, 2008, p. 717.

② 鄂晓梅：《NGO 和 WTO：国际非政府组织对国际贸易规则的影响》，《武大国际法评论》第13卷，第372—376页。

公平考量的、符合人类社会整体利益和长期发展的规则，从而使国际规则更具有伦理性和道德属性。以国际知识产权的签署为例，由于知识产权的原因，使很多新的药物价格很高，这样导致一些发展中国家人民获取新的药物比较困难。正因如此，世界贸易组织的知识产权协议受到了国际非政府组织的广泛批评。通过国际非政府组织对世界贸易组织和经销商的不断抗议和游说，这个问题逐渐受到重视。2001年，世界贸易组织和世界卫生组织举办了一些药品定价会，吸引了国际非政府组织的参加，听取了他们的建议。同年，世界贸易组织发表了一个宣言，确认了知识产权协议的相关内容，同时也支持世界贸易组织成员保护公共健康的权力。在后来的世界贸易组织协议中对经济较为落后的国家遵守知识产权作出了妥协的规定。这实际上是说，在对相关知识产权进行保护的原则下，在紧急情况下，一些经济落后国家可以违反协议来获得必需的药品。从以上的分析可以看出，国际非政府组织在一定程度上使国际规则的内容对第三世界国家更为有利，从而使国际规则更具有伦理色彩和道德属性。

　　国际非政府组织在国际法的实施与执行中也发挥重要作用。在监督各成员国能够自觉地遵守国际条约方面，国际非政府组织有较为突出的作用。在一些领域，比如环境保护、人权保障、青少年保护方面，国际非政府组织由于其专业性强和组织网络发达，所以能够对国际条约的履行进行较好的监督。由于国际非政府组织的立场与联合国和民族国家的立场存在一定程度的不同，所以，在相关国际条约的执行过程当中，国际非政府组织能够对联合国及其成员国违反国际条约的行为提出批评和进行相关的监督。国际非政府组织在监督各个成员国遵守协议、执行各种宣言和行动纲领方面是一支非常重要的监督力量。正是由于国际非政府组织的参与，才弥补了联合国在监督成员国执行相关国际条约上的不足。而国际非政府组织以其广泛的工作网络，扎实广泛的专业知识，坚持不懈的态度和奉献精神使其能够比其他国际组织或民族国家更能够对联合国、民族国家等主体履行国际条约进行监督。国际非政府组织进行监督的主要手段包括利用媒体和公共舆论、举办公共论坛以及在国际会议进行抗议等，国际非政府组织试图一般通过这些手段来达到监督联合国和其他成员国的目的。

显然；从上面的论述可以看出，国际非政府组织能够在一定程度上参与对国际规则的制定，也能够通过自身的影响力对国际规则实际内容产生影响，在国际规则的执行过程中，国际非政府组织能够充当一种监督者的角色，促进国际条约的真正履行。从这种意义上讲，国际非政府组织已经成为国际条约的制定主体之一，从而在一定程度上打破了国际秩序的中心—边缘结构。同时，也必须看到，国际非政府组织在国际体系中仍然没有得到完全承认，其在国际体系中的位置仍然取决于民族国家的态度。正因如此，国际非政府组织为了实现自己的目标，往往在实际行动中采取一些变通的办法来实现自身的主张和价值目标。

总之，国际非政府组织作为非政府组织的一种典型形态，在价值取向上，其体现了一种突出伦理和道德取向的目标取向，正是国际非政府组织的这种价值取向，使其能够成为全球治理的主体之一。国际非政府组织作为全球治理的主体主要表现在它能够弥补政府的不足，它能够提供一定的公共物品，能够对全球治理做出自己的贡献，也能够为经济社会的和谐发展贡献自己的力量。此外，国际非政府组织还能够在国际规则的制定中发挥影响力，它已经能够在国际条约的制定、履行和监督等诸多方面发挥作用。

第 三 章

非政府组织与实质公共性的实现

人类社会的治理过程是一个不断增强公共性的过程。在农业社会，社会治理几乎不存在公共性的问题。公共性的产生实际上发生在工业社会，在工业社会的管理行政发展的过程中，公共性不断地增强，政府同时成为承担公共性的主要载体。但是，以政府为公共性主要承担主体存在一些问题，即政府无法充分实现公共性，无法使公共利益得到更为充分的体现。然而，在人类社会后工业化过程中产生的非政府组织，由于其在社会治理中承担起原来由政府才能承担的公共职责，从而使公共性得到了扩散，即从原来的只有政府才能承担社会治理的责任，转变到非政府组织等社会主体也能承担社会治理的职责。非政府组织之所以能够具有公共性，是因为非政府组织本身具有一定公共性的特质。而且，非政府组织的公共性是与政府的公共性有所不同，非政府组织的公共性是一种社会公共性。非政府组织在承担社会治理责任，实现公共利益，促进行政过程的公开性等方面都促进了公共性的扩散。正是因为非政府组织促进了公共性的扩散，导致了实质公共性的实现，从而促进了服务型政府的产生。

第一节 公共性的理论图谱

从一定意义上讲，人类社会治理模式的发展，实际上是公共性不断彰显的过程。公共性对于社会治理而言，具有极其重要的意义。正是由于社会治理公共性的不断增强，才使社会治理不断趋向于完善。正为如此，不同学科的学者，都对公共性作出了各自的理论阐释。政治哲学家们从政治哲学的角度，认为公共性实际上代表着自由与公正，公共性是自由平等理念与现实制度连接的桥梁。而公共行政的学者则认为公共性是与公共利益相联系的，公共性意味着公共行政的代表性、公开性和参与性，公共性意味着一种民主行政。也有学者从伦理学的角度认为公共性实际上是与行政人员的伦理观念相联系，只有通过加强行政人员的道德修养，才能使政府成为真正具有公共性的行为主体，才能使各种制度充满公共性。

一　政治哲学视野中的公共性解读

何为公共性，公共性起到何种功能，如何实现公共性？对于这些问题，政治哲学家从不同的视角给出不同的理解。

马克思主义关于公共性的思想主要体现在共产主义社会和自由人联合体这一思想之中。在未来的共产主义社会里，每个人的自由发展是以一切人的自由发展为条件。在共产主义这一人类社会未来的社会制度里，表现出马克思对未来人类社会公共性维度的思考。这一维度是对人作为社会存在物的本质回归，即人是一种自觉自在的存在，公共性维度最终存在于未来的理想社会即共产主义社会里。真正的公共性只有在共产主义社会才能够实现。实现真正的公共性则需要建立共产主义社会。资产阶级虽然能够在政治上给予无产阶级一定的政治解放，比如给予无产阶级一定的自由价值等政治权利，但是对于社会解放，却在自由价值、权利优先的借口下加以反对。因此，马克思所寻求的是一种社会解放以及人的解放。所谓社会解放是指将社会从资本的奴役下解放出来，变资本主义社会为共产主义社会。在共产主义社会里，人人平等，每个人都得到了全面发展，且每个人的自由与发展都是以其他所有人的自由发展为条件的。在共产主义这种自由人的联合体里，个人利益和公共利益不再是矛盾的，而是相互兼容，个人与自由体之间是一种相互依存的关系。从以上的分析可以看出，马克思所认为的公共性，实际上是存在于未来的共产主义社会的。公共性是指人在共产主义社会中才能实现的一种属性，是社会中自由人之间的相互共享性。具体而言，公共性在个人层面上是指每个人的自由发展。每个人的自由发展是共产主义社会存在的前提，同时也是公共性的本质所在，正是个人之间的平等与自由发展才促使公共性的实现。从宏观层面讲,公共性的实现途径则是消灭剥削人的资本主义社会,建立共产主义社会。以往所有类型的公共性都是虚假的公共性或者形式上的公共性。真正的公共性只有在共产主义才能实现。在自由人的联合体里,每个人都得到了自由发展,社会得以从资本的支配和奴役下解放出来,从而使公共性得到真正的实现。

哈贝马斯是从公共领域的视角来分析公共性的。哈贝马斯认为,"公共性——如法庭审判时的公开性——所发挥的主要是评判功能。到了大众传媒领域,公共性的意思无疑又有所变化。它从公共舆论所发挥的一种功能变成了公共舆论自身的一种属性:公共关系和公同努力——新近被称作'公共劳动'——就是想建立这样一种公共性"。[1] 从上面的论述可以看出,哈贝马斯实际上想通过公共舆论的批判作用来实现公共性,即通过公共舆论的批判作用,来实现社会的公共利益,同时促使政府和官员的政策更符合公众的利益。也就是说,公共利益的实现,社会利益的整合,公共政策的完善可以通过公共舆论来实现,社会矛盾也能够通过公共舆论对政治领域的批判作用来化解和改善,大众传媒等公共舆论实际上起到一种对现实政治生活的批判功能。通过公共舆论的这种批判功能,使公共性得到了彰显。哈贝马斯认为,公共性来源于公众紧密联系的主体性个人经验,具有私人性,"个人商品所有者与一家之主,物主与人的角色完全结合起来。资产阶级公共领域在政治层面上的自我理解最终要追溯到其中"。[2] 由此能够得出,哈贝马斯所说的公共性与私人性是紧密相连/相辅相成的。但比较而言,哈贝马斯更重视政治公共领域公共性的批判功能。哈贝马斯认为,"犹在公共权力机关的公共性引起私人政治批判的争议,最终完全被取消之前,在它的保护之下,一种非政治形式的公共领域——作为具有政治功能的公共领域前身的文学公共领域已经形成。它是公开批判的练习场所,这种公开批判基本上还集中在自己内部——这是一个私人对新的私人性的天生经验的自我启蒙过程。"[3] 也就是说,公共性的批判功能或批判作用首先表现在文学公共领域,文

---

[1] 哈贝马斯:《公共领域的结构转型》,学林出版社1990年版,第2页。
[2] 同上书,第33页。
[3] 同上书,第34页。

学公共领域为人们对政府的批判提供了一个训练的场所，文学公共领域培养了人们的批判精神和平等交往精神。具有批判意识的公众通过文学这一特殊领域而对政治具有控制作用。① 但是，哈贝马斯发现，伴随着自由资本主义走向垄断资本主义阶段，具有政治批判功能的公共领域功能发生变化。② 因而，批判的公共性逐渐失去原来的批判功能，公共的批判功能逐渐让位于政党机制和其他机制。③ 哈贝马斯在其名著《公共领域的结构转型》中写道，"公共性似乎是自上而下建立起来的，它试图为某些姿态罩上良好愿望的光环，公共性是对非公众舆论的统治的统治这一矛盾现象成为可能：公共性不仅在公众面前呈现了统治的合法性，还操纵了公众，批判的公众性被操作的公共性所排挤"④。也就是说，公共领域的批判性已经受到了破坏和操纵，原来批判的公众在理性辩论中达到的共识被有目的的操纵所取代，非公共性的妥协取代了批判中的共识。如何重新实现公共性，哈贝马斯认为这还需要从公共领域自身的转型中去寻找。换言之，哈贝马斯希望从重新恢复公共领域的批判功能来实现对社会治理的作用。

阿伦特关于公共性的论述集中在她的古典公共领域理论里，她的理论来源于古希腊的城邦政治生活。阿伦特认为，私人生活的领域不同于公共生活的领域，正如家庭领域之于政治领域的不同，源自古希腊以来家庭与政治便作为两种不同的领域而存在。⑤ 阿伦特认为，公共实际上与公共领域相连，在公共领域里的所有东西，都能够为他人所见、所闻，因此，公共领域里的东西最具有广泛的公共性。⑥ 实际上，阿伦特把公共领域同行动联系起来。"政治领域直接产生于共同的行动，即'言行的共享'。这样，行动不仅与我们共有世界的公共部分有着密切的关系，而且还是一种构建这一公共领域的活动。"⑦ 也就是说，阿伦特实际上是把公

---

① 刘建成：《哈贝马斯的公共性概念探析》，《教学与研究》2004 年第 8 期。
② 哈贝马斯：《公共领域的结构转型》，学林出版社 1990 年版，第 33 页。
③ 同上书，第 185—200 页。
④ 同上书，第 202 页。
⑤ [美] 汉娜·阿伦特：《公共领域与私人领域》，刘锋译，三联书店 1998 年版，第 62 页。
⑥ [美] 汉娜·阿伦特：《人的条件》，竺乾威译，上海人民出版社 1999 年版，第 38 页。
⑦ 同上书，第 198 页。

共领域等同于行动，而不是劳动或工作。因为人们在行动中能够把现实世界中公共部分有效地连接起来，也能够更好的实现公共利益。阿伦特比较欣赏古希腊的城邦生活。"城邦旨在使人们不断地区从事一些——尽管有某些限制——本来要离家出走，而现在在城邦内就可进行的非同寻常的事业。城邦还被假设能增加赢得'不朽名声'的机会，即为每个人提供得以展示自我——在言行中表现自身独特性的机会。"① 换言之，古希腊的城邦便是一种公共领域，在那里，人们自由而平等，人们能够对公共事务自由地发表相关见解，能够自由地言说和行动。公共领域是多样性和同一性统一的领域，公共领域是不同人汇合的领域，不同的人从各自不同的角度对同一事物发展看法时，公共领域获得了现实性，"被他人所见所闻，其意义只来自这一事实，每个人都是在不同的位置上去听的。这就是公共生活的意义。"② 从以上的分析中可以看出，在阿伦特的理论体系中，公共领域是一个以意见代替真理的领域，公共领域也是一个批判的领域。显然，哈贝马斯的公共领域概念虽然与阿伦特的公共领域概念在界定上有所不同，但他们之间的共同点也是显而易见的，即公共领域的主要功能是起到批判作用的，人们在公共领域中自由地言说与行动，从而促使公共领域能够对政治领域起到矫正和纠偏作用。

政治哲学家家罗尔斯主要从公共理性的视角来论述公共性的。何谓公共理性？罗尔斯认为，公共理性实际上民主国家中那些拥有公民身份的人所存在的一种理性，公共理性的目标在于实现公共善，这是政治正义观念对社会的各种主要制度的基本要求，同时也是社会制度运行与服务的目标和目的所在。③ 从罗尔斯关于公共理性的定义中可以看出，公共理性实际上包含这样几种内涵：第一，罗尔斯所定义的公共理性主要存在于民主国家，即在资产阶级民主国家里才存在着公共理性；第二，公共理性是资产阶级国家的公民才拥有的一种理性，这种理性主要存在于那些拥有平等权的公民之间；第三，公共理性的最终目的是公共的善，即公共理性的最终目标是实现公共利益；第四，整个社会制度及其设置

---

① [美]汉娜·阿伦特：《人的条件》，竹乾威译，上海人民出版社1999年版，第197页。
② 同上书，第44页。
③ [美]约翰·罗尔斯：《政治自由主义》，译林出版社2000年版，第225页。

的主要目的也是实现公共的善。显然，罗尔斯提出公共理性概念的目的主要在于致力于实现民主社会中最大的善——公共利益。即通过公民之间的理性，实现对公共政策和政府的制衡，从而使公共政策更加合理，政府的行为更符合公共利益。显然，罗尔斯所提出的公共理性概念具有积极意义。这种积极意义在于，罗尔斯试图通过公民的公共理性来改善资本主义民主制度，促使资本主义民主制度更加符合大多数人的利益，这种努力在一定程度上对改善资本主义民主制度的弊端起到了一定的改善作用。但是，罗尔斯的公共理性理念也存在着一定的问题。例如，罗尔斯认为公共理性仅存在于资产阶级民主国家里，即只有民主国家拥有平等权利的公民才拥有的一种理性。但实际上，在西方民主国家里，民主仅仅只是一种形式民主，公民的话语权也只是受到操作的话语权。由此，在西方民主国家里，拥有形式平等权的公民的理性是否能够对政治制度产生积极影响，同时促使政治制度和政府机构实行积极的善的目标，还值得商榷。

二　行政学视野中的公共性分析

与政治哲学家们对公共性解读相似，行政学家们是基于民主行政的视角来对公共性进行分析，认为公共性实际应该将民主的因素引入公共行政之中，应该加强公民参与，促进行政公开，公共行政中要更多地关注民主、公平、公正和公开等效率价值以外的东西。

罗森布罗姆认为，公共行政与私营部门的行政存在着很多重要的区别，这些区别主要体现在宪法、公共利益、市场机制、主权等方面具有。[1] 换言之，罗森布洛姆认为公共行政的公共性主要表现在法律基础、利益取向、受市场机制影响程度等几个方面。具体而言，罗森布罗姆认为公共行政的公共性包括以下几点[2]：第一，公共行政公共性表现为它以宪法为基础。罗森布罗姆认为，宪法对公共行政有重要影响，首先宪法对公共行政进行了权力限制，宪法使公共部门拥有不同于私营部门的价

---

[1] ［美］戴维·H. 罗森布鲁姆、罗伯特·S. 克拉夫丘克：《公共行政学：管理、政治和法律的途径》，中国人民大学出版社2002年版，第6—15页。

[2] 同上书，第6—15页。

值观念，例如效率、代表性、责任等原则都受到一些政治价值或政治原则的影响。① 第二，公共行政的公共性还表现在它更看重公共利益。政府与私营组织的重要差别在于，它更注重公共利益，"政府有义务增进社会的公共利益"。② 也就是说，私营组织可以追求自身利益的最大化，但公共部门却不能以自身利益最大化作为组织的目标。政府部门必须把社会公众的利益作为自己行为的准则，这是由政府的性质决定的。第四，公共性质的公共性还表现在它较少受到市场机制的干扰。与企业不同，政府的运行以及它所提供的物品并不受到竞争市场的影响。③ 换言之，私营营利部门由于受到利润机制的影响，它必须遵从和服从于市场力量的引导，去生产那些能够获利的商品，而政府则不存在这方面的压力。相反政府需要提供那些企业不愿提供的物品，即提供一些公共物品和准公共物品。也就是说，政府不受市场机制的干扰表现在政府需要提供那些不能营利的公共物品和公共服务，这也是公共行政公共性的重要表现之一。第四，公共行政的公共性还表现在它的"主权性"。罗森布罗姆认为，"公共行政，特别是公务员，被视为'公共信托人'"；公共行政机关及其人员作为主权的代表者，一方面他们要根据社会的需要进行资源和价值的分配，另一方面，他们的这些行动具有法律效力和强制性。④ 公共行政的主权性意味着公共行政权力的最终归属，同时也意味着公共行政必须为社会公众的利益而行动。从以上对罗森布罗姆对公共性质公共性的阐述可以看出，他着重强调公共行政确实存在与私营部门不同的地方，这些特征导致公共性质与私人行政存在本质的区别。

著名公共行政学家弗里德里克森认为，公共行政的目标是经济、有效地提供各种公共服务，公共行政关注焦点主要是高层管理与辅助性的一些功能，但新公共行政关注的目标则是在以上目标中加入了公平这一

---

① ［美］戴维·H. 罗森布鲁姆，罗伯特·S. 克拉夫丘克：《公共行政学：管理、政治和法律的途径》，中国人民大学出版社2002年版，第6—8页。
② 同上书，第9页。
③ 同上书，第10页。
④ 同上书，第12页。

内容。① 何谓社会公平？弗里德里克森认为，社会公平是一个内容丰富的概念，它既包括价值偏好体系内容，也包括组织结构和组织部门设计的偏好以及管理风格偏好等内容，社会公平既注重公平地对待公民，也强调公共管理者的政治责任，同时注重社会治理的改革，注重回应和满足公众的各种需求。② 从以上论述可以看出，弗里德里克森所认为的公共性，与传统公共行政有明显的区别，弗里德里克森所认为的公共性主要强调公平。从弗里德里克森的论述中可以看出，他所主张的公共性主要包括以下几点：第一，公共性必须要注重公平。传统公共行政注重效率，把效率作为第一价值，但新公共行政对此却持否定态度。弗里德里克森认为，新公共行政与先前理论不通过，它信奉一套与传统公共行政不同的价值体系，同时，实现这些价值体系的组织必须是充满人情味的，具有民主属性的，是分权而非集权的，能对公共物品实现公平供给的组织类型。③ 显然，弗里德里克森更注重公共行政的公平，而非仅仅关注公共行政的效率价值。第二，注重回应公民的需求。传统公共行政以政治与行政二分法为主要原则，政治决策和重大决定都由政治家们负责讨论和决策，而政府机关则负责执行。换言之，政府机关主要职责是忠实地执行议决机关所做的各种决定，政府机关则无须关注公众的各种需求。对于传统公共行政的这一倾向，新公共行政学者也持批评态度。弗里德里克森认为，政府组织一直面对着各种矛盾的环境，一方面，政府组织建立的目的是完成特定的任务和特定的目标，此时，组织以稳定和秩序为主要特征；另一方面，政府组织面对的环境却是不断变化的，在这种环境下，政府组织必须要做出回应。④ 换言之，为何公共行政需要对公众需求做出有效回应，主要原因在于环境的不断变化，环境的变化迫使和需要公共行政进行回应。第三，公共行政需要注重分权和公众参与。对社会公平的承诺意味着试图进行变革以及对富有弹性组织形式的追求，新公共行政追求对官僚制组织的改革，其中，分权、授权、面对面接触顾

---

① ［美］H. 乔治弗里德里克森：《新公共行政》，丁煌、方兴译，中国人民大学出版社 2011年版，第4页。

② 同上书，第4页。

③ 同上书，第10页。

④ 同上书，第33页。

客参与，这些改革都能在一定程度上促进社会公平的实现。[①] 换言之，公共行政实现公平公正就必须要对官僚制进行改革，其中主要改革措施就是促进公共行政的分权和公民参与。

登哈特夫妇在批判新公共管理的基础上提出了他们的新公共服务理论，他们的关于公共性的理论是隐含在他们的新公共服务主张之中的。"所谓新公共服务，指的是关于公共行政在以公民为中心的治理系统中所扮演的角色的一套理念。"[②] 新公共服务包括这样一些理念：服务对象聚焦于公民；把公共利益作为主要目标；更加重视公民权；注重思考的战略性和行动的民主性；承认责任并不简单；重视人和重视服务。[③] 从以上登哈特夫妇对新公共服务的论述中，可以看出登哈特夫妇视野中的公共性包括以下几个方面：第一，公共性意味政府关注公民的需求。登哈特认为，"公务员不是仅仅关注顾客的需求"，同样也要重视公民且需要在公众中重建信任。[④] 换言之，政府及其工作人员不应该把公民降低为顾客，公民是政府权力的最终来源，政府应该关注公民的各种需求且要及时进行回应。第二，公共性意味着公共行政官员要把实现公共利益作为主要行动目标。登哈特认为，公共行政官员必须要致力于构建一种集体的公共利益观念。[⑤] 在这里，登哈特显然认为追求公共利益是公共行政的主要目标，公共利益是公共行政的主要价值导向。在这里，登哈特实际上摒弃了新公共管理运动的效率中心主义取向，重新把公共利益、公平公正价值置于公共行政的首要地位。第三，公共性意味着政府在思想上要具有战略性，在行动上要具有民主性。登哈特认为，公民参与应该是民主政体中政策执行非常适当与必需的组织部分。[⑥] 也就是说，公共行政要通过适当的制度设计来促进公民参与，通过公民参与增进和促进公共行政的民主性。概言之，政府要为公民参与和接近政府创造条件，打造

---

① ［美］H.乔治弗里德里克森：《新公共行政》，丁煌、方兴译，中国人民大学出版社2011年版，第6页。
② ［美］珍妮·V.登哈特、罗伯特·B.登哈特：《新公共服务》，丁煌译，译者前言，中国人民大学出版社2010年版，第5页。
③ 同上书，第30—31页。
④ 同上书，第32页。
⑤ 同上书，第47页。
⑥ 同上书，第83页。

一个民主政府。第五，公共性意味着行政官员的责任具有一种复合性。登哈特认为，公务员关注焦点不仅仅在于市场，还应该关注宪法、社区价值、政治规范和公民利益，即公共行政和公共服务的责任并不简单。① 也就是说，无论是传统公共行政，还是新公共管理，他们所主张的责任体系相对简单，实际上，公共行政的责任体系是一个复杂的体系。在这个责任体系中，行政人员应该更应该向宪法、制度和公民负责。

美国著名行政学家彼得斯在其著作《政府未来的治理模式》中对公共性进行分析。彼得斯的公共性的观点是包含在其对未来行政的四种模式的分析之中的。更确切地说，其公共性的观点在参与式政府模式中表现得最为充分。彼得斯认为，参与国家或参与政府的基本假设是，大量富有经验和能力的基层员工并没有得到应有的重视，这些人对工作、任务、计划更为了解和熟悉，如果这些人能够得到利用，那么政府的表现会更加富有效率，因此，政府决策应该鼓励基层员工的参与，应该赋予这些人更多的个人和集体空间。② 从以上分析中可以看出，彼得斯的参与式政府或参与式国家模式实际上是民主行政的一个变种。彼得斯鼓励基层员工和公众参与以改善政府官僚制的集权状况。传统公共行政以官僚制为主要组织基础，这种组织通过集权的领导方式，自上而下命令体系，严格的规则导向来维持组织的正常运作。这种组织最大的问题是不能有效解决问题，它缺乏解决问题的相关信息和经验。正基于此，彼得斯认为通过引入经验丰富的基层官僚和公众，参与治理能够化解传统公共行政的治理困境。从彼得斯关于参与政府的假设中可以得到这样一个推论，即政府实现公共性的主要途径是依赖基层员工和公众的参与，实现公共性需要加强行政过程中的民主程度。概言之，如何实现公共行政的公共性，解决问题的主要方法是政府要加强基层员工的参与和公众参与，以民主行政来增强政府的公共性。

从以上的分析可以看出，学者们对公共性的理解由于各自的视角不

---

① [美] 珍妮·V. 登哈特、罗伯特·B. 登哈特：《新公共服务》，丁煌译，译者前言，中国人民大学出版社2010年版，第119页。

② B. 盖伊·彼得斯：《政府未来的治理模式》，吴爱明等译，中国人民大学出版社2001年版，第60页。

同而出现不同。从总体上来看，学者们主要从制度、治理主体、价值取向以及组织形式等几个方面来论述公共性。第一，从制度层面审视公共性。首先，公共性表示公共行政以宪法为基础。宪法是根本大法，它既规定着政府的权利，同时也对政府加以制约，因此，公共行政应该以宪法为基础，履行宪法所赋予的职责。另外，公共行政以宪法为基础，表示政府需要向人民负责。因为宪法是由全体人民所制定，以宪法为基础就意味着政府需要向人民负责。其次，公共性意味着放松规制。在新公共管理学者看来，过度规制是公共利益实现的最大障碍，因此，需要放松规制，减少政府内部的控制，给予行政人员较大自主权。第二，从治理主体实现公共性。无论是新公共管理观点的学者，还是持民主行政理论观点的学者，都认为社会治理的主体不但包括政府，而且还包括私营部门和第三部门，即公共性的实现应该同多个多元主体共同参与才能得到更好的实现。彼得斯在政府未来的治理模式中所提出的，无论是市场化的政府模式，还是参与式的政府模式，实际上都主张社会治理模式的多元化，主张政府与其他组织协作进行社会治理。第三，从价值取向上看公共性。从价值取向上看，学者们大都认为公共性表示公共行政需要把公正和公平价值放在与效率价值平等的位置。公共行政不仅仅是如何以最高的效率完成行政任务，而且要注重行政决策和行政执行的公正性和公平性。为实行公共行政的公正和公平，必须加强行政过程中的民主性，使公民能够参与到行政过程中，增加行政过程中民主性。公共性意味着重视公民权，在行政过程中向公民负责。第四，从组织形式看公共性。学者们认为，在组织形式的选择上，公共性意味着打破官僚体制。官僚体制因为其僵化和效率低下在一定程度上阻碍了行政过程中的公共性的实现。因此，需要改革官僚体制。彼得斯的参与式政府模式曾经指出，改革层级制的官僚组织形式为扁平化的组织模式，这种模式能够促进基层官员和公民的参与，更有利于政府官员做出合理的决策。在弹性式治理模式中，彼得斯主张未来的政府要适应环境的变化，建立一种弹性的模式。弹性模式主张政府组织形式的非永久性，通过建立一些临时性和虚拟性的组织模式来完成临时性和突发性的事务。

第二节　公共性的发展与演进[①]

张康之教授认为，根据人类社会大致经历了农业社会、工业社会和即将到来的后工业社会的历史进程，人类社会的治理模式可以分为统治行政、管理行政和服务行政三个阶段。[②] 在统治行政阶段，国家与政府混沌一体，社会治理完全服从于社会统治的需要，此时社会治理基本不存在公共性。公共性是伴随着工业社会的来临，社会治理进入管理行政时期才产生，并随着管理行政的发展和公共行政研究范式的演进，公共性也处在不断的发展变化之中。综观公共性的发展进程，可以发现，公共性实际上是在合理性与合法性两个维度上不断发展的。合理性和合法性是公共性的两个维度。只有合理性而不具备合法性的公共性只是一种形式上的公共性，只有同时具备了合理性和合法性两个维度的公共性才是实质的公共性。而公共行政发展的多数时期，更多注重的是公共行政的合理性，而非公共行政的合法性，从而使公共行政处于公共性的缺乏时期。例如，在传统公共行政时期和新公共管理运动时期更多注重公共行政的合理性，而忽视合法性；而新公共行政和新公共服务，则更注重公共性的合法性。公共性的真正实现，需要合理性与合法性的有机结合，而这只有在建设服务型政府过程中才能实现。

一　公共性的两个维度

公共性具有两个维度，一个是合理性，另外一个则是合法性。合理性和合法性是两个相对的概念，二者相互依存。

何谓合理性？韦伯曾经在他的著作中提出他的合理性概念。韦伯最早是在他的法学思想中阐述他的合理性理论的。韦伯认为，西方的形式法律理念，把法律当作一种方法来实现人民的自主、自由和权利的过程，

[①] 本节的部分内容经修改后发表于《领导科学》2017年3月中。
[②] 张康之：《论行政发展的历史脉络》，《四川大学学报》（哲学社会科学版）2006年第2期。

这个过程的特点在于，它是通过客观的形式将主观的善与真给予实现。①在韦伯的理论体系中，合理性包括形式合理性和实质合理性。形式合理性具有这样两个特点，其一，它注重可计算性，凡是基于计算而进行的决策就是具有形式合理性的；其二，它以既定的规则和程序为基础，凡是符合既定规则和程序的行动则都是合理的。实质合理性与形式合理性相反，它主要涉及价值判断。换言之，凡是符合某种价值或道德的行为或决定，都具有实质合理性。实质合理性往往是传统社会的特征，而形式合理性则是现代社会的追求，形式合理性伴随着现代社会的产生而受到重视。

正是基于形式合理性的概念，韦伯提出了他的理性官僚制理论。理性官僚制是一种制度化的等级制度，它具有程序化的命令服从关系，组织层级主要受高一层级节制；官僚制组织具有按照规程运行的取向，官僚制组织是按照规程运行的组织，官僚制组织需要制定一整套规则去规范组织及其成员的行为，以保证组织工作的明确性和一致性；官僚制组织中，一切重要的决定和命令都通过正式文件下达和归档保存；官僚制组织具有管理非人格化特征，一切管理活动都受法律和法规的制约，而不受偏好和私人感情的影响；官僚制是基于专业分工构建起来的，它具有一套适应工作需要的专业培训机制；在人事管理方面，官僚制具有以下特征：人员任用是基于学历、专业和经验等来选择组织成员，人员晋升是根据其业绩资历等条件做出的。显然，在韦伯看来，官僚制的明确的专业分工，清晰的职责和权限结构，严密的组织层级，严格的规章制度和非人格化的管理等特征使官僚制具有了形式合理性，因而，官僚制与其他组织相比，具有高效率、科学和公正的特点。韦伯的理性官僚制理论无疑具有重要的意义，受到理论与实践界的推崇。在公共行政领域，韦伯的理性官僚制理论成为公共行政的重要理论之一，同时，韦伯的官僚制组织也成为公共部门主要的组织形式。受韦伯的合理性理论的影响，公共行政也是非常重视行政过程的合理性维度，即公共性的合理性维度在公共行政中受到实践领域和学术领域的重视。

何谓公共性的合理性维度？借用韦伯的关于合理性理论，公共性的

---

① 付永军：《韦伯合理性理论评议》，《文史哲》2002 年第 5 期，第 1—6 页。

合理性维度是指公共部门在实现组织目标的过程中，要本着成本效益分析原则，尽可能地提高政府的效率和效益，以较少的人力物力去完成组织目标。基于此，在行政过程中，要尽可能地提高政府的工作效率和科学程度，在组织设计上，要采用理性官僚制作为公共部门的组织形式；要完善法律和各种制度等。

公共性的另一个维度是合法性的维度。合法性是一个政治哲学概念。合法性是一种经过同意而统治的状态。哈贝马斯指出，合法性表示一种政治秩序或统治被认可的价值。[①] 阿尔蒙德认为合法性是一种文化，这种文化表示对政治系统的认同和政治秩序的服从。[②] 李普塞特认为，对于政治系统而言，它存在着有效性与合法性的问题。政治系统的有效性是指政治体系满足社会需求的程度，即它的工具性的一面，而政治系统的合法性则是指政治系统使人们信仰和服从这个体系的能力，即"政治系统使人们产生和坚持现存政治制度是社会最适宜制度之信仰的能力"。[③] 从以上的分析可以看出，合法性在某种意义上表示一种心理倾向，即人们对政治体系或政治秩序的一种内心态度，合法性是一种主观的认知。

一个政治体系是否具有合法性，或者说如何取代合法性，主要取决于这个政治体系的利益取向、合法律性、伦理性。政治体系必须为公共利益服务，它才能获得社会公众的认可和服从。为此，公共权力的服务对象必须是全体公民，而不是服务于某一单一集团或某些阶层。本特利曾经从公共利益的角度分析政治系统合法性的来源，如果政府的政策与公共利益具有一致性，也就是说，公共利益是多方面利益不断均衡和妥协的过程，它有效反映了各方的利益，那么，它就是合法的。[④] 政治体系的合伦理性是指政治系统的运行必须符合社会道德对它的要求。合伦理性要求在宏观上整个政治制度的设计和微观上行政人员的行为取向都合乎道德的要求。而合法律性则是指政治体系的运行必须依法运行。合法

[①] [德]哈贝马斯：《交往与社会进化》，张博树译，重庆出版社1989年版，第184页。

[②] G. A. 阿尔蒙德：《比较政治学》，曹沛霖等译，上海译文出版社1987年版，第35—36页。

[③] 西摩·M. 李普塞特：《政治人：政治的社会基础》，张绍宗译，上海译文出版社1997年版，第55页。

[④] 张凤阳：《政治哲学关键词》，江苏人民出版社2006年版，第330页。

律性要求政治体系所遵循的法律必须是得到社会认可的法律，法律必须是正义的。显然，一个政治体系是否反映公共利益，是否合乎社会的道德取向和是否合乎法律性是判断一个政治体系是否合法性的标准。实际上，一个政治体系争取合法性的途径是民主，因为只要一个政治体系是民主的，那么上述三种标准或要求都能达到，政治体系自然是合法的。"事实上，在现代国家，民主业已成为合法性的最好源泉"。[1] 诚如罗伯特·达尔所言，所有对民主的主要替代物都消失得没有踪迹，而民主的宿敌——中央集权君主制、垄断世袭制都在人民的眼里失去了合法性。[2] 诚然，对于一个政治体系而言，民主是其合法性的最好源泉。实际上，不但民主对于政治体系的合法性非常重要，它对于建立或重建公共性的合法性也是至关重要的。

对于公共性的合法性维度，与政治系统的合法性维度类似，公共性的合法性维度实际上是指社会治理主体在进行社会治理的过程中获得被治理主体认可的程度。也就是说公共性的合法性维度也体现在公共性的利益导向、合伦理性和合法律性等方面。公共性的合法性维度意味着公共行政必须保证行政行为的公共利益取向，行政行为和行政过程必须合乎伦理和合乎法律的规定。而这一过程的实现同样依赖民主，即以民主行政来实现公共性的合法性维度。张康之教授在《论公共性及其在公共行政中的实现》一文中认为，近代社会表现公共性的途径主要为四种：第一，公共行政应该需要表达公众意愿，成为公共利益的代言人；第二，公共行政应该能反映社会的人口分布类别，具有较为普遍的代表性；第三，公共行政应该向全体公民开放，从而形成对行政人员的监督；第四，公共行政应该是能够接受广泛的公民参与。[3] 同时随着政体环境等各个方面的变化，当代公共行政合法性的途径产生了较大的变化，这些变化包括：第一，公民的实际具体要求取代抽象的公共利益。与传统公共行政强调抽象的公共利益不同，当代公共行政更注重通过公共资源的投入和

---

[1] 张凤阳：《政治哲学关键词》，江苏人民出版社2006年版，第337页。
[2] 达尔：《论民主》，李博光、林猛译，商务印书馆1999年版，第1页。
[3] 张康之：《论公共性及其在公共行政中的实现》，《东南学术》2005年第1期，第49—55页。

政策过程来回应顾客的具体需求;第二,更加重视公共服务的品质,而不是只重视效率。当代公共行政需要克服效率主导型公共行政的弊端,强调和重视公共服务的品质和价值,根据公民的需要量体裁衣提供服务;第三,从严密控制下的被动性到自觉遵守规范的主动性。与传统对行政人员严加控制不同,当代公共行政更注重赋予行政人员自主性,激励行政人员勇于承担责任和解决问题;第四,从注重履行职责的强制性转变为塑造伦理精神。当代公共行政通过增强行政人员的责任感,赋予公务人员自由裁量权,促使行政人员产生积极性和主动性。[1]

从以上的分析可以看出,公共性的合法性包括这样几种内涵:首先,公共性意味着广泛的代表性。公共性包含着公共行政需要反映多元群体的利益,公共行政要以公共利益为最高目标。为此,公共行政需要具备代表性,代表性一方面要求公共行政人员构成要反映出族群结构的特征,另一方面,代表性意味着公共决策要反映不同群体的利益,特别是社会弱势群体的利益。其次,公共性意味着公开性。行政过程和决策过程必须是公开的,公开一方面能够使行政过程和决策过程更透明和更高效,同时也能防止腐败和寻租行为的发生,使行政过程和决策过程更符合公众的需求。再次,公共性意味着公民参与。公民参与能在更大范围和更广的程度上促进公共行政的合法性。通过有效的公民参与,能够发现公民的需求,使行政决策更富效率和有效反映公民需求;通过公民参与,能够增强公民自我效能感,培育公民参政意识,从而能进一步促进公民与政府的互动和沟通。当然,公民参与不仅仅局限于作为个人的公民参与,公民社团和非政府组织等也能够参与到行政过程和行政决策中来。最后,公共性包含着公共行政的服务导向和道德价值取向。从价值层面上看,公共性实际上是指公共行政必须摒弃原先的效率中心主义,转而树立一种公正和公平的价值取向,即公共行政需要树立一种服务价值和伦理精神,且将这种精神贯彻到行政过程、制度和行政人员的行为之中。

---

[1] 张康之:《论公共性及其在公共行政中的实现》,《东南学术》2005年第1期,第49—55页。

二 传统公共行政的形式公共性

自从威尔逊（Woodrow Wilson）在《政治学季刊》上发表他的《行政学之研究》一文以来，公共行政便开始突出了它的公共性的追求。在公共行政的初创阶段抑或是传统公共行政阶段，公共行政所追求的公共性在本质上是一种形式公共性。无论是威尔逊、古德诺（Frank J. Goodnow），还是韦伯（Max Weber）、泰勒（Frederick W. Taylor）等人，他们都把形式公共性的追求作为其构建传统公共行政的主要目标。这一传统影响深远，它直接影响到了后来的新公共管理改革运动和许多国家的政府改革。传统公共行政追求形式公共性主要表现在它的效率价值取向、重视规则、以官僚制组织作为主要组织形式等方面。

传统公共行政的形式公共性取向首先表现在它的效率价值追求上。关于这一点，行政学创始人威尔逊从行政学建立的必要性、目的与实质等方面给予了明晰的阐述。威尔逊在谈到行政学建立必要性时认为，美国政府虽然已经变得强大，但是却动作笨拙，缺乏技巧；执行宪法比制定宪法的难度更大；因此，建立行政的根本原因在于促使政府少走弯路和纯洁政府组织结构。[1] 关于行政学的目标，威尔逊明言，行政学首先是明确政府应该承担何种任务，然后行政学需要研究政府如何高效地完成这些任务，简言之，行政学的目标在于高效地完成政府应该承担的职能。[2] 对于行政管理的本质，威尔逊则直言，行政是那些"细微和个别事项"等方面的行动，是"技术性职员"而不是政治人物的活动领地。[3] 在行政学的研究目的方面，行政学早期奠基者的观点是一致的。怀特（Leonard D. White）在他的著名经典行政学教科书《行政学概论》中认为，公共行政的主要目的在于政府工作人员在其职权界限内高效地使用财政资源，在于政府以最有效率的方式推行政务计划。[4] 在早期行政学家中，古德诺更强调政治与行政的协调与控制，但是，古德诺强调二者协

---

[1] Woodrow Wilson. *The Study of Administration*, Political Science Quarterly, Vol. 2, No. 2, 1887, pp. 197–222.

[2] Ibid..

[3] Ibid..

[4] ［美］怀特：《行政学概论》，商务印书馆1947年版，第2—10页。

调的最终目的则是提高行政效率。古德诺在论及政治与行政二分法时特别强调，政治与行政必须要协调一致，而实现二者协调的重要途径是实现行政的适度集权；他认为，坚持行政集权，"不管是从行政效率的观点看，还是从民治政府本身的存在看，坚持这一点都是必要的"。①

公共行政追求形式公共性的传统影响深远，这种传统也折射到后来的新公共管理运动之中。波利特（Christopher Pollitt）认为，虽然人们对新公共管理的特点众说纷纭，但多数论者主张新公共管理的主要特征在于以下几个方面：管理的焦点从投入到结果的转换；更偏好于绩效测量；倾向于用合同取代层级机构；偏好竞争等市场机制的运用；主导价值从普世主义向效率价值转变等。②显然，新公共管理实际上仍然是一种效率中心主义的改革运动，它把追求效率作为实现公共行政公共性的主要途径。如果说传统公共行政突出效率主要是为了实现"政治与行政的二分"和创建行政学学科需要的话，那么，新公共管理则明确宣示，效率是公共行政的主要价值，而公平、安全等价值则退居幕后；对于新公共管理运动而言，政府的高效即是实现公共性的最佳途径和最好方法，由此，效率已经成为公共行政追求的主导价值。新公共管理改革的代表人物奥斯本主张用企业家政府改革来袪除现代官僚制的弊病，提出用"按业绩付酬、按业绩管理、按业绩做预算"等三种方法来实现政府效率的提升。③在这里，政府部门是否获得预算或财政投入完全取决于其部门效率和业绩，而政府部门的服务对象或者政府职能则不在改革者们的视线之内。虽然，奥斯本认识到政府与企业在行为动机、收入来源、动力机制、考核标准以及风险与报酬等方面存在不同④，但是，企业家政府理论却忽视了公共部门与私人部门在目标、产出、性质、产品特点方面的不同。也就说，新公共管理改革对效率的追求在本质上仍然属于一种形式公

---

① ［美］F. J. 古德诺：《政治与行政》，华夏出版社，第69—73页。

② Pollitt, Christopher, "Clarifying Convergence: Striking Similarities and Durable Differences in Public Management Reform", *Public Management Review*, Vol. 4, No. 1, 2002, pp. 473 – 474.

③ ［美］戴维·奥斯本、特德·盖布勒：《改革政府——企业精神如何改革着公营部门》，上海译文出版社1996年版，第138页。

④ ［美］戴维·奥斯本、特德·盖布勒：《改革政府——企业精神如何改革着公营部门》，上海译文出版社1996年版，第21—23页。

性的追求，它忽视公共部门的公共性本质，因而它无法实现公共行政的公共性。

公共行政追求形式公共性还表现在它的规则导向上。公共行政追求规则取向起因于它的"政治与行政二分"的假设上。按照政治与行政二分法，行政主要是负责具体事务的实施和执行，政治则负责决策与政治价值的分配，换言之，按照二分法的逻辑，只要公共行政能够按照既定的决定与规则行事，便能够实现公共行政的公共性。正是基于这样的假设或信念，公共行政一直致力于构建它的规则体系，把规则的构建作为公共行政的重要任务。怀特在谈到规则对于公共行政的必要性时认为，规则以及监督的作用在于，首先在于它能确保行政行为效率的提升，其次则在于维护公民利益，使公民免于受到行政人员之侵犯权利，最后则是为实现社会社会福利；因此，行政监督及监督制度的重要性在于行政执法符合法律、符合公民利益和国家利益。[1] 如果说公共行政的初建时期，公共行政对规则的追求还处于一种初级探索阶段的话，那么，随着公共行政的演进，公共行政的规则追求则更加明显。这突出表现在公共行政的组织形式——官僚制组织上。官僚制组织具有这样几个特点：一是基于职责分析的分工体系；二是层级节制的命令体系；三是按规则运行的运行机制；四是组织管理的非人格化；五是基于制度的人事管理制度等。以上几种特征无不与规则有着密切的关系，概言之，官僚制所有这些特征都可以归结为管理的规则化。官僚制组织在公共行政中的确立，主要目的是防止"政党分肥"，防止政治领域的纷争影响行政官员执行既定的法律和政策，即意图通过各种规则的制定使公共行政更加"价值中立"，使行政人员价值判断等"巫魅"在公共行政中祛除殆尽。但是，正如韦伯本人所认识到的，这种规则取向的、基于技术主义的、把责任与价值加以分离的行政形式会导致"形式化与非人格化统治"[2]。公共行政公共性的本质在于它的公共利益追求，如果公共行政把规则作为其行动的主要追求，而忽视了公共利益的实现，那么，它所能实现的仅仅是一

---

[1] [美]怀特：《行政学概论》，商务印书馆1947年版，第462—464页。
[2] Max Weber. *The Theory of Social and Economic Organization*. New York：Oxford University Press，1947. p. 301.

种形式公共性，而无法实现实质公共性。

公共行政的规则取向导致其无法实现实质公共性，无法实现公共利益，因此，公共行政的规则导向备受批评。因此，废除规则成为改革者们重点关注的目标，其中，新公共管理运动则旗帜鲜明地提出"放松规则"的改革口号。奥斯本认为，政府为了防止坏的情况的出现而制定各种"繁文缛节"，但是，这也可能会窒息组织的活力，即抑制了5%的不良行为，却也对另外95%的活力给予了打击，因此，政府必须要从"规章导向的政府"转变为"任务驱动的政府"。① 克林顿政府时期重塑政府的先导文件《戈尔报告》也明确提出，政府的问题不在于行政人员是否低效，而在于政府的"繁文缛节"扼杀了政府的活力和创造精神。显然，新公共管理学者和改革家们都认识到了公共行政的规则导向导致政府效能低下，无法实现公共利益，因此，废除"繁文缛节"几乎成为理论界与实践领域的共识。但是，新公共管理运动真的能废除规则吗？答案是否定的。奥斯本自己也承认，废除繁文缛节并不能彻底废除规章制度，他所反对的是过分的规则，而不是必要的规章制度。② 实际上，新公共管理运动不但没有废除各种规则，反而以另外一种形式的"规则"代替了原来的规则。简·莱恩（Jan-Erik Lane）在评价新公共管理时认为，"新公共管理是一种使合同制成为公共部门中的沟通媒介的理论"，概言之，新公共管理所倡导的改革目标实际上是建设一种"合同制国家"。③ 也就是说，新公共管理在主张废除繁文缛节的同时，却主张用私人契约的合同形式，用私法而不是仅仅使用公法来对政府行政予以规范。私人契约与合同也是一种规则，只不过这种规则与政府所制定的规则在形式和内容上有所差异，但在本质上，这种基于契约与合同的新公共管理仍然是规则导向的，它并没有脱离传统公共行政的规则窠臼。所不同的是，传统公共行政主张用规则来限定行政人员及其组织，而新公共管理主张用合同或契约来限制行政人员或者服务供给组织。前者属于"公法"范畴，

---

① ［美］戴维·奥斯本、特德·盖布勒：《改革政府——企业精神如何改革着公营部门》，上海译文出版社1996年版，第95页。

② 同上书，第95页。

③ ［美］简·莱恩：《新公共管理》，赵成根译，中国青年出版社2004年版，第255页。

而后者则属于"私法"范畴,尽管如此,它们在本质上都属于规则体系,倾向于用规则来实现公共性。简言之,无论是传统公共行政,还是新公共管理运动,都更加青睐于规则的控制,而并不是聚焦于行政人员和组织行为是否真正体现公共利益。正如欧文·E. 休斯(Owen E. Hughes)所言,"正如私营部门通过明确的合同提供服务所带来的问题一样,政府以合同或准合同为基础创立运行的机构也产生了政治责任机制问题"。[1]换言之,新公共管理的"契约式"治理并不能实现其所追求的公共利益,其放松规则的改革和合同式治理方式仍然在追求一种形式公共性。那么,如何实现实质公共性呢?对此,新公共行政理论和新公共服务理论给出了不同的思考。

三 追求实质公共性的民主行政

公共行政的形式公共性追求使它受到了部分行政学家的抨击,其中以新公共行政理论、黑堡学派和新公共服务理论为代表的民主行政理论最为典型。从总体上来说,民主行政理论认为,公共行政最大的善是对公平正义的追求,公共行政不能仅仅关注效率的改善,而更要关注公平、正义、参与、民主等社会价值,为此,公共行政需要在价值追求、组织设计、权力结构等方面去追求实质公共性。

新公共行政理论所主张的公共性与传统公共行政存在着明显的差别,新公共学者主张,公共行政应该对以前的"效率至上"的价值观进行反思,进而树立一种"公平正义"的价值观。新公共行政理论首先对"政治与行政二分法"表达了明确的质疑。沃尔多(Dwight Waldo)认为,公共行政领域在"政治与行政二分法"上几乎从来都没有达成理论共识,"政治与行政二分法"最大的问题在于其缺乏经验支持,即现实实践中政府官员往往集政策制定与执行这两种功能于一体。[2] "在新公共行政学派看来,当代西方国家政治与行政相互渗透的事实已经证明,传统的政治

---

[1] [美]欧文·E. 休斯:《公共管理导论》,张成福、王学栋译,中国人民大学出版社2017年版,第292页。

[2] Dwight Waldo, "Scope of the Theory of Public Administration", in James C. Charlesworth, ed, Theory and Practice of Public Administration: Scope, Objectives and Methods (Philadelphia: The American Academy of Political and Social Science, October, 1968, pp. 1–26.

与行政二分法在现实的政治生活中是行不通的",因为无论是总统还是国会,只能提供一个总体性的目标,而具体方案的制定则由行政机关及其人员制定实施。[1]正是基于对政治与行政二分法的分析,新公共行政理论认为,公共行政不仅仅只是一种政策执行的工具,而且它对社会价值的分配和社会公众的生活有巨大的影响,因此,政治与行政的二分在政治实践中并不存在。在对政治行政二分批评的基础上,新公共行政理论对"效率至上观"进行了批判。对理性效率的推崇导致的最大问题在于,它忽视了人的创造精神和人格发展,同时也疏远了政府官员与群众之间的距离,这些都无益于公共行政社会价值的实现。同时,对效率的推崇也会导致长期效率价值的缺失。因此,公共行政不仅仅应该关注效率,而应该更多地关注社会公平与社会正义,政府应该承担起它的社会责任。何谓社会公平?在弗雷德里克森(H. George Frederickson)看来,"社会公平是一个包括一系列价值偏好、组织设计偏好以及管理风格偏好的短语";社会公平意味着重视服务的平等性,注重公共管理者的社会责任,强调对公民需求的有效回应等。[2]显然,新公共行政在价值理念上更注重社会公平和社会责任。与重视社会公平相对应,在实践中,新公共行政主张在公共行政中实行分权、公民参与、民主行政、缩减层级节制等改革措施。概言之,新公共行政理论所主张的公共性与传统公共行政存在着显著的不同;在价值理念上,新公共行政理论主张实现公共性的关键在于社会公平与社会正义的张扬;在实践中,新公共行政主张政府要克服官僚制的层级机制,实行分权,赋予公务员自主性,鼓励公民参与等措施来实现公共性。

与新公共行政学者的主张相似,作为民主行政理论重要理论分支的黑堡学派也认为公共行政应该通过追求民主、公平、公共利益等宪政价值来实现公共性。但是,与新公共行政学派抽象的价值倡议相比,黑堡学派更注重实用性,主张通过制度设置来落实这些价值理念。也就是说,在如何实现公共行政的公共性上,黑堡学派主张应该发挥公共行政在社

---

[1] 丁煌:《西方公共行政学理论概要》,中国人民大学出版社2011年版,第217页。
[2] [美]H.乔治·弗雷德里克森:《新公共行政》,丁煌、方兴译,中国人民大学出版社2011年版,第3—5页。

会治理中的主体作用,认为要以政府官僚制为主要力量来实现公共利益。黑堡学派认为,政府并没有如人们所想象的那样不堪和低效,政府实际上在大多数时候能够公平高效地为人们提供公共服务。葛德赛尔(Charles T. Goodsell)在《为官僚制正名》一书中认为,实际上人们对政府官僚制组织存在认识上的混乱,一方面人们在潜意识里认为政府部门官僚作风严重,效率低下,而另一方面,民意测验表明人们对政府服务满意度高达70%—90%。[1] 而且,公共行政在维护公共利益方面具有重要的作用,它能够有效防止有组织的利益集团对公共利益的侵蚀。美国社会的根本问题在于利益集团自由主义,即自由主义的体制与利益集团的结合所产生的公共利益受损问题,这种体制的最大问题是它容易侵蚀和忽视弱势群体和平民的利益,从而使公共利益受到损害。如何克服利益集团自由主义呢?黑堡学派认为应该发挥公共行政的作用。在黑堡学派看来,公共行政具有这样一些优点:首先,公共行政具有更广泛的代表性,因为公共行政人员来自社会各个阶层,更能够反映社会阶层的构成和美国人口的特征[2];其次,美国公共行政具有实现公共利益的专业优势,政府往往是由专业人士组成,拥有分门别类的专业知识,所以,政府在解决社会问题和实现公共利益方面具有天然的优势。换言之,黑堡学派主张公共利益的实现应该发挥公共行政的重要作用,使公共行政成为协调各方利益的主导者和协调者。值得提出的是,黑堡学派并没有忽视社会团体在公共利益实现中的作用,而是主张,公共行政应该促进公民与利益集团进行对话,在此基础上实现公共利益。但是,在这个过程中,公共行政应该注重实现长远利益,维护未参与群体的利益,不一味顺从群众的要求,同时促使公众对话向公共利益的方向前进等。[3] 简言之,黑堡学派认为,公共行政在实现公共利益和社会治理中承担着重要

---

[1] [美]查尔斯·T. 葛德塞尔:《为官僚制正名——一场公共行政的辩论》,张怡译,复旦大学出版社2007年版,第39—40页。

[2] Wamsley, G. Preface. In Wamsley, G., Bacher, P., Goodsell, C., Kronenberg, P., Rohr, J., Stivers, C., White, O. & Wolf, J. Eds. *Refounding Public Administration*. Newbury Park: Sage Publications, 1990, pp. 1–3.

[3] 杨炳霖:《"黑堡宣言"于今日中国之意义——对建设公共行政规范理论的启示》,《公共行政评论》2012年第6期,第118—141页。

的主体责任,同时,公共的利益的实现同样也要重视公共对话的作用,只有这样才能解决目前社会治理中公共利益缺失的问题。

在新公共服务理论看来,公共性的实现同样需要发挥公共行政的作用,而不是通过市场机制、向顾客负责或者通过强化"掌舵"职能来实现。如何实现公共行政的公共性?新公共服务理论认为应该从价值目标、服务对象、行使职能的方式、价值理念等方面去实现公共性。首先,政府的职能在于"服务于公民",而不是服务于顾客。"毫无疑问,政府机构应该在法律和责任的约束范围内努力地提供尽可能高质量的服务"[1];政府及其工作人员不是简单地服务于"顾客"的需求,而是需要关注公民且力图使公民们构建起合作与信任的关系。[2] 其次,政府的目标是追求公共利益。追求共享的公共利益观念是政府及其官员的职责;为此,政府需要促进公众对话和协商,在此基础上形成基于长远社会效益的公共利益观念。最后,政府在行为方式上要实现行动的民主性与思想上的战略性的有机结合。政府需要确立预期目标及行动方案,这种方案需要具有战略性,在政策执行过程中,要充分发挥民主,促使各方都能参与到方案的执行过程中来。另外,新公共服务理论认为,政府应该重视人的价值,重视公民权。公共组织效率的提升不能仅仅凭借改善管理系统来改善,必须充分关注人的因素,既要重视公务人员,也要重视公民个人,公共组织获得成功的前提是公共组织能够把尊重所有人作为重要价值,能够在尊重人的基础上分享领导权。显然,新公共服务所主张的公共性与新公共行政理论及黑堡学派的主张并无明显区别;所不同的是,新公共服务理论的观点更多的是对新公共管理理论的逐个批驳,且在此基础上构建其不同于管理主义"效率至上"的"民主行政"公共性观点。

民主行政理论对公平正义等社会价值的追求对于解决公共行政公共性缺失具有积极意义,这在一定程度上恢复了公共行政原本的宪政价值。但是,民主行政能实现它所声称的公平正义,能实现它所代表全社会的公共利益吗?实际上,民主行政理论受到最大的质疑是,民主行政并非

---

[1] [美]珍妮特·V. 登哈特、罗伯特·B. 登哈特:《新公共服务:服务而不是掌舵》,丁煌译,中国人民大学出版社2010年版,第44页。

[2] 同上书,第32页。

像它所声称的那样具有民主的属性,实际上,民主行政在治理结构上具有非民主的属性。"参与治理体系存在着一个中心性和主导性的要素,它主导着社会治理过程;同时,也存在着其他因素,这些因素在中心性和主导性因素的控制之下参与到社会治理的过程中来。"① 也就是说,民主行政理论所构建公共性实现路径实际上是一种参与治理方案,而参与治理在治理结构上属于中心—边缘结构,这种不平等的结构导致其任何关于社会公平与民主的追求都无法得到真正的实现。换言之,实质公共性的实现只有打破参与治理的中心—边缘结构,建立新的社会治理模式中才能实现。

四 服务型政府的公共性

显然,新公共行政、黑堡学派和新公共服务理论等学派通过对宪政价值、公平公正和公民参与价值的重视,在一定程度上克服了传统公共行政和新公共管理效率中心主义的价值倾向,从而使公共行政既具有一定的合理性,又具有一定的合法性。这虽然在一定程度上实现了形式公共性和实质公共性的统一。但是,必须看到,无论是传统公共行政和新公共管理等管理主义的公共性建构路径,还是新公共行政、黑堡学派和新公共服务等宪政主义公共性的建构路径,都不能实现真正的公共性,无法达到形式公共性和实质公共性的有机统一。之所以如此,是因为这些理论范式或实践模式都是在一种控制导向和管理思维模式下去思考社会治理,这种控制导向的思维模式只能实现形式公共性,而无法实现实质公共性。

第一,公共性的实现依赖于理性官僚制。无论是管理主义范式下的形式公共性的建构,还是民主行政视角下的实质公共性的追求,其公共性的建构路径都依赖于理性官僚制。一方面,官僚制追求的是合理性,它所实现的只能是一种形式的公共性,而不能实现实质公共性。理性官僚制在本质上属于一种技术理性和工具理性,它追求的是一种形式公共性,所以,在以官僚制为组织形式和实现载体来实现公共性的追求,所

---

① 张康之:《对"参与治理"理论的质疑》,《吉林大学社会科学学报》2007年第1期,第83—89页。

获得的只能是形式公共性，无法实现实质的公共性。另一方面，官僚制无法适应高度复杂的后工业社会。官僚制作为一种组织形式，在工业社会低度复杂性和低度不确定性的情况下它能够适应社会发展的需要，但随着人类社会逐渐进入后工业社会，社会的复杂性和不确定性的增加，官僚制这种组织模式已经无法适应复杂社会的现实，更不能实现实质的公共性。必须指出的是，虽然新公共管理主张打破官僚制，但实质上，新公共管理只是在公共服务过程中引入竞争和市场机制，在公共服务的主体中引入其他的主体，以实现公共服务效率的提升和政府规模的缩减。但实际上，理性官僚制仍然是新公共管理改革的主要组织形式，效率中心主义仍然在社会治理中占据主导地位，社会治理仍然以控制导向为主导。所以，新公共管理虽然以打破官僚制为目标，但其并没有真正摆脱官僚制，它仍然以效率最大化为追求目标，追求的是一种形式公共性。

第二，公共性的追求依赖于法治。无论是管理主义还是宪政主义都依赖于通过规制和规章制度的构建来达到公共性的实现。对于管理主义来说，官僚制的组织设计在本质上就是通过严格的程序主义和规制导向来实现公共性。对于传统公共行政来说，由于它以理性官僚制和科学管理运动为基础，因而总体上它追求一种程序主义和工具理性。传统公共行政仍然追求的是形式合理性。而对于新公共管理来说，虽然它主张解除规制，但是，新公共管理并没有使规制减少。在公共服务合同外包过程中，政府实行绩效合同和绩效评估实际上是另一种形式的控制和规制。而对于新公共行政来说，虽然它在传统公共行政的基础上强调社会公平价值的重要性，但是，它仍然以官僚制为基础的，新公共行政在本质上仍然是科学主义和技术理性取向的。也就是说，对规则的追求使公共行政只具有形式合理性，而缺乏实质合理性，而且，这种重视形式合理性的公共性由于存在控制导向，所以它不能实现实质公共性。

实际上，把政府官僚制作为公共性的唯一实现主体是管理行政的主要标志。这种公共性的实现方式在工业社会低度复杂和低度不确定的情况下，还能够适应社会的发展，但是，随着人类社会后工业进程的开启，社会变得高度复杂和高度的不确定，以官僚制为唯一治理主体的治理模式已经无法实现复杂社会形势所带来的挑战。因而，作为社会治理的单一主体，政府官僚制是无法实现公共行政的公共性的。而且，管理行政的社会治理模式以及政府官僚制之所以不能适应复杂社会现实的需要，是因为它存在控制导向。管理行政重视规则，强调以不变应万变的控制性思维模式来应对复杂的社会现实，这种治理模式只能够让社会的风险加剧，而不能使社会达到善治，更不能实现公共行政的公共性。因此，以控制为导向的管理行政只能实现形式公共性，而无法实现实质公共性，只有在服务行政中，才能实现形式公共性和实质公共性的有机统一。

在张康之教授的理论体系里，服务型政府是与统治型政府和管理型政府相对应的一个概念。服务型政府是一种服务取向的政府，"服务型政府把服务确立在价值体系的中心，从而使其他一切价值都从属于这种最基本、最核心的价值，在这一基础上去自觉建构起价值体系，并进一步按照以服务价值为核心的整个价值体系所提供的原则去进行制度设计和制度安排。"[①] 张康之教授认为，服务型政府建设应该遵循以下原则：第一，用服务导向取代控制导向；第二，服务型政府应该实现从效率导向向公正导向的转变；第三，服务型政府应当实现从政府及其行政的工具定位向价值定位的转变；第四，服务型政府需要建立一种合作与信任的机制；第五，服务型政府需要谋求德治和法制的统一；第六，服务型政府需要用行政程序的灵活性来取代行政程序的合理性；第七，服务型政府需要用前瞻性取代回应性。[②]

从以上关于服务型政府的论述中可以看出，服务型政府的公共性主要表现在以下方面。第一，公共性体现在服务型政府的伦理价值和服务精神方面。在管理行政中，效率价值是主导价值，其他价值都是边缘性的价值。效率价值的优先地位导致公共行政公共性的缺乏。与管理行政不同，服务行政纠正了管理行政效率中心主义的价值倾向。张康之教授在《社会治理中的价值》一文中认为，社会治理作为人类的一种集体行动，它必然具有自己公开宣称的价值。在农业社会，与之相对应的是一种统治行政社会治理模式，它突出的是一种秩序价值；在工业社会，与

[①] 张康之、程倩：《作为一种新型社会治理模式的服务行政——现实诉求、理论定位及研究取向》，《学习论坛》2006年第5期，第44—47页。

[②] 张康之：《关于服务型政府的几点原则性构想》，《上海城市管理职业技术学院学报》2007年第4期。

之相对应的管理型社会治理模式,它突出的是效率和公平价值;而公共管理则把服务价值作为社会治理的核心价值。① 公共管理就是服务型的社会治理模式。在服务型社会治理模式中,之所以把服务价值作为社会治理的核心价值,是因为服务价值更有利于公共性的实现,而强调效率价值则更容易导致公共性的偏离。"管理型是治理模式突出了公平与效率这一核心价值,但它永远处于公平与效率的矛盾和冲突之中,当服务型社会治理模式突出服务这一核心价值,把公平和效率价值置于价值体系的次一层级的结构之中时,公平与效率的矛盾和冲突将会得到真正的解决。"② 从以上论述可以看出,管理型社会治理模式之所以无法实现真正的公共性,主要原因之一是它本身存在价值冲突,从而无法实现公共行政的公共性。而服务型社会治理模式由于将服务价值置于社会治理体系的中心,从而将效率价值和公平价值都以服务价值为基础,从而克服了效率价值与公平价值之间的矛盾,能更大程度地实现公共利益,使公共行政更具有公共性。"公共管理首先把服务确立为价值体系的中心,作为一种最基本、最核心的价值来看待,然后在服务价值的基础上去自觉建构公共管理的价值体系,并进一步的按照服务价值为核心的整个价值体系所提供的原则去进行制度设计和制度安排。"③ 显然,服务型政府的服务精神和伦理价值的实现路径是以服务原则进行公共行政的制度设计,通过使制度具有服务价值,即以德制从而使公共行政具有公共性。

第二,服务型政府的公共性表现在它的服务导向上。在管理行政中,一切管理行为都是以控制为取向的,这种控制取向使管理行政只追求片面的形式公共性,而不具有实质的公共性。管理行政的控制导向之所以不能实现公共行政的公共性主要在于其管理行为的一切出发点都是为了控制,也就是说,管理行政是为了控制而控制。因而,为了实现控制,管理行政必然通过完善各种技术手段来实现严密的控制。从控制的效果来看,严密的控制一方面导致机构膨胀、政府效率低下;另一方面,在复杂的社会现实面前,管理行政这种以不变应万变的控制模式是无法适

---

① 张康之:《社会治理中的价值》,《国家行政学院学报》2003 年第 5 期,第 20—23 页。
② 同上。
③ 同上。

应和应对高度复杂和高度不确定的社会现实。同时，管理行政的控制导向是以自身管理为出发点，而不是以服务对象或公众的利益为出发点，这一切都导致管理行政公共性的缺乏。与管理行政不同的是，服务行政是以服务为导向，把服务作为一切行为的出发点和归宿。也就是说，服务行政不再以控制为目标，而是以服务为宗旨。服务行政不再追求严格的规章制度来实现一种统治的秩序，而是通过服务来实现公众的利益。服务行政不以自身利益为行政行为的出发点，而是以服务对象和公众的实际需求为主要考量。正为如此，服务行政的服务导向能最大限度地实现公共行政的公共性。必须指出的是，实际上，管理行政中也有服务，服务行政中也有控制，但是，"管理型政府所拥有的服务内容是在其控制导向下发生的，是从属于控制导向的。与管理型政府不同，服务型政府是服务导向的，也有控制的内容，也会有控制的手段，控制过程以及各种各样的控制因素，但是，这些控制都是从属于和服务于服务型政府的，它是服务型政府这样一个总的框架下所使用的控制手段。"① 正是因为控制和服务在管理行政和服务行政中所处的位置不同，从而导致它们实现公共性的程度出现截然不同的差别。

第三，通过德制的制度安排为公共性的实现提供制度保障。在管理行政下，政府通过法制谋求社会治理的秩序，以求降低社会治理的成本。但是，制度建设也是有成本的，制度建设的成本既表现在制度的制定过程中的各种成本，也表现在制度无效或制度错误的成本。特别是当社会的复杂性不确定性增大的时候，制度成本便变得不可承受。"由此可见，在高度复杂和高度不确定性的条件下，我们需要改变制度建设的思路，不应当把制度看作是控制复杂性和不确定性的物化设置，而应当把制度看作是存在于复杂性和不确定性之中的和是适应复杂性和不确定性条件下人的行为以及共同行动要求的制度。这就是我们构想德制的原因。"② 张康之教授认为，法制和权制实际上都是制度外在于人的，所以权制和法制的成本都比较大，而德制是一种将制度与行为统一起来的制度安排，

---

① 张康之：《关于服务型政府的几点原则性构想》，《上海城市管理职业技术学院学报》2007年第4期。

② 张康之：《面向后工业社会的德制构想》，《学海》2013年第3期，第149—155页。

制度是来源于和内在于人民的，所以，德制既实现了交往成本最小化也能够实现制度成本的最小化。① 德制是一种合作的制度，德制能够催生和促进道德的兴起，在此基础上，德制能够对人的行为起到规范作用。显然，从张康之教授的论述中可以看出，德制是为了克服管理行政法制的失效而设计的一种制度安排，是应对高度复杂社会现实的一种必然。德制更能够节省制度成本，更能够实现公共利益，因而德制也是公共行政公共性的一种制度保障。对于依据何种道德去塑造德制这一问题，张康之教授认为，对于道德制度的构想，它实际上是从属于一种实践性的、复杂和动态的思维方式。② 建设德制的意义在于，它能够实现人类一直以来所追求的公平、公正、平等的目标。也正为如此，德制是实现公共行政公共性的重要制度保证，它能克服管理行政由于过度规制而造成的公共性缺乏和公共利益流失的局面。

第四，以扩大行政人员自由裁量权来实现公共行政的公共性。管理行政试图通过严密的制度和程序设计来实现效率和公平，但是，这种程序主义只能带来官僚主义等弊端，而无法真正实现效率提升和公正公平。服务行政则主张通过授予行政人员更多的自由裁量权，让行政人员在伦理精神和服务价值的指引下从事社会治理活动。在传统公共行政中，韦伯的官僚制就是使用严格的规制、集权的体制、层级节制和价值中立等实现了对行政人员的限制。新自由主义对官僚制采取的改革措施，也主要采取对行政人员加以约束，公共选择理论采取的市场化、加大竞争、采用合同制以及绩效评估等，也都是为了实现加强对行政人员的限制，使行政人员不具有自主性，这些制度设计实际上都是建立在经济人假设之上，把经济人假设扩张到社会生活的所有领域，这种用人的具体特征来取代人的一般特征做法，显然是错误的。③ 无论是传统公共行政的制度设计，还是新公共管理运动，他们都只看到了行政人员经济人的一面，而没有看到行政人员实际上也存在着为人民服务的一面，从而认为政府失灵都是行政人员自利的结果。"事实上恰恰不是这样，在很大程度上，

---

① 张康之：《面向后工业社会的德制构想》，《学海》2013年第3期，第149—155页。
② 同上。
③ 张康之：《论行政人员的自主性》，《南京社会科学》2002年第3期。

官僚制的失灵是由于官僚制的形式合理性窒息了行政人员的自主性，官僚制在多大程度上表现出了官僚主义、效率低下和腐败，也就意味着在同等程度上行政人员自主性的丧失。"① 所以，对于行政人员，现有的制度设计应该着重激发他们服务社会和服务人民的自主性，促使他们为实现公共利益而工作。"事实上，行政人员的自主性也是具有二重性的。当行政人员拥有自主性的时候，他把这种自主性用在谋取个人的私利，那他就是恶的；如果行政人员把他的自主性用来维护公共利益和促进公共利益实现的话，那么，这种自主性就是善的。"② 因此，这就需要在制度设置上充分去发掘行政人员善的一面，促使其在行政过程中实现公共利益。换言之，通过在制度设计上创造一种促使和诱导行政人员积极道德意识和道德责任感的生成的机制，进而引导行政人员在行使自由裁量权时始终以社会公众的利益为重，避免出现损害公共利益的行为。概言之，服务行政实际上主张通过扩大行政人员的自主权和激发其道德责任感来实现公共行政的公共性的，而不是相反。

第五，通过打破社会治理的垄断，引入多元社会治理主体来实现公共行政的公共性。在统治型社会治理模式和管理型社会治理模式中，社会治理主体是单一的，政府处于社会治理的垄断地位。在管理行政中，政府是公共性的唯一实现主体，政府在社会治理中独自承担社会治理以及供给公共服务的职责。但是，由于官僚制受到诸如官僚主义、形式主义、效率低下和腐败等问题的困扰，使政府官僚制并不能真正实现公共利益。随着风险社会的来临，社会复杂程度增高，政府独自承担公共服务等社会治理职能面临越来越多的挑战，因此引入多元社会治理进行社会治理是社会治理必然的选择。所以，新公共管理运动主张私营部门、非政府组织也应该参与到社会治理之中，与政府竞争或协作，共同参与公共服务的供给。美国研究民营化的学者萨瓦斯认为，无论是政府机构还是国有资产，只要满足以下因素的任何一点，都可以进行民营化的改革，这些因素包括无效率、质量低劣、亏损和债务，缺乏管理技能和权威、缺乏回应性，设备维护效果不佳和自愿投入严重不足，计划经济式

---

① 张康之：《论行政人员的自主性》，《南京社会科学》2002年第3期。
② 同上。

的垂直一体化、服务物品的过时和销售的停滞、相互冲突的目标、机构使命缺乏相关性甚至容易导致误导,违法经营或存在盗窃和腐败,资产未充分使用或者使用效果不佳等问题。① 萨瓦斯认为,人们往往认识到私营部门的垄断会对公共利益造成很大的损害,而对公共部门垄断的危害而视而不见,当人们面对公共服务的困境时,总是从政府自身进行改造,比如改善公共行政、组织结构重组或者进行全面质量管理或流程再造等措施,但却没有意识到政府的垄断才是主要的原因,因此,必须引入竞争和市场力量,才能打破政府在公共服务等社会治理的垄断。② 显然,新公共管理学者已经看到政府独自承担社会治理的困境,主张引入非政府组织等多元治理主体参与社会治理。这在一定程度上提高了社会治理的效率,缓解了政府所面临的社会治理压力。但是,也必须看到,新公共管理改革中所引入非政府组织等治理主体并不能完全解决管理行政在复杂社会现实中所遭遇的挑战。虽然新公共管理声称鼓励民营化和建立合作伙伴关系,但政府在社会治理中仍然存在明显的管理控制导向,政府在社会治理中仍然处于不可动摇的垄断地位。非政府组织等社会主体只是社会治理助手或协助者,而不是与政府平等的主体。此时政府与其他社会主体之间只是一种协作关系,而非合作关系。在协作系统中,行为体在进入这个系统中都是带着利益目的的,当行为体被这个体系结构化后,行为体就会受到一个外在于它的力量所支配,这个外在的力量一般具体表现为制度、规则和结构等,在这种情况下,很容易导致行为体的消极抵抗情绪,从而影响协作的效果。③ 因此,管理行政的协作必然被服务行政的合作所代替。"合作治理是多元社会治理主体的共同行动,在合作治理体系中,政府只是多元治理体系中的一元。"④ 也就是说,服务行政通过实行政府与非政府组织等多元主体合作,来实现善治。政府通过与多元主体的合作治理,从而能够克服政府作为单一社会治理主体治理

---

① E. S. 萨瓦斯:《民营化与公私部门的伙伴关系》,中国人民大学出版社2002年版,第116—122页。
② 同上书,第124—125页。
③ 张康之:《在后工业化进程中构想合作治理》,《哈尔滨工业大学学报》(社会科学版)2013年第1期,第51—60页。
④ 同上。

能力不足、治理效果不佳、治理满意度不高等治理失灵问题,从而能够最大限度地满足公众的需求和实现公共利益。

张康之教授认为,行政是在开放性中获得公开性的,行政的公开性却因官僚制而无法实现。① 官僚制组织之所以成为实现公共性的障碍,主要因为官僚制组织是一个封闭的系统,这种封闭性使官僚制组织的组织功能受到限制。官僚制的这种封闭性在社会治理中表现为排斥其他社会主体参与社会治理。由此而导致政府在社会治理中出现失效的局面。因此,公共行政实现公共性的重要条件是打破官僚制的封闭性,打破政府在社会治理中的垄断地位,引入多元主体参与社会治理。换言之,通过在社会治理中引入非政府组织等多元主体,使行政获得了公开性和开放性,也使公共行政具有了公共性。这也意味着,非政府组织等社会治理主体在一定程度上促进了公共性的扩散。

第三节 非政府组织与公共性的实现

作为人类社会治理的一种方式,公共行政自产生之日起,便把公共性作为自身的一种重要追求,但是,公共行政并没有实现真正的公共性,其实现的只是一种形式公共性。新公共行政、黑堡学派和新公共服务等理论学派反对传统公共行政和新公共管理注重形式理性和效率取向的做法,主张应该重视公平价值和公民参与在实现公共性中的作用;认为公共行政需要通过建立一种公平和效率导向并重的,鼓励公民参与的公共行政,以此来实现公共行政的真正公共性。但是,如前所述,无论是公共行政的管理主义取向,还是宪政主义的取向,都无法实现真正的公共性。因为在高度复杂和高度不确定的后工业社会背景下,管理行政的控制导向思维模式无法实现真正公共性,真正公共性的实现要求我们必须改变控制导向的社会治理模式,建立一种与高度复杂和高度不确定性社会现实相适应的社会治理模式,这种社会治理模式就是服务型社会治理模式。但是必须指出的是,虽然新公共管理改革并没有实现真正公共性,

---

① 张康之、张乾友:《趋向公共性的近代政治发展逻辑》,《学海》2009 年第 1 期,第 38—45 页。

而且在某种程度上造成了民主的衰落，但新公共管理却产生了意想不到的后果，这就是造成了公共性的扩散。①

一　新公共管理运动对民主的冲击

张康之教授发现，新公共管理运动实际上是一个反民主的运动，新公共管理所依托的基础理论如公共选择理论、委托代理理论等实际上颠覆了现代社会民主的原则，加速了民主的没落，但是，当新公共管理将合约外包行为普遍化为社会治理的普遍行为时，却将公共性的实现主体从原来的政府转移到了非政府组织等主体之上，从而造成了公共性的扩散。②

现代民主社会的构想是基于启蒙思想家们的自然状态的理论假设以及社会契约论。著名的启蒙思想家卢梭是社会契约论的主要提出者。与霍布斯等政治哲学家一样，卢梭也是以自然状态作为其社会契约论的逻辑起点。

卢梭的社会契约思想的起点是自然状态假定，卢梭的自然状态假定和霍布斯、洛克关于自然状态的假定相似。卢梭认为，自然状态是那种终日平静而又无所忧虑的原初状态。③ 也就是说，在自然状态中，人民之间彼此独立自由而平等。但是，这种自由和平等随着人类社会的不断发展而逐渐难以保障，或者说，在这种自然状态下，人们的权利容易受到侵害而导致人们独立生活比较困难，因此，人们需要订立契约而建立政治社会。社会契约论的意义在于，寻求一种结合的形式，使它能以全部共用的社会整体的力量来护卫和保护每一个缔约者财产安全和人身安全，而且由于缔约这一形式导致实际上在服从于其本人，缔约者能够像以前一样自由生活。④ 正是在人们订立契约的基础上，产生了公民社会或政治共同体国家。因此，由卢梭的社会契约论可以看出，是社会决定国家，

---

①　张康之：《民主的没落与公共性的扩散——走向合作治理的社会治理变革逻辑》，《社会科学研究》2011年第2期，第55—61页。

②　同上。

③　卢梭：《法的形而上学原理——权利的科学》，李平沤译，商务印书馆2010年版，第58页。

④　卢梭：《社会契约论》，商务印书馆2003年版，第19页。

而不是国家决定社会。国家是人民订立契约的产物,因此,国家必须反映公意,而人民才是真正的主权者。

社会契约论反映在现实的政治设计中,表现为人民通过选举产生政府,政府作为人民的委托者进行社会治理。新公共管理运动通过合同外包和契约式管理等改革措施使这一局面产生了变化。张康之教授认为,新公共管理造成了对民主的损害和导致了民主的没落。[1] 在合同外包改革实践中,政府作为公共服务的委托者,非政府组织等主体作为服务的承包者或提供者,成为社会治理的参与者与公共服务的代理人。"当新公共管理运动在政府与社会间建立契约关系时,也包含了反民主的倾向。这是因为,在代议制度的条件下,民主体现为社会与政府的委托代理关系的确立中,政府作为民主政治的结果,必须承担起社会通过民主途径而赋予它的社会治理责任。"[2] 但是,通过新公共管理运动,由于合同外包行为,政府与社会的委托代理行为被颠倒过来,社会成了代理者,政府成为委托者,"委托代理关系的这种颠倒,对民主的理念造成了极大的损害"。[3]

"在公共性的分析视角中,当政府和社会之间建立契约关系的时候,带来了公共性扩散这样一个意想不到的收获。"[4] 也就是说,新公共管理改革的合同外包,实际上导致了公共性的扩散。自公共行政产生以来,政府或者说公共部门官僚制始终都是社会治理的唯一主体。无论是传统公共行政学者,还是新公共行政或者新公共服务理论学者,都主张政府作为社会管理的唯一主体进行社会治理,也就是说,政府是公共性实现的唯一主体。在威尔逊、古德诺等传统公共行政学者看来,政府是政策执行的领域,政府及行政人员要忠实地履行民选官员所制定的政策。新公共行政理论也主张,政府要承担起实现公共利益的责任,为此,需要把社会公平放在社会治理的首位;同时,政府需要在行政过程中重视公民参与。登哈特等人在其著作《新公共服务》中,也主张将政府作为

---

[1] 张康之:《民主的没落与公共性的扩散——走向合作治理的社会治理变革逻辑》,《社会科学研究》2011年第2期,第55—61页。

[2] 同上。

[3] 同上。

[4] 同上。

实现公平民主和宪政价值的主要工具。非政府组织参与公共服务提供表明，非政府组织也能成为社会治理的主体，它行使了以前只有政府才能承担的社会治理职责。非政府组织承担公共服务表明，公共性从国家和政府扩散到了社会，非政府组织也具有了公共性，从而实现了公共性的扩散。

二 非政府组织的公共性本质

非政府组织作为一种社会自治组织，其本身具有一定的公共性，它的公共性表现在它的价值目标、职能定位等诸多方面。非政府组织的公共性来自其组织目标。与政府组织类似，非政府组织不把营利作为主要目的，即非政府组织不以追求自身利益为目的，即使组织能够营利，其利润也不能在组织成员间进行利益分配。著名的非营利组织研究学者萨拉蒙曾经把非营利性作为非政府组织的一个重要特征。实际上，非政府组织不但是非营利的，而且非政府组织把公益目标作为自身的组织目标。正是这一点，使非政府组织具有一定的公共性。当然，这种公共性与政府的公共性有较为显著的不同。政府的公共性是法律所赋予的，是现代民主政治体制所决定的。现代民主政治的原则决定了政府必须反映人民的意志，进而为公共利益进行行政管理和社会治理。非政府组织的公共性不是来自政治领域的授权或政治的需要，非政府组织的公共性来自社会，这种公共性带有自愿性的特征。非政府组织的自愿性主要体现在组织资源供给以及组织成员构成上。例如，非政府组织的一部分组织资源来源于人们的自愿捐赠，组织成员中一部分是由志愿者构成等。这些都使非政府组织的公共性与政府的公共性存在不同。

何为公共性？公共性实际上包含四种层面的内涵：其一，公共性代表着一种共有性，它影响的范围是不特定的全体社会成员，而不是某部分特定成员；其二，公共性代表着一种公开性，公共性与私密性相对，公共性意味着一种公开讨论和公共议论；其三，公共性代表着社会有用性，公共性意味着要为社会做出贡献，要满足社会的公共服务需求，促进社会经济的和谐发展；其四，公共性意味着公共精神，这种社会理念把公正与正义作为一种行动的主要目标。① 而对于非政府组织而言，其公共性基本上具备共有性、社会有用性等几个方面的特征，同时非政府组织的公共性与政府的公共性有着较大的不同。非政府组织的公共性本质上是一种社会公共性，这种公共性是对政府公共性的补充，它促使实质公共性的实现。非政府组织的社会公共性意味着它不同于政府公共性，社会公共性意味着这种公共性来源于社会，意味着社会主体也能够进行公共服务供给和进行社会治理，社会公共性意味着这种公共性不再凭借强制性权力来实现公共性，而是更加注重信任与合作；社会公共性还意味着这种公共性不再依赖于公共财政，志愿性社会资源在非政府组织社会公共性中扮演更为重要的角色；社会公共性还表示这种公共性更能够反映市民社会的需求，更能够表现出公共利益。

非政府组织的公共性在本质上是一个社会公共性。社会公共性意味着非政府组织在体制上是独立于政府的。非政府组织既不隶属于政府，也不受政府节制，非政府组织属于一种民间性质的组织。

第一，非政府组织的社会公共性表现在它在行使公共权力时并不具有强制性。政府是行使公共权力的天然主体，而且政府在运用公共权力时具有强制性。政府的这种强制性特征一方面能够使政府行使相关职能，同时也因为其具有强制性特征而使政府在一定程度上流失了它的合法性基础。非政府组织在供给公共服务和进行社会治理时也拥有一定的公共权力。与政府不同的是，非政府组织行使公共权力，履行公共职能时并不具有强制性的特征。非政府组织进行社会治理之所以不具有强制性特征，是因为非政府组织本身属于市民社会的一部分，非政府组织供给公共服务实际上是社会的自我治理和自我服务。正是非政府组织这种非强制性特征使非政府组织的社会公共性有别于政府的公共性。另一方面，非政府组织所拥有的社会治理的权力实际上来源于政府的让渡和授予。在新公共管理运动中，非政府组织之所以能够参与公共服务的供给主要是因为政府需要瘦身和提高公共服务供给的效率。政府通过契约合同赋

---

① 田毅鹏：《东亚"新公共性"的构建及其限制》，《吉林大学社会科学学报》2005年第6期，第65—72页。

予了非政府组织相关的社会治理权力。因此，从表面看，非政府组织的权力的非强制性是由权力的授予性质而决定的。但实际上，非政府组织进行公共服务胡供给和进行社会治理更多的是一种自我治理，这种自我治理在本质上是与他治有根本区别的。他治容易导致强制性，而自治则一定是非强制性。正是基于此，非政府组织的社会公共性在权力的运行方式上才具有更多的非强制色彩。

第二，非政府组织的社会公共性还表现在非政府组织更能够反映市民社会的需求。在现代民主政治中，政治家负责表达民意和进行政治决策，而政府则负责执行相关政策和决议。但实际上，现代民主政治并不能有效地反映市民社会的需求，政府也并不能有效满足以及回应市民社会的需求。公共选择理论认为，政府组织由于其自利的特性而容易导致政府失灵，由此造成政府供给公共服务的无效率。而实际上，政府无法有效满足市民社会需求主要是因为其控制导向的管理型政府模式。管理型政府是一种以自我为中心的政府模式，其政府行为的出发点是为了管理的便利，管理的主要目的是获得管理的秩序，而非为了公共利益。正为如此，管理型政府并不能实现真正的公共性。非政府组织是一种社会自治组织，它来自社会，它更能够反映市民社会的需求。从这一点来讲，非政府组织的社会公共性能够帮助和促使政府更好地实现公共利益与满足市民社会的需求。

第三，非政府组织的社会公共性还表现在它的财政来源并不主要依靠公共财政。政府公共性主要特征之一是政府主要依靠公共财政资源来提供公共服务和进行社会治理。政府的收入来源是公共财政。正因为政府的资金来源是税收和公共财政，所以，现代政府必须把实现公共利益作为唯一目标。与政府组织不同，非政府组织的资金来源并不是来自公共财政。非政府组织并不能通过税收的方式从社会获得资金来源，非政府组织获得资源的主要方式是社会捐赠或会费收入等。也就是说，非政府组织组织资金来源方式并不具有强制性。非政府组织的资金来源于社会的志愿捐赠，这意味着非政府组织能够获得广泛的社会支持，同时也表示非政府组织的组织目标获得了广泛的认可，这也是非政府组织广受欢迎的一个重要原因。

第四，非政府组织的社会公共性还表现在非政府组织来源于市民社会。政府是社会治理的传统主体，政府是公共领域的重要组成部分。政府公共性主要来源于其国家的授权。非政府组织作为一种新的社会治理主体，它来源于市民社会。非政府组织的社会性使其具有与政府不同的特质，非政府组织的社会性使其在提供公共服务方面更能够符合社会的需求。总之，非政府组织以及其他社会自治组织的兴起有着重要的意义和价值。非政府组织的兴起意味着社会治理主体的多元化，也意味着单中心治理方式的终结。非政府组织的社会公共性具有丰富的内涵，它标志着公共性具有一种扩散性与多元性。

三 实质公共性的实现

显然，非政府组织是具有一定的公共性，但这种公共性仍然是一种潜在的公共性，只有当非政府组织承担社会治理职能成为一种普遍现象时，非政府组织的公共性才转变为现实。新公共管理运动中非政府组织大量承担公共服务职能表明，非政府组织具有了以前只有政府才具有的公共性，非政府组织实际上促进了实质公共性的实现。具体而言，非政府组织在以下方面能够促使实质公共性的实现。

第一，非政府组织提供公共服务更能满足公民多样化的需求。现代政治是一种选举政治，在这种选举政治中，中位选民的偏好往往成为政府关注的焦点，所以，以政府为公共服务为唯一主体的治理模式中，公共物品往往只能满足某一部分群体的需求，而大量多样化的需求却未能得到满足。另外，由于官僚制自身的缺陷，导致以官僚制为主要组织形式的政府在提供公共物品时总是存在质量低下、效率不高等问题。概言之，以政府为唯一主体的社会治理模式无法满足人们多样化的公共服务需求。与政府相比，非政府组织提供公共服务则具有较大的优越性。首先，非政府组织来自多个领域，这使非政府组织适合提供多种多样的服务，从而更能满足人们多样化的需求。根据莱斯特·萨拉蒙的研究，非政府组织分布的领域非常广泛，几乎遍及社会生活的各大领域，当然，不同国家非政府组织分布情况会出现不同，比如，比利时和爱尔兰是以教育类为主，而法国、德国和西班牙则以提供社会服务类的非政府组织为主。① 非政府组织类型的多样化为非政府组织提供多样化和个性化服务提供了极大的方便。由非政府组织提供公共服务更能够提高公共服务的质量。其次，非政府组织能够提供适合公众需求的服务。由于非政府组织来自社会，具有草根性的特点，所以非政府组织往往更能捕捉到社会的需求，从而能够提供更加符合人们需求的公共服务。非政府组织能够弥补政府资源的不足。虽然有调查资料表明，政府仍然是非政府组织资金的最大来源，但是，非政府组织毕竟能够吸引相当一部分社会资金，这在一定程度上能够弥补政府提供公共服务资源的不足。在现代选举制度的背景下，增税的困难和公民公共服务需求的不断扩张，非政府组织的资源吸纳功能则显得尤其重要。非政府组织所有这些特点，使非政府组织在提供公共服务时，显示出了不同于政府的优越性。正是非政府组织与政府合作供给公共服务和进行社会治理，才能够使公众的公共服务需求得到更好的满足，使不同层次和不同偏好的群体需求都得到满足。也就是说，非政府组织参与公共服务提供，能更好地满足公众的需求，也能更好地实现公共性。在新公共行政和新公共服务的公共性追求中，社会公平是其公共性追求的重点。但是，由于新公共行政和新公共服务学者将社会公平的实现只寄托在政府身上，而政府作为单一主体提供公共服务存在很多问题，根本无法实现社会公平的目标。当非政府组织成为社会治理主体之后，由于非政府组织在社会治理方面所表现出来的优越性，使社会公平和公正的实现成为可能。

　　第二，非政府组织参与社会治理促进了公共行政的公开性。张康之教授在《趋向于公共性的近代政治发展逻辑》一文中认为，人类从中世纪后期开始，政治发展便出现了向现代性的转型，政治的现代性转型实际上是一个它得到普遍性的过程，政治获得普遍性和现代性有两个基本途径，即开放性和公开性，政治的普遍性在行政这里主要表现为公共性，行政的公共性的获得需要以行政的公开性为主要途径，行政的公开性不足，就会造成公众对政府质疑和不满。② 就公共行政来说，其公共性与行

---

① 莱斯特·M.萨拉蒙：《全球公民社会：非营利部门视界》，社会科学文献出版社2007年版，第17—19页。
② 张康之：《趋向于公共性的近代政治发展逻辑》，《学海》2009年第1期，第38—45页。

政公开性具有密切关系。对于行政公开性,协商民主理论主张应该加强行政过程中的公民参与来解决,以此来实现公共行政的公开性。协商民主理论是人们基于对自由民主弊端的反思而兴起的一种理论,协商民主同时也是人们基于对代议制民主的批判而产生的一种理论。巴伯认为,现代代议民主是一种漠视参与权的民主,因而是一种弱势民主,代议民主不承认参与的价值,它也不主张公民交往的意义,既不认可连续政治活动中的自主性,也不承认能够扩大共同协商和选择这些公民之间所共享的价值。① 而实际上,公民并不像代议制民主理论所认为的那样对政治冷漠,在较为成熟的民主制度中,公民发挥着重要的作用,公民既可以充当裁判者,也可以充当参与者,而精英民主政治主要强调了公民作为选民的选择权和裁判权,而忽视了参与权。② 因此,协商民主强调加强对话,建立一种以协商对话为中心的"协商式"民主,即公众参与不仅仅体现在投票上,而且应该表现在公共政策和重大问题的决策上,公众拥有对相关信息的了解权和建议权等。协商民主表现在公共行政中,主要表现为公众对行政决策和行政过程的参与,同时表现为重视对话和合作在公共行政中的作用,以此增加公共行政的合法性和公共性。显然,协商民主意图通过增加行政过程中的公众参与来提高公共行政的公开性,以便增加公共行政的公共性。但是,通过在公共行政增加公民参与的环节来促进公共行政的公开性并不能够达到原初目标,"因为政府任何时候也不可能被改变成一个类似政治舞台那样的'议论'场所,而且公众参与能否不受来自于权力的控制和操纵,也是一个永远无法解决的问题,即不可能像政治那样在政府中确立起多元代表性机构来保证公众参与不受操纵。"③ 也就是说,通过公众参与的方式并不能完全解决行政过程中的公开性问题。那么,如何解决行政的公开性问题呢?张康之教授认为,行政的开放性问题只能在政府外部来解决,应该把行政的问题当作政治系统中构成部分来考虑,也就是需要把它置于政治部门与非政府组织的

---

① 本杰明·巴伯:《强势民主》,吉林人民出版社 2006 年版,第 26 页。
② 罗纳德·德沃金:《至上的美德:平等的理论与实践》,江苏人民出版社 2003 年版,第 414 页。
③ 张康之:《趋向于公共性的近代政治发展逻辑》,《学海》2009 年第 1 期,第 38—45 页。

互动中来破解行政的问题。① 从这段论述中可以看出，行政的公开性不在于其公众参与的力度与广度，而在于其向政治部门和非政府组织以及社会公开的程度。非政府组织提供公共服务而成为社会治理的主体，这就要求政府必须为非政府组织提供各方面的信息，政府如何行动和怎样行动，都必须向非政府组织公开。政府向非政府组织公开的程度，势必影响非政府组织提供公共服务的质量。在人类社会正从工业社会向后工业社会迈进之际，社会的复杂性导致政府无法独自应对社会治理的新挑战，在这种情况下，政府必须与非政府组织合作，以应对高度不确定的社会现实。也就是说，加强行政的公开性是政府应对复杂社会现实的需要，也是满足日益增长的公众需求的需要。非政府组织参与社会治理提供公共服务，客观上需要政府公开其信息。非政府组织在提供公共服务的过程中，必须要从政府那里获取相关信息，而政府只有将相关信息予以公开，才能保证非政府组织能够更好地提供公共服务。就非政府组织而言，其提供公共服务和参与社会治理也必须遵循公开的原则，即将提供公共服务的过程、目的和效果向公众公开。这是非政府组织作为社会治理主体在社会治理中必须遵循的准则。总之，在后工业化进程中诞生的非政府组织，通过与政府合作提供公共服务，促进了政府更具有公开性，从而使政府更具有公共性，同时也促使公共行政实现从形式公共性向实质公共性的转变。

第三，非政府组织促进了社会资本的生成，增加了社会信任。非政府组织作为一种社会组织，它能够促进社会资本的生成。社会资本最早是由法国社会学布尔迪厄所提出的一个概念。帕特南认为，"与物质资本和人力资本相比，社会资本是指社会组织的特征，例如信任、规范和网络，它们能够通过推动协调行动来提高社会效率"。② 从帕特南对社会资本的论述可以看出，社会资本对提升社会效率和增加社会信任具有重要作用。非政府组织作为一种公民自治组织，它能够生成社会资本和社会信任，它能促进社会规范的形成，形成参与的网络，从而有助于实质公

---

① 张康之：《趋向于公共性的近代政治发展逻辑》，《学海》2009年第1期，第38—45页。
② 罗伯特·帕特南：《使民主运转起来：现代意大利的公民传统》，王列、赖海榕译，江西人民出版社2001年版，第36页。

共性的形成。首先，非政府组织形成的社会资本能够促进社会信任的形成。新公共管理之所以在全球形成潮流，一个重要的原因是公民对政府的不信任。政府和公民之间疏离感增加和信任缺乏是管理行政的一个重要特征，也正是社会信任的缺乏导致了管理行政在高度复杂和高度不确定的风险社会出现失灵的问题。而非政府组织所产生的社会资本能够促进公民之间、公民与政府之间信任关系的建立。非政府组织所产生的信任这种社会资本能够克服集体行动的困境。公民与政府之间信任的增加能够促进不同社会主体之间彼此合作，从而提高社会的整合能力。其次，非政府组织所产生的社会资本能够促进公民的参与网络。非政府组织所产生的社会资本能够产生一种公民参与网络。在任何社会，无论是传统社会还是现代社会，实际上都是由一连串的人际关系网络或者沟通网络组成，而这些网络体系既包括那些正式的网络体系也包括那些非正式的网络体系；有一些网络体系表现为横向的表现形式，即那些地位平等和相同权力的人连接在一起，也有一些网络体系以垂直关系为主，即那些地位不平等的人被连接在一个等级结构中。[1] 那些邻里组织、合唱队、合作社等市民参与网络，则具有较强的横向特征，这些横向网络实际上就是社会资本的基本组成部分，在一个共同体中，横向类的组织越多，组织成员就越可能为了共同利益而奋斗。[2] 而那些垂直的网络，无论其性质如何，都无法维系和产生信任。[3] 从帕特南的叙述中可以看出，横向组织能够促进人们之间为了彼此共同利益而奋斗，而那些具有垂直网络的组织，由于其组织的等级控制和依附特点导致其无法在组织成员之间创造信任。非政府组织作为一种市民自治组织，其具有典型的横向特征。非政府组织的这种横向特征有助于组织成员之间产生信任，进行合作。

　　非政府组织的兴起和非政府组织在社会治理中所表现出对政府治理不周延的弥补作用，使非政府组织成为社会治理中的重要主体，使非政府组织具有了公共性。由此，造成了公共性的扩散，促使政府从形式公

---

[1] 罗伯特·帕特南：《使民主运转起来：现代意大利的公民传统》，王列、赖海榕译，江西人民出版社2001年版，第203页。

[2] 同上。

[3] 同上书，第204—205页。

共性走向实质公共性。公共性扩散的重要意义在于它预示着实质公共性即将成为可能。非政府组织成为社会治理主体，能够有效满足人们的公共服务需求，更有利于实现公共利益，从而克服了管理行政时期政府作为单一社会治理主体所导致的公共性不足问题。服务型政府就是通过多元主体的合作治理来实现实质公共性的政府类型。非政府组织通过提供公共服务承担社会治理职能，实际上促进了公共性的扩散，促使政府从管理型政府转变为服务型政府，也使公共行政实现了从形式公共性向实质公共性的转化。

服务型政府与管理型政府最大不同在于，服务型政府是一种具有实质公共性的政府类型，它把实现实质公共性作为其最大目标。在管理型政府中，由于政府的控制导向和追求管理秩序的本质，导致其无法实现实质公共性。管理型政府实际上所追求的只是一种形式公共性。管理型政府之所以无法实现实质公共性，主要原因在于其单中心的治理模式在高复杂状态社会中出现了治理失灵的情况。因为当政府作为唯一治理主体的条件下，政府是无法有效应对高复杂状态下社会治理所带来的诸多挑战。即使管理型社会治理模式也能够引入其他社会治理主体，但是，由于其控制导向，也会导致其他社会主体无法真正参与到社会治理中来，或者说无法发挥其实际作用，从而导致管理型社会治理模式无法实现实质公共性。概言之，管理型政府的形式公共性是其单中心的治理模式导致的，其根本原因是管理型政府的控制导向和管理型社会治理模式的中心—边缘结构。

与管理型政府不同，服务型政府之所以能够实现实质公共性，主要是因为服务型政府是一种多中心的社会治理模式。面对复杂的社会现实，服务型政府不再把自身作为社会治理的核心，而是在社会治理中引入了多元社会治理主体，从而克服政府作为单一治理主体所存在的治理能力不足问题。多中心主体的引入，有利于政府实现公共性，满足社会的公共服务需求。服务型政府与管理型政府不同之处还在于它把服务价值作为社会治理的主要价值。正是因为服务型政府不再把控制导向和管理秩序作为社会治理的主要价值，而是把服务价值和合作作为社会治理的主要价值，所以，服务型社会治理才模式能够促使不同行为主体充分发挥其作用，弥补政府在社会治理中所出现的不周延情况。也就是说，服务型政府实现公共性途径包括：一是引入一种多中心治理的治理机制；二是通过倡导服务价值来应对高度复杂社会现实所带来的挑战。因为不同的社会治理主体在社会治理中具有不同社会治理优势，只有充分发挥不同治理主体的治理优势才能有效应对复杂社会现实所带来的挑战，才能实现实质公共性。换言之，服务型政府的公共性既在于其所提倡的服务价值，同时也在于多元社会治理主体之间的彼此合作。特别是非政府组织的出现，为实质公共性的实现创造了一定的条件。非政府组织的大量产生和非政府组织所表现出来的强大社会治理功能，为服务型社会治理模式的合作治理创造了主体条件。在服务型社会治理模式中，社会治理主体需要具有一定的社会治理能力，不同社会治理主体在社会治理功能上要有一定的互补性，才能取长补短，优势互补，才能够真正实现公共利益，实现真正的公共性。非政府组织的出现和非政府组织所表现出来的非凡社会治理能力为其成为社会治理的合作伙伴创造了条件。所以说，非政府组织参与公共服务供给和成为社会治理主体，一方面促进了公共性的扩散和实质公共性的产生，另一方面，非政府组织的出现也导致了服务型政府的产生。

第四章

非政府组织与领域融合

自工业社会以来,便出现了公共领域与私人领域的分离。公共领域与私人领域的分离是人类社会发展的客观结果。但随着人类社会进入工业社会后期,特别是人类社会即将迈入后工业社会之际,人类社会出现了领域融合的趋势。在这一进程中,非政府组织应运而生,一方面,非政府组织既是领域融合的产物;另一方面,非政府组织的兴起,也在一定程度上进一步地促进了领域融合。非政府组织作为一种特殊的组织类型,它兼具公共领域、私人领域和日常生活领域的某些特点,因而非政府组织能够成为领域融合的组织基础,成为不同领域联结的中介。也就是说,非政府组织是一种打破领域分界的力量,非政府组织的兴起实际上促进了新的社会治理模式——服务型社会治理模式的产生。

第一节 领域融合的趋势

近代社会以来,公共领域与私人领域的分离已经成为政治哲学家们的共识。但是,随着人类社会后工业化进程的开启,领域分离的局面逐渐被领域融合的趋势所取代,即不同领域之间逐渐出现了融合的趋势。对于这种领域融合的趋势,政治哲学家们对此都做出了自己的论述。显然,政治哲学家们大都认为领域融合的趋势将逐渐代替了原来的领域分离。不过需要指出的是,不同的政治哲学家关于公共领域、私人领域的划分以及领域融合的趋势,存在着较大的不同。例如根据张康之教授的观点,人类社会应该分为公共领域、私人领域和日常生活领域;分化是工业社会的主要特征,而工业社会最为主要的分化则是以上公共领域、私人领域和日常生活领域的分离[①]。也就是说，人类社会不仅仅只有公共领域和私人领域，实际上，在此之外，还存在着一个与公共领域和私人领域不同的日常生活领域。显然，政治哲学家们对领域分离与领域融合的观点存在一些差异，特别是张康之教授的日常生活领域概念与其他政治哲学家的相关概念明显不同。

一　哈贝马斯视野中的结构转型与领域融合

哈贝马斯认为，公共领域是一个历史范畴。[②] 这个概念随着国家与社会的分离而出现的，公共领域是与公共权力领域和私人领域相对应的一个概念。

何谓公共领域？对此哈贝马斯的解释是："公共性本身表现为一个独立的领域，即公共领域，它和私人领域是相对立的"，公共领域中的主体主要是传播社会舆论的公众。[③] 关于公共领域，哈贝马斯主要论述了代表性公共和资产阶级公共领域。对于代表型公共领域，哈贝马斯认为，代表型公共领域作为一种公共领域，其实就是一种地位的象征。[④] 哈贝马斯认为，代表性公共领域的主要特征或标志是与个人的一些特殊标志密切相关的，例如权力象征物、修辞方式、称呼、生活方式等；直到今天，代表型公共领域依然保留在教会的一些仪式里。[⑤] 从哈贝马斯关于代表型公共领域的分析中可以看出，代表型公共领域有这样几个特点：第一，代表型公共领域并不是真正的公共领域。正如前述，公共领域是与私人领域相对的一个概念，它更多地强调它的公共性。公共领域更多地指向社会公众在公共空间里面的言行。在一定意义上，代表性公共领域更像是在表达着一种皇权的宣示，或者论证权力的合法性，以及表达统治阶级的特权与统治地位。为什么代表型公共领域并不是真正的公共领域？主要原因在于此时公共领域与私人领域并没有分化，封建贵族仍然统治

---

① 张康之：《在领域分离与融合中看制度》，《探索》2006 年第 1 期。
② ［德］哈贝马斯：《公共领域的结构转型》，曹卫东等译，学林出版社 1999 年版，初版序言，第 2 页。
③ 同上书，第 2 页。
④ 同上书，第 6—7 页。
⑤ 同上书，第 7—8 页。

着一切，真正的市民社会并没有形成，所以，代表性公共领域并不是真正的公共领域。第二，代表性公共领域的主要功用在于维护封建贵族的统治。代表型公共领域包括一些关于高贵行为的繁文缛节……它实际上被当作封建特权的象征，它也代表着一种社会地位，这种繁文缛节实际上是所有国民包括国外在内都必须遵守的，"只要表现其领主权利，他们就必须遵守。"[①] 从哈贝马斯的这段论述中可以看出，代表型公共领域的本质是维护皇权和封建贵族的统治。

在哈贝马斯的公共领域概念中，最重要的公共领域类型是资产阶级公共领域，同时它也是最为理想的类型。何谓资产阶级公共领域？哈贝马斯认为："资产阶级公共领域首先可以理解为一个由私人集合而成的公共的领域"；但是公众会接着需要这个受到政府掌握的公共领域来制衡或抵制政府或公共权力机关，其目的在于公众能够就私人领域的那些关于商品与劳动的相关原则和制度发表意见。[②] 资产阶级公共领域的发展是一个历史的过程。哈贝马斯认为，公共领域在取得一种清晰的政治功能之前，存在着一种文学公共领域，文学公共领域与代表型公共领域具有某种程度的关联。[③] 文学公共领域的功能主要在于培养具有批判精神和批判经验的公众。文学公共领域主要是一个公众进行批判或练习批判的场所，虽然批判还仅仅局限在内部，但是这是公众的自我启蒙。[④] 从哈贝马斯关于文学公共领域的论述可以得出以下几点：第一，文学公共领域并不等于资产阶级公共领域。文学公共领域只是人们就一些文学艺术问题所进行的一些辩论或讨论。文学公共领域所存在的意义在于，它能够培养公众的批判精神和理性精神。第二，文学公共领域为资产阶级公共领域的产生奠定了基础。文学公共领域为资产阶级公共领域提供具有批判精神的公众。当具有批判精神的公众把批判的对象从文学领域转向政治领域时，文学公共领域便转变为资产阶级公共领域。

在哈贝马斯的公共领域概念中，公众是一个重要的概念。哈贝马斯

---

① [德]哈贝马斯：《公共领域的结构转型》，曹卫东等译，学林出版社1999年版，第7—8页。

② 同上书，第32页。

③ 同上书，第34页。

④ 同上。

认为，公众在 17 世纪的法国主要是一些文学爱好者，即公共主要存在于文学公共领域。① 公众进行讨论的主要场所是咖啡厅、沙龙，虽然这些场所的公众交往的性质、批判的情景、讨论的内容上存在差别，但是，它们的共同特点在于，它们总是在组织一些辩论；所以，这些讨论需要遵循一些基本的交往原则；而且，这种讨论或者社会交往并不存在社会地位上的要求，也就是说，大家都是平等的。② 当然，此时具有批判精神的公众还只是集中在文学领域，当公众的视线从文学领域转到政治领域时，具有政治批判意识的公众便随之产生。哈贝马斯观察到，17 世纪的工商业者为了维护自身的利益，往往会成立一些论坛，借助这些论坛，他们发表对议会相关决议和政策的看法。③ 从哈贝马斯的论述中可以看出，公众具有这样一些特点：第一，公众需要有一定的批判精神和理性精神。公众的这种批判精神和理性精神是从文学公共领域中培养的，后来在政治公共领域发扬光大。第二，公众之间讨论不以地位平等为讨论的前提。换言之，参与辩论的公众之间彼此平等，至少不把地位平等作为辩论的主要条件。

在哈贝马斯的公共领域概念里，公共舆论是个重要的概念。哈贝马斯指出，公共舆论是人们在一定社会秩序上进行反思的产物，公共舆论实际上是对社会秩序、社会规律的反映和总结，公共舆论没有统治性的力量，但是那些聪慧的君主一般会采纳公共舆论中的真知灼见。④ 从哈贝马斯的这段话可以看出，公共舆论代表着公众对社会现实的判断，也包含对统治者决策的意见和对自身利益的关切。也就是说，公共舆论具有监督和指引作用，这种监督和指引作用能够对统治者进行社会治理起到一定的积极作用。

从哈贝马斯对公共领域的分析可以看出，公共领域既不同于国家，也不同于市民社会，公共领域是介于国家和社会之间的一个领域。公共领域与国家和市民社会存在一定的联系。一方面，公共领域承担着监督

---

① ［德］哈贝马斯：《公共领域的结构转型》，曹卫东等译，学林出版社 1999 年版，第 35—36 页。

② 同上书，第 40—41 页。

③ 同上书，第 73 页。

④ 同上书，第 113—114 页。

和制约国家和政府的职能。公共权力的运行、国家政策的制定、政府部门的运作等影响到公众利益的国家行为都会成为公共领域讨论和批评的对象。另一方面，公共领域与市民社会也存在着密切的联系。在一定意义上，公众是来源于市民社会的。哈贝马斯认为，公共领域实际上是国家与市民社会之间的一个中间领域，它实际上是私人领域或市民社会的组织部分。① 对此，哈贝马斯有较为准确的描述，"对于这种'成熟的'资产阶级公共领域来说，其社会前提条件在于市场不断的获得自由，尽力使社会再生产领域的交换成为私人相互之间的事务，最终实现市民社会的"。② 概言之，公共领域是国家与社会的中间地带，它既不属于国家，也不属于市民社会。正是因为公共领域的中介性质和关联作用，使它能够在国家与社会之间起到一种缓冲和调节作用，使国家和政府所制定的公共政策、相关决议、制度法律在一定程度上能够反映社会的需求和公众愿望。一般而言，公共领域在一定时期确实能够发挥哈贝马斯所期望的监督批判作用，但是，随着资本主义从自由资本主义走向垄断资本主义，公共领域的结构和功能发生了变化，即公共领域产生了结构转型。

"随着具有政治功能的公共领域的机制化"，政治领域的利益逐渐与私人领域的利益慢慢趋同，所以，国家权力便能够直接参与到私人活动中去，国家公共权力便能够调节各种私人间的矛盾，当市民社会或私人领域的矛盾无法在内部获得化解时，解决冲突和矛盾的途径便转向公共权力层面，"干预主义便由此而生"。③ 在哈贝马斯看来，国家干预主义对公共领域产生危害，它直接导致了公共领域的结构转型，干预主义导致公共权力与私人领域重合，私人领域被政治权力所涵盖，一方面，社会领域呈现了国家化的趋势，另一方面，国家领域也出现了社会化的迹象，这种国家与社会的融合现象实际上破坏了公共领域。④ 从哈贝马斯的论述中可以看出，垄断资本主义的出现和干预主义的兴起导致公共领域出现了结构转型。公共领域的结构转型表现在这样几个方面：第一，公共领

---

① ［德］哈贝马斯：《公共领域的结构转型》，曹卫东等译，学林出版社1999年版，第170页。
② 同上书，第84页。
③ 同上书，第171页。
④ 同上。

域与私人领域出现融合趋势。哈贝马斯发现，随着经济危机的来临，经济自由主义逐渐受到人们的冷落，贸易保护主义抬头，在国内市场上，寡头垄断也呈现增强的趋势。[1] 也就是说，资本主义危机为干预主义的兴起提供了契机。干预主义的兴起直接导致了社会的国家化。哈贝马斯同时注意到，当国家从公法中逃遁出来后，公共权力也产生位移，即公共权力转移到私人企业、社会团体那里，与这一过程同步，也产生了私法公共化的逆向化趋势，即"公法之私人化。"[2] 从哈贝马斯的这段论述中可以看出，干预主义产生的另外一个效果就是国家的社会化。第二，公众不再具有批判性。哈贝马斯看到，伴随着公共领域的转型，文化批判的公众变成了文化消费的公众，文学公共领域逐渐消亡，它逐渐被伪公共领域所代替。[3] 也就是说，各种文学公共领域已经被精心操控，公众的自由批判逐渐被文化消费所代替，由此，公共的批判功能逐渐消失。

从以上的论述中可以看出，哈贝马斯所提出的公共领域的结构转型实际上是指人类社会从国家与社会分离的二元状态向国家与社会二者融合状态的转变，即公共领域和私人领域的彼此融合。在这一过程中，国家与社会不再是泾渭分明，而是彼此融合。在自由资本主义时期，国家为公共权力领域；家庭和生产以及其他经济领域为私人领域，而公共领域则是私人领域和公共权力领域的中间地带。公共领域作为国家和社会的中间地带扮演着把私人领域的需求和意见向公共权力领域传递和表达的功能，以使公共权力领域能够实现有效的公共利益。但随着自由资本主义被福利国家模式所取代，资产阶级公共领域发生了结构转型，出现了国家与社会彼此融合的现象。国家与社会的彼此融合表现为国家的社会化和社会的国家化，前者表现为国家对市民社会的入侵，后者表现为私人组织逐渐掌握公共权力。显然，哈贝马斯对晚期资本主义领域融合的趋势的描述是真实的。

也正是公共领域和私人领域的融合，为人类社会结构新的改变打下

---

[1] ［德］哈贝马斯：《公共领域的结构转型》，曹卫东等译，学林出版社1999年版，第171页。
[2] 同上书，第178页。
[3] 同上书，第187页。

了基础。

二 阿伦特的公共领域概念解读

阿伦特认为,"公共一词表明了两个密切联系却又不完全相同的现象。"① 公共意味着在此领域中所有东西都能够被人们知晓;其次,相对于个人比较隐私的空间而言,公共领域意味着"世界"本身,当然,公共领域作为人类活动的空间以及那些有机生命存在的一般环境世界,它和自然界存在着较大的区别。② 公共更多地与人类相连,与人类的创造物相连,与人造世界的人民相关的事务相连。③ 从阿伦特的叙述中可以看到,公共领域首先不同于私人领域,它不是一个人私密的领域,这个领域是开放的,是能为其他人所知晓和了解的。但是,并不是所有能被人们知晓的领域都是公共领域,例如,自然界存在的一些东西。公共领域主要是那些与人类有关,与人类活动有关的,与人类自身事务相关的那些可以被人知晓的领域。

对于人类生活,阿伦特有自己的独特观点。"'对于 vita activa'这个词,我建议把它解释为人的三种最基本的活动:劳动、工作和行动。这三种活动都是极为基本的,因为他们对应于拥有生命的世人的三种基本条件。"④ 对于劳动,阿伦特认为,劳动对人的影响较大,它几乎伴随着人的一生,劳动影响着人的整个生命历程,甚至可以说,"劳动就是人的生命本身";对于工作,阿伦特认为工作制造了一个不同于人类的人工世界;而行动是唯一不需要接受任何中介的人类活动。⑤ 阿伦特认为,劳动、工作与行动以及与这三种活动相应的条件,是和人类生存密不可分的,劳动主要是满足了人们的生存需要,工作以及它的成果则将短暂的生命和迅疾的时间得以保存,"而行动,就其对政治期的奠定和维护而言,是在为历史创造回忆的条件"。⑥ 根据阿伦特对人类的基本活动的介

---

① [美]汉娜·阿伦特:《人的条件》,竺乾威译,上海人民出版社1999年版,第38页。
② 同上书,第38—40页。
③ 同上书,第40页。
④ 同上书,第1页。
⑤ 同上。
⑥ 同上书,第2页。

绍和她对公共领域的理解可以看出，她所认为的公共领域主要是指行动。因为无论是劳动，还是工作，其主要是人为了满足自身生存而进行的活动。例如，阿伦特把劳动与人的生命历程相联系。而只有行动是与政治相联系的。

但是，随着现代政治的发展，公共领域逐渐衰落了。公共领域的衰落主要表现在以下一些方面：第一，权威变成了统治；第二，选民代替了行动者；第三，平等沦为尊奉。① 随着社会的发展，公共领域出现了衰落。这种衰落主要是由现代政治所造成的。现代政治的发展使真正的行动者消失了。"人的多样性——言行的基本条件——具有平等和差别的双重属性"。② 但是，随着人民之间平等的消失，行动产生了异化现象，公共领域也逐渐衰落。

从以上的论述可以看出，阿伦特所说的公共领域主要是一种行动的领域。因此，阿伦特的公共领域概念具有这样一些特点：第一，公共领域是一个平等的领域。人民在公共领域中是自由而平等的，正是这种自由和平等，人民才能真正参与到政治中来。第二，公共领域是一个开放的领域。公共领域与私人领域不同，私人领域是个人私密的领域，它具有封闭性，而公共领域则需向公众开放。

三　社会生活的三个领域及其融合

与哈贝马斯和阿伦特等政治哲学家不同，我国著名学者张康之教授认为，人类的社会生活可以划分为公共领域、私人领域和日常生活领域三个领域。③

在很多思想家看来，人类社会主要分为公共领域和私人领域。在张康之教授看来，他对思想家们对公共领域和私人领域的看法是持赞同态度的，但是，他不赞同把家庭划入私人领域。在《公共生活的发生》一书中，张康之教授指出，"在思想家们对公共领域与私人领域的分类中，

---

① 朱士群：《公共领域的兴衰——汉娜·阿伦特的哲学述评》，《社会科学》1994年第4期。
② [美] 汉娜·阿伦特：《人的条件》，竺乾威译，上海人民出版社1999年版，第178页。
③ 张康之、张乾友：《公共生活的发生》，高等教育出版社2010年版，第336—346页。

政府以及广泛的公众交往领域被看作公共领域是没有争议的，与之相对应，认为市场以及被哲学家称作市民社会的因素是私人领域的构成因素也是正确的，但是，把家庭看作私人领域的构成要素则是可疑的。"① 从这段论述中可以看出，张康之教授所指称的公共领域不同于哈贝马斯所提出的公共领域概念。因为哈贝马斯所指的公共领域概念主要是指国家与社会的中间地带，即公共权力领域和私人权力领域间的一个中介地带，实际上就是一种公众交往的领域，而张康之教授关于公共领域的概念内涵实际上不仅仅包括公众交往领域，而且应该包括政府，即政府应该包括在公共领域的范围之内。张康之教授在其著作《寻找公共行政的伦理视角》中曾经如此论述到："在近代社会分化为公共领域和私人领域之后，也使这两个领域具有了不同的性质，有着不同的运行规律和不同的行为模式，并从属于不同的原则……在公共领域中，则无所谓权利的问题，因为，公共领域中的人士执掌权力并通过权力的形式而在终极的意义上去保障私人领域中的人的权利的。"② "在某种意义上，公共领域的存在也恰恰是建立在私人领域的这种差别、分歧、竞争的基础上的，如果没有这些对立性的因素，公共领域则没有存在的必要性了。既然这样，那么，作为公共领域中的活动主体的行政人员的基本职责就应当是维护和提供公正"。③ 从上述的论述中可以看出，公共领域不但包括公众交往领域，而且包括政府等公共主体和行政体系。

张康之教授认为，私人领域是那些追求个人利益和个人实现的领域，"私人领域是个人利益实现的领域，而且，在个人利益的追求中，私人领域表现为一个充满差别、处处存在分歧和以竞争的方式去实现一切目标的领域"。④ 从这个观点出发，私人领域包括生产领域和市场领域。因为生产过程和经济过程都是人们为了满足自身个人利益需要而进行的活动，在这个领域中，人们具有追求自己私利的权利。对于家庭，无论是哈贝马斯，还是阿伦特，都把家庭作为私人领域，即私人领域既包括生产和

---

① 张康之、张乾友：《公共生活的发生》，高等教育出版社2010年版，第340页。
② 张康之：《寻找公共行政的伦理视角》，中国人民大学出版社2012年版，第305页。
③ 同上。
④ 同上书，第307页。

市场，也包括家庭领域。与前述政治哲学家们的观点不同，张康之教授的观点在于，私人领域不包括家庭，家庭是有别于公共领域和私人领域的另外一种领域。"家庭与公共领域与私人领域不同的是"，家庭不是市场交换领域，同时家庭也非一个公开交谈的场所。①

为什么家庭不能归入私人领域呢？具体而言，首先，日常生活是传统的保留地。张康之教授认为，在农业社会时期，社会生活是混沌一体的，工业革命以后，社会出现了分化，公共领域和私人领域迅速生成，而且出现公共领域和私人领域的严格分野。② 但是，公共领域和私人领域迅速成长并不意味着农业社会的传统全部消失，在工业社会，农业社会的传统不能覆盖公共领域和私人领域，而是退居到家庭这一日常生活领域之中，所以，家庭作为一种日常生活领域是传统的保留地。③ 农业社会的生活是一种劳动和生活混沌一体的状态，而现代社会中，由于领域的分化，日常生活领域不包括生产领域，"现代社会是劳动与生活相分离的，生产方面的活动基本上交给了私人领域，日常生活所表现出来的是狭义上的生活，或者说，仅仅是生活而已。"④ 换言之，工业社会的日常生活已经与传统社会的日常生活是不一样的，它是一种纯粹的生活领域。

其次，家庭之所以是不同于私人领域的日常生活领域，在于它与其他领域有着不同的原则。在公共领域中，一切都是公开的，人们在公共领域中进行公共交往，政府及其行政人员在公共领域中运用公共权力，所以，在公共领域中，公正和公平是其运行的主要原则；在私人领域中，市场原则是最高的法则，一切都以等价交换为基本原则，私人领域中的行动者都是理性人，都以自身利益的最大化作为行为的基本准则，在私人领域中，效率价值是私人领域的基本价值。而在家庭中，无论是公共领域的公正和公平原则，还是私人领域的效率价值和市场原则，都不能发挥作用，在家庭里，起主导作用的原则是伦理和道德原则，一切日常生活领域都是从属于这个原则。所以，正如张康之教授所指出的，"家庭

---

① 张康之、张乾友：《公共生活的发生》，高等教育出版社2010年版，第340页。
② 同上。
③ 同上。
④ 同上。

与公共领域和私人领域的不同在于，它不能进入市场，也不是一个公开交谈的场所。家庭实际上是日常生活领域的实体性存在形式，在内容上则是传统、温情等的'保留地'"。①

哈贝马斯认为，当私人领域中的矛盾无法调和时，国家便获得解决冲突的理由，这时，干预主义便得以产生……社会的国家化和国家的社会化是同时产生的。②换言之，哈贝马斯认为，干预主义导致了公共领域与私人领域的融合。实际上，工业社会后期确实出现了领域融合的趋势。但值得提出的是，领域融合不仅仅是指公共领域与私人领域的融合，而是指公共领域、私人领域和日常生活领域的融合。对此现象，张康之教授认为，20世纪后期，公共领域、私人领域、日常生活领域正在趋同化。③换言之，张康之教授视野里的领域融合实际上是指公共领域、私人领域和日常生活领域的融合。领域融合既表现在公共领域对私人领域和日常生活领域的影响，也表现在后两者对前者也存在着重要的影响。首先，领域融合表现为公共领域对私人领域和日常生活领域的扩张。公共领域对私人领域的扩张主要表现在公共权力的触角开始深入经济领域。福利国家中政府采取宏观调控措施来干预经济，成立国有企业参与经济领域等都是公共领域对私人领域扩张的表现。同时，公共领域也对日常生活领域产生了影响。譬如，国家政府通过各种福利政策在一定程度上改变了人们的家庭观念，实际上就是公共领域影响日常生活领域的表现。其次，私人领域对公共领域和日常生活领域也产生影响。私人领域对公共领域的影响在西方国家的行政改革中表现得较为明显。例如，私人组织或企业能够参与到公共服务供给体系之中，甚至原来专属于国家的司法领域也引入了营利性组织。这些领域原来都是政府的活动范围，但现在通过行政改革，私人企业也能进入原来属于政府的领域。另外，西方行政改革中广泛借用市场领域的一些方法、原则、价值理念等，也都在一定程度上体现了私人领域对公共领域的影响。

---

① 张康之、张乾友：《公共生活的发生》，高等教育出版社2010年版，第340页。
② [德]哈贝马斯：《公共领域的结构转型》，曹卫东等译，学林出版社1999年版，第171页。
③ 张康之、张乾友：《公共生活的发生》，高等教育出版社2010年版，第342页。

从以上的分析可以看出，伴随着人类社会从工业社会向后工业社会的过渡，领域融合逐渐代替了领域分化。领域融合给人类社会带来了积极的影响，促进社会结构产生了新的变化，产生了很多新生事物。例如，非政府组织实际上就是领域融合的产物。由于公共领域对私人领域的入侵，导致了行政国家的出现和福利国家的危机。这是导致西方国家行政改革的主要原因。在20世纪后期西方国家的行政改革中，由于私有化改革措施的推行，导致了非政府组织的兴起。非政府组织产生的逻辑过程是，领域融合导致了行政改革，而行政改革的改革举措在一定程度上导致了非政府组织的兴起。实际上，非政府组织和领域融合是一个相互促进的过程，即不但领域融合促进了非政府组织的生成和兴起，而且，反过来，非政府组织在一定程度上又进一步促进了领域融合。

第二节 领域融合的组织基础

自从近代领域分离以来，如何克服国家与社会、公共领域与私人领域的矛盾，或者说能够使国家与社会、公共领域和私人领域和谐共生，一直是理论家们所思考的主题。对于传统公共行政来说，联结国家与社会的中介或组织形式是官僚制组织；而对于哈贝马斯来说，联结公共权力领域和私人领域的中介是公共领域。但是，事实证明这些措施并不能够化解不同领域之间的矛盾，反而会导致矛盾的复杂化。而非政府组织具有公共领域、私人领域和日常生活领域等不同领域的特征，使它能够成为领域融合的组织基础。

一 官僚制组织的中介角色

在传统公共行政中，威尔逊在其著名论文《行政学之研究》中首次提出了政治与行政二分法的思想，这一观点得到古德诺等行政学家的支持并进而成为公共行政理论与实践的主要原则。政治与行政二分原则在公共行政中的体现是政府官僚制作为公共行政的组织载体，来执行政治决策层所制定的政策。

这是从行政学的视角所出的判断。如果从领域分离或融合的视角来分析，可以发现，政府官僚制实际上在一定程度上扮演着国家与社会中介的角色，或者说官僚制在政治权力领域和社会之间扮演中一种中介角色。一方面，在国家与社会的二元分离中，市民社会是社会需求的提出者。市民社会自产生之日起，便有着自身的利益需求。市民社会自身发展需要一定的公共服务供给给予保障。市民社会的这种需求，会伴随着人类社会的发展更加多样化。另一方面，国家作为治理者，则扮演着公共政策供给角色。国家通过制定各种公共政策来满足市民社会的各种需求。这里需要指出的是，在这里，国家的职能主要是制定政策，但具体服务提供的职能则交给官僚组织。官僚组织在这里通过直接提供公共服务与市民进行接触。这在形式上表现为政治与行政的二分法，但实际上，通过官僚制这一中介，使国家与市民社会得到了有效的隔离，这能够在一定程度上缓解国家与社会的矛盾。如果市民社会的有效需求得不到满足，官僚组织会成为最好的替罪羊。所以，在日常生活中，我们会经常听到人们抱怨官僚组织低效，就是最好的例证。即使公共服务提供失误的责任在政治决策层，政治官员也能够将责任推给官僚组织。在西方国家的行政改革中，可以发现，经常有政治官员对官僚制进行抨击。例如，无论是撒切尔夫人还是美国总统克林顿，他们在行政改革的过程中都曾经激烈地抨击过官僚组织。

显然，把官僚制组织作为公共服务提供的主体，从而在国家与市民社会之间形成一个中间地带，确实能够较为有效地缓解国家与社会的矛盾，促进不同领域之间的和谐共处。但是，把官僚制作为一种中介来缓解国家和社会的矛盾，存在诸多的问题。首先，官僚制这一组织形式实际上在加大国家与社会的矛盾。官僚制组织的特点是规则化和形式化，层级节制，强调照章办事和注重程序。显然，官僚制的这些特点确实能够使它在工业社会中发挥出重要作用，也能够显现出它的优越性。但是，任何事物都存在两面性。正是官僚制的这些优点引起了市民社会的不满和不信任情绪。官僚制的规则取向和形式理性特征，使它很难对市民的需求作出有效的反应，更难以提供适合市民社会需求的公共产品。所以，这种在韦伯看来很高效的组织形式，在市民社会的成员看来，则是低效的、缺乏回应性的，甚至是官僚习气十足的。因而，官僚制这些特征都会导致市民社会在接受公共服务的过程中产生不满情绪。规则化意味着官僚组织对市民的需求并不具有回应性；层级节制使官僚组织中的行政人员只会服从上级的命令，而不会去关注普通市民的需求。所以，以官僚制组织为公共服务的供给主体，实际上在一定程度上加大了国家与社会的矛盾，只不过在短期内，矛盾被转移到了官僚组织的身上，从而能够保持国家与社会的和谐。但是，随着人类社会逐渐从工业社会向后工业社会的过渡，人类社会生活变得高度复杂和高度的不确定，这一矛盾变得越来越突出，越来越尖锐。这具体表现在：一方面，官僚制规模巨大，效率低下，反应迟钝，无法有效回应市民社会的需求；另一方面，官僚制由于担负的公共服务职能过多，导致其出现了财政困难，公共服务难以为继。但同时，市民社会对服务的需求却在不断地增加，而且，随着人类社会后工业化进程的深化，市民社会的需求不论在数量上，还是品种或种类上，都在不断地增长。所以，以官僚制作为国家和市民社会的中介来调和国家与社会的矛盾是徒劳的，这是由官僚制自身的缺陷和后工业化的特征所决定的。

二 公共领域的领域中介功能

哈贝马斯对公共领域、私人领域的论述，显示他非常重视不同社会领域之间的相互作用和功能互补。国家和政府作为公共权力领域，其存在着滥用权力的风险，因而必须要对其进行制约。在这一点上，哈贝马斯与其他政治哲学家们的观点并没有什么不同。公共领域能够保证私人领域的利益不受侵犯，为了保证私人领域的普遍利益，需要对公共权力领域进行监督和制约，或者说，为了保证公共权力领域能够始终保证为私人领域的普遍利益服务，需要对公共权力领域进行制约和监督。在自由资本主义阶段，资产阶级公共领域便起到这种作用，也就是说，公共领域承担着联结公共权力和私人领域的作用，公共权力领域因为公共领域而和私人领域达到彼此沟通融合的目的。

公共领域能够促进市民社会和人性的解放。资产阶级的公众是随着市民社会的形成而形成的，在其摆脱政治强制束缚后，便开始根据一种自愿的原则同时遵循市场背后的规律为自己立法；资产阶级因而培养出一种独立自主的精神。哈贝马斯指出，公共领域具有强大的功能，它一方面能够使个人自律与市场自律很好地结合起来，从人性的角度很好地捍卫了市场的自律，另一方面，又使私人自律和私人体验得到很好的公开和普及，从而使人性得到延续。① 哈贝马斯认为公共领域承担了市民社会的解放功能和人性解放的功能，在《公共领域的结构转型》中，哈贝马斯写道："公共领域由于实际承担了市民社会从重商主义乃至专制主义控制之下获得政治解放的语境当中的一切功能，因而其虚构也就变得比较容易：因为它用公共性原则来反对现有权威，从一开始就能使政治公共领域的客观功能与其从文学公共领域中获得的自我理解一致起来，使私人物主的旨趣完全一致起来。"②

公共领域还能够促进公共权力领域的合法化。公共领域内资产阶级公众自由而平等的对话以及由此而达成的共识与一致能够为资本主义国家提供合法性，为资本主义民主提供基础和源泉。哈贝马斯认为，卢梭的人民主权即直接民主论只能形成一种非公众舆论，而非公众舆论的问题在于"非公共舆论打着另一种公众舆论的名义成为唯一的立法者，并且把具有批判意识的公众的公共领域排除在外"③。换言之，公共领域发挥批判功能的关键在于真正独立而自由的批判，在于公共舆论对政治领域的实质监督，公共领域通过人们独立而自由的讨论和批判，从而达到制约政治领域的目的。公共领域的这种制约作用在一定程度上起到维护资产阶级统治的作用。

从以上的分析中可以看出，哈贝马斯实际上认为资产阶级公共领域扮演着一种中介角色，一方面公共领域能够对公共权力领域形成监督和制约，另一方面，公共领域能够起到解放市民社会和达到个性解放的目的。但是，正如哈贝马斯自己所发现的，随着晚期资本主义的来临，资本主义公共领域发生了结构转型，公共领域批判的公共性演变为操纵的公共性。也就是说，公共领域并不能起到联结私人领域和公共权力领域的作用，也不能起到监督和制约公共权力领域的作用。实际上，即使在哈贝马斯所说的公共领域黄金时期，公共领域所产生的公意也是有局限性的，它并不能起到反映市民社会普遍利益和制约公共权力领域的作用。

---

① 李佃来：《公共领域与生活世界——哈贝马斯市民社会理论研究》，人民出版社2006年版，第103—105页。
② 尤尔根·哈贝马斯：《公共领域的机构转型》，曹卫东等译，学林出版社1999年版，第59—60页。
③ 同上书，第115页。

因为，在公共领域中，公众必须是那些具有一定知识、地位和富有理性的人所组成，易言之，公共领域的公众的构成并不具有普遍性和代表性，其本质仍然是资产阶级的。而以代表资产阶级的公众去限制和监督代表资产阶级的公共权力领域，显然，其效果会大打折扣的。

三 促进领域融合的非政府组织

如前所述，从行政学的角度来看，官僚制组织是领域联结的组织基础，它承担着将国家与社会彼此联系起来的重任。国家通过官僚制组织，既实现了向私人领域提供公共服务的目的，也有效地避免直接面对私人领域批评和各种压力。但是，由于官僚制组织自身的弱点以及高度复杂的社会现实，导致官僚制并不能成为有效协调国家与社会之间矛盾的中介。从政治哲学的视野来看，调和公共权力领域和私人领域矛盾的最佳方式是发展具有批判性的资产阶级公共领域，但正如哈贝马斯自己所发现的，公共领域受到了来自公共权力和商业力量两个方面的侵袭，公共领域批判的公共性最终演变为操纵的公共性。所以，资产阶级公共领域并不能达到有效调和与均衡公共权力领域和私人领域的目的。但是，随着人类社会后工业化进程的开启，在行政改革中所兴起的非政府组织以其独特的优势，能够成为领域融合的组织基础。

非政府组织不属于公共领域，也不属于私人领域或日常生活领域，它是在人类社会后工业化的过程中新生的力量。不过，需要指出的是，虽然非政府组织不属于三个领域中的任何一个领域，但是，它同时具有这三个领域的特征。也正是非政府组织同时具有公共领域、私人领域和日常生活领域的三个特征，所以它才能够成为领域融合的组织基础。也就是说，领域融合促进了非政府组织的产生，但反过来非政府组织又进一步地促进了领域融合，并成为领域融合的组织基础，在领域融合中发挥了极其重要的作用。

第一，非政府组织具有公共领域的特征。非政府组织是在行政改革中产生的新生事物，它是领域融合的产物。公共领域的特征是公共领域的主体大多拥有公共权力，并通过公共权力来进行社会治理。非政府组织是一种社会自治组织，它并不拥有公共权力。那么，非政府组织为什么具有公共领域的特征呢？非政府组织的公共领域特征表现在非政府组织的公共服务功能上。在行政改革的过程中，政府将具体服务提供的职责转移给了非政府组织，这样，非政府组织由于承担了公共服务的职责而拥有了公共性，所以，从这个角度来说，非政府组织具有公共领域的特征。但是，必须指出的是，虽然非政府组织具有了公共领域的特征，但它同政府等公共领域的范畴具有较大的不同。第一，政府是拥有公共权力的合法主体，而非政府组织则是接受政府的委托才获得提供公共服务的权力。显然，非政府组织提供公共服务和参与社会治理的权力与政府的权力在合法性上具有很大的不同。政府作为公共权力的唯一合法行使主体，在传统公共行政理论中已经得到了充分的论证。行政学家古德诺在其名著《政治与行政》中指出，国家有两种主要的职能，一种是国家意志的表达，另一种是国家意志的执行。[①] 在这里，古德诺实际上表达的是政治与行政二分的思想，即政府是政策的法定执行者。但是另一方面，从古德诺的这段论述中可以看出，政府实际上是公共服务提供的唯一合法主体，政府根据立法机关制定的公共政策来进行具体公共服务的供给，而社会组织等其他主体则被排除在外。在现代政治实践中，政府也的确在充当着公共服务唯一供给主体的角色。只是伴随着行政改革和非政府组织的兴起，公共服务的职能逐渐由政府转移到了非政府组织等多元主体上来。如此一来，非政府组织等主体也成为行使公共权力的主体之一。但是，非政府组织所拥有的权力是一种委托性的权力，政府随时可能收回这种权力。也就是说，政府成为非政府组织社会治理权力的来源。从这点来看，非政府组织与政府之间变成了一种委托代理关系，政府成为委托人，非政府组织成为代理者。

第二，非政府组织具有私人领域的特点。私人领域实际上就是市民社会。"市民是私人领域的构成部分，也是私人领域的建构者，在很大程度上，'市民社会'这个词与'私人领域'的概念是重合的。"[②] 私人领域与公共领域不同，它不是追求公共利益的场所，它是一种追求个人私利满足个人欲望的场所。在一定意义上，非政府组织是人们满足个人需要的场所。在现代社会，各种社团之所以蓬勃兴起，主要原因之一是这

---

① [美] 古德诺：《政治与行政》，华夏出版社1987年版，第12—13页。
② 张康之、张乾友：《公共生活的发生》，高等教育出版社2010年版，第39页。

些社团能够满足人们的某些物质文化或心理上的需求。换言之，人们组建非政府组织或社团的目的是满足个人利益或个人愿望。非政府组织作为一种社会自治组织，实际上它具有利益表达和需求表达的功能。非政府组织在一定程度上是一种公民间的结社行为，是具有相同理念或相同需要的公民彼此之间的互助行为。因此，非政府组织既具有一种市民社会利益表达的功能，也具有一种利益满足功能。

为了满足自身的利益需求，人们往往通过组成非政府组织的方式来达此目的。同时，非政府组织也具有一定的利益表达功能。非政府组织的利益表达功能表现在市民们通过加入非政府组织这一组织形式，达到了表达利益诉求和满足个人需求的目的。目前在国际上非常活跃的一些国际非政府组织比如环保组织、反化学武器组织，实际上就是市民们表达自己利益诉求的一种机制。同时，非政府组织也起到一定的利益满足功能。非政府组织不但能够满足自身组织成员的利益诉求，而且能够在一定程度上满足和回应市民社会的需求。由上述分析可以看出，非政府组织实际上是市民们表达需求和满足个人利益的一种组织，也就是说，它实际上具有市民社会的特点。也正是非政府组织具有私人领域这一特点，才使非政府组织成为一种能够表达私人领域需求的组织形式，从而起到促使私人领域联结其他领域的作用。

第三，非政府组织也具有日常生活领域的属性。自从近代以来，人类社会产生了领域分化。一般的看法，人类社会分化为公共领域和私人领域。但张康之教授认为，"近代以来的社会是由公共领域、私人领域和日常生活领域所构成的，社会生活也相应地分为公共生活、私人生活和日常生活。日常生活是传统的保留地，习俗和道德在其中发挥着基本的调节作用。"[1] 也就是说日常生活领域具有其他领域所不同的属性。公共领域具有一种公共性，公共领域里不允许人们追求个人私利。在公共领域里的权力是一种公共权力，在公共领域中所追求的利益只能是公共利益；私人领域则是人们追求个人领域的场所，追求个人利益和理性计算是这个领域的主要特征。而在家庭这一日常生活领域，家庭的主要特点

---

[1] 张康之：《领域融合与公共生活的重建》，《中国人民大学学报》2008年第3期，第104—110页。

在于，它既远离公共权力的影响，也不受市场机制的各种干扰。在日常生活领域，它不受公共生活和私人生活的影响，即使当日常生活领域受到了公共领域和私人领域冲击时，日常生活领域总能够自我修复和愈合。之所以如此，是因为"日常生活领域是一个一直存在着和谐机制的领域，无论私人生活的原则怎样对这种和谐机制造成破坏，它又总能够迅速地得到治愈"。[1] 从张康之教授的分析中可以看出，日常生活领域的主要属性是它的道德性与和谐机制，即当道德与和谐机制被公共领域和私人领域所遗弃的时候，在家庭这一日常生活领域却被很好地保留着。

非政府组织具有日常生活中的道德属性。自近代以来，工业社会的治理行为是一个不断加强形式化和法制化的过程，因而道德逐渐从社会治理中退出。作为社会治理主体的政府组织，日益把效率和规则作为其运行的主要价值，而道德价值日益在政府组织中被边缘化。但是，非政府组织与政府组织不同，它仍然把道德价值作为其组织运行的主要价值。就非政府组织的目标取向来说，非政府组织一般把扶危救困、人道主义救助、环境保护和消除种族偏见等作为组织的主要目标。与私营组织和政府组织相比，非政府组织更注重民主性和平等性，因而其更富有道德色彩。非政府组织的道德色彩实际上是日常生活中道德属性的一种延续。张康之教授认为，领域分化以后，农业社会的传统仍然存在着，但这种存在并不是一种普遍存在，而是只存在于社会生活的其中一个领域——日常生活领域。[2] 换言之，道德等传统因素在家庭等日常生活领域得到了很好的保留。也就是说，正是因为人们在家庭这一领域中的道德体验和道德训练，才为道德的复兴打下了基础。实际上，非政府组织的道德属性是日常生活领域中道德属性的一个反映，即人们把日常生活中的道德体验带到了非政府组织之中，从而使非政府组织具有了道德属性。非政府组织之所以具有道德属性，在某种意义上可以认为是日常生活领域的道德扩散到非政府组织中的结果。如前所述，日常生活中的伦理体验是非政府组织具有道德属性的前提和基础。当然，非政府组织具有道德属

---

[1] 张康之：《领域融合与公共生活的重建》，《中国人民大学学报》2008年第3期，第104—110页。

[2] 张康之、张乾友：《公共生活的发生》，高等教育出版社2010年版，第341页。

性，也是社会治理由于过度强调法治而忽视德治的一种反映，也就是说，非政府组织具有道德属性实际上是对社会治理缺乏道德的一种反映。

正是因为非政府组织具备了公共领域、私人领域和日常生活领域的特点，非政府组织才成为领域融合的组织基础。也就是说，非政府组织通过自身独特的组织优势实现了公共领域、私人领域和日常生活领域的融合。具体而言，非政府组织在以下几个方面促进了公共领域与私人领域的融合。

第一，非政府组织能够更加有效地反映市民社会的需求。与政府组织的整齐划一不同，非政府组织具有形式多样的特点，而且，非政府组织具有一定的草根性。正是因为非政府组织具备这种特点，才使非政府组织能够有效地反映市民社会的需求。非政府组织具有草根性和自愿性的特点。草根性意味着非政府组织来自市民社会，来自社会基层，正因为非政府组织来自社会基层，导致非政府组织能够真正知晓市民的需求。另外，非政府组织是由公民自愿组成的组织，是公民们表达利益诉求或者进行自助的组织形式，所以，非政府组织的建立本身就是市民社会需求的一种反映。著名非政府组织研究专家王绍光认为，非政府组织具有多样性的特点，正是非政府组织的这种多样性的特点，导致了非政府组织具有相对于政府组织的优势；政府组织整齐划一，能够对所有人一视同仁，这既是政府组织的优点也是政府组织的缺点，优点意味着政府能够公平地对待所有人，而缺点则是因为人们的需求是不同的，政府无法能够充分地满足人们的需求；"即使政府是个好厨师，也众口难调，用一种政策不可能满足所有人的偏好。由于政府提供的服务难以满足人们千差万别的偏好，就需要其他的社会组织来填补空白。"[①] 而具有草根性和自愿性的非政府组织，能够更准确地反映市民社会的各种需求，从而使政府更能准确地捕捉来自市民社会的需求信息，从而使政府能更为准确地满足人们的各种需求，提高公共服务的质量与水平。简言之，具有草根性特点的非政府组织由于其与市民社会的密切关系，从而能够有效了解市民社会多样化需求，非政府组织在一定程度上起到了将市民社会的

[①] 王绍光：《多元与统一——第三部门国际比较研究》，浙江人民出版社1999年版，第54—55页。

需求向政府传递的桥梁作用。当然，非政府组织不但能够起到传递需求的作用，而且，由于非政府组织具有多样化和专业性的特点，非政府组织还能起到弥补政府公共服务能力欠缺的作用。

第二，非政府组织能够弥补政府的不足，能满足市民社会多样化的公共服务需求。正如前述，政府提供公共服务具有单一性和整齐划一的特点，无法提供多样化和个性化的服务。但是，非政府组织却能够在一定程度上弥补政府的不足。美国学者安瓦·沙指出，在很多国家都使用志愿服务来提供一些公共服务，譬如，人们可以在图书馆、医院和教师的帮助项目中看到志愿组织的身影，如果没有志愿组织，这些服务就难以为继；在一些国家，许多服务都是由非政府组织所提供的，在北美，经常可见的例子包括戒酒组织、救世军和联合劝募会等。[1] 显然，非政府组织确实能够起到弥补政府公共服务供给不足的作用。非政府组织在公共物品提供方面对政府的补充作用是多方面的。首先，非政府组织能够提供更为专业化的服务。在非政府组织的成员中，专业人员具有较高的比例，非政府组织成员的专业化构成为非政府组织参与公共服务供给打下一个良好的基础。其次，非政府组织能够提供更为多样化的服务。与政府组织提供整齐划一的公共服务不同，非政府组织由于其数量众多、形式多样等特点，它更能提供富有个性化的服务。显然，在公共服务提供中，政府与非政府组织具有较强的互补性，非政府组织能够较为有效地弥补政府提供公共服务的不足。当然，安瓦沙也指出，非政府组织在提供公共服务时也会存在一些不足，比如，非政府组织提供公共服务的质量依赖于服务人员的素质；非政府组织可能缺乏连续的可预期的资金支持；对非政府组织的依赖，可能会导致政府责任的丧失。[2] 也就是说，非政府组织虽然存在诸多优点，能够对政府提供公共服务和进行社会治理起到弥补作用，但非政府组织绝不是万能的灵丹妙药，它也存在很多缺点，非政府组织仍然可能存在志愿失灵问题。但是，这些都不会影响到非政府组织在社会治理中的重要作用。所以，目前还需要对非政府组织进行引导，以实现非政府组织功能的正常发挥，使其能够切实发挥公

---

[1] ［美］安瓦沙：《公共服务提供》，孟华译，清华大学出版社2009年版，第170—173页。
[2] 同上。

共服务和社会治理的功能。

第三，非政府组织促进了合作治理。自近代以来，人类社会的治理模式始终是一种协作治理模式。在这种社会治理模式中，政府是占主导地位的治理主体，其他组织只能起到辅助治理的作用。协作模式在本质上是一种控制导向的治理模式，这种模式的特点是政府在协作中起到主导作用，位于支配地位，其他参与者都处于一种被支配的地位。也就是说，协作模式中一切都服从于政府控制的需要。这种治理模式的问题在于它不能适应复杂社会现实的需要，容易导致政府失灵和社会治理模式的失效。所以，只有改变这种协作治理模式，才能改变政府失灵和社会治理效果不佳的局面。在人类社会逐渐从工业社会走向后工业社会的局面下，社会治理模式亟待创新。社会治理改革关键在于改变政府在社会治理中的控制导向这一问题，同时政府要在社会治理中引入新的社会治理主体，通过多元主体的合作治理，来化解协作治理在社会治理中的困境。在行政改革中所诞生的非政府组织，由于其具有不同于政府的优势和特点，使它具有了与政府功能互补的优势，因而非政府组织能够与政府合作进行社会治理。从这一点来说，非政府组织实际上促进了合作治理。政府只有与非政府组织进行合作，建构起一种以服务为导向的合作治理，才能化解政府失灵和治理失败的尴尬境地。

显然，非政府组织由于其既具有公共领域、私人领域和日常生活领域的特点，同时又与这些领域存在不同，所以，非政府组织能够成为不同领域之间联结的中介。从这个意义上说，非政府组织实际上是一种打破领域分界的力量，它的产生，使原来管理型社会治理的中心—边缘结构发生了解构，生成了一种多中心的网状社会结构。这种多中心的网状社会结构所代表的就是一种新的社会治理模式。也就是说，非政府组织的产生预示着服务型社会治理模式的即将生成，非政府组织促进了服务型政府的产生。

第三节 领域融合与服务型政府的建立

在领域分化的情况下，公共领域与私人领域一般存在着矛盾与对立。在领域分化的情况下，公共领域中的政府是公共服务的主要承担者，负责为私人领域提供公共服务。但是在这种公共服务提供机制中，私人领域的需求并不能有效传递到公共领域之中，公共领域中的政府实际上以自我为中心进行着公共服务的提供，由此而导致了公共领域与私人领域的矛盾。而非政府组织的兴起，使公共领域与私人领域分立的局面发生了改变。非政府组织成为公共服务供给主体打破了政府作为公共领域唯一主体的局面，非政府组织成为公共服务的主体意味着公共领域与私人领域的融合，同时也意味着公共领域与私人领域相互对立的局面被打破。同时，领域融合预示着社会结构的变化，意味着单中心的管理型政府即将被多中心的服务型政府所取代。

一　领域的分化

在工业社会中，社会出现了领域分化的情形，人类社会从混沌一体的社会分化为公共领域、私人领域和日常生活领域。领域分化是人类社会进步的表现，它使人类社会治理活动、生产活动和家庭生活等不同领域之间有了清晰的界限，这在一定程度上促进了人类社会的发展。领域的分化导致公共领域是社会治理的领域，在这个领域中，实现公共利益是最大的目标。公共领域是国家和政府以及由此而形成的人们交往的领域，更为确切地说，公共领域是属于公共权力的领域。在公共领域里，国家与政府运用公共权力进行社会治理。在公共领域里，人们旗帜鲜明地追求公共利益，公共领域拒绝一切私利性的因素。在公共领域里，政府成为实现公共利益的法定主体，承担着进行社会治理的主要责任。与公共领域不同，私人领域是追求个人私利的场所。私人领域包括一切生产领域和经济交往领域。私人领域在一定程度上就是马克思所说的市民社会，市民社会是私人领域的主要组成部分。在私人领域，个人的正当的需求和利益得到认可和保障。在个人领域里，追求个人私利是永恒不变的法则。因此，个人领域是生产的领域，是创造个人财富的领域，是人们竞争的领域。在公共领域和私人领域之外，还存在着一个日常生活领域，日常生活领域主要包含家庭以及由此而延伸的生活领域。日常生活领域与公共领域和私人领域存在着较大的差别，日常生活领域是亲情、温情存在的领域，是保存道德和伦理的场所。显然，在日常生活领域里，人们不再是公民、政治家、政府官员，此时法律和制度不再是主要的支配因素，伦理和道德是协调人们关系的主要因素；在日常生活领域中，人们不再作为理性经济人而存在，而是作为家庭成员、朋友、亲戚等道德伦理主体而存在。

公共领域、私人领域和日常领域的分化是社会进步的表现，但是领域的分化也带来一些问题，其中最为突出的是造成了公共领域与私人领域的对立，或者说造成了国家和市民社会的对立与冲突。自公共领域和私人领域分化以来，公共领域成为国家和政府进行社会治理的领域，在这一领域中，政府是唯一的行动主体。公共领域存在的主要目的是提供公共服务和追求公共利益。政府由于是公共利益和公共服务的唯一提供者而合法地垄断着公共权力的使用权。私人领域的主体是市民社会，市民社会代表着需求的领域，市民社会通过表达自己的社会需求从而获得公共领域所提供的公共服务。换言之，以市民社会为代表的私人领域实际上属于被统治和被治理的领域。公共领域与私人领域之间的关系是一种治理与被治理的关系。正是由于这种关系的存在导致了公共领域与私人领域的对立与矛盾。

公共领域无法充分反映私人领域的需求导致公共领域与私人领域的对立。工业社会所形成的社会结构实际上是一个中心—边缘结构。在这个中心—边缘结构中，政府位于社会治理的中心地位，而市民社会则处于社会治理的边缘地带；位于中心地带的政府往往考虑的是自身的利益，其社会管理的出发点是为了实现既定的社会秩序，而不是满足私人领域的各种需求，在这种情形下，位于边缘地带的市民社会需求很难得到回应和满足，由此而导致了公共领域与私人领域的矛盾。根据公共选择理论的观点，政治家和官员都是自利的，这种自利的特性导致公共官僚制出现失灵的情形。因此，这种追求自身利益最大化的政府是无法实现公共利益的。市民社会的需求是无法被自利的官僚机构和人员感知并予以满足的。当然，根据现代民主理论的制度设计，政治家与官员是市民社会的代表，政治家与官员必须代表市民社会的利益。但实际上，现代选举的制度设计使政治家以及政府更多关注中位选民的需求，而无法照顾到其他选民多样化、个性化的需求。由于市民社会的需求并不能得到国家和政府的回应和满足，由此导致了公共领域与私人领域的矛盾。实际上，公共领域与私人领域的矛盾既表现在政府无法感知市民社会的需求，也表现在政府经常提供无效的公共服务。公共服务民营化大师萨瓦斯曾经指出,政府存在过度生产公共服务现象,服务的过度生产是指,公共服务供给在数量以及种类上超过了市民社会的需求水平和需求意愿,特别是当市民社会了解这些服务的成本与收益之后。① 一方面是公共服务的供给不足;另一方面是公共服务的无效供给和过度供给,这些都是公共领域与私人领域矛盾与对立的体现。

公共领域与私人领域为何会出现这种对立的局面呢?实际上,这并不是如公共选择理论学者所认为的是政府及官员自利的结果,而是由于工业社会所存在的中心—边缘结构所造成的。在这种中心—边缘结构中,政府位于社会结构的中心位置,市民社会则位于社会结构的边缘地带。这种中心—边缘的结构导致位于边缘地带的市民社会的需求无法被中心地带所感知。这种中心—边缘结构导致了政府与市民社会形成了一种治理与被治理的关系,也同样导致了政府在社会治理中采取控制导向的行为模式。在本质上,工业社会的中心—边缘结构是由管理型社会治理模式所导致的,因为在管理型社会治理模式中,社会治理存在着强烈的控制导向,社会治理的一切行为都是以获得控制秩序为中心。这种控制导向治理模式既形成了中心—边缘的社会治理结构,也导致了国家与市民社会的对立。概言之,领域分立是管理型社会治理模式的主要特点,领域分立导致了国家与市民社会的对立与矛盾。因此,克服二者对立就需要打破政府在公共领域中的垄断,打破这种领域分立的局面。

二 非政府组织促进不同领域的融合

工业社会造成了领域的分离,使不同领域的边界变得清晰明朗。但是,随着人类社会不断发展,随着人类社会逐渐从工业社会向后工业社会过渡,领域分化的局面逐渐发生了改变,领域分离的趋势逐渐被领域融合的趋势所取代。领域分离的趋势既表现为国家对社会的侵犯,即公共领域对私人领域的侵入,也表现为私人领域对公共领域的渗透,领域融合是一个双向的过程。在这一过程中,领域融合首先表现为公共领域

---

① [美] E. S. 萨瓦斯:《民营化与公私部门的伙伴关系》,周志忍等译,中国人民大学出版社 2002 年版,第 33 页。

对私人领域的侵入。在资本主义的发展过程中，由于自由资本主义导致了经济危机的产生，所以，自由竞争资本主义被垄断资本主义所取代，在社会治理上，守夜人政府也被干预型政府所取代。政府大量介入社会经济生活之中。政府介入社会经济生活的主要表现是政府通过给市民社会提供大量的公共服务，由此达到控制和干预市民社会的目的。公共领域对私人领域的侵入实际上就是一个国家社会化的过程，这个过程具体表现为国家的社会职能呈现扩张趋势。这个扩展过程主要表现为两个方面，第一，公共领域对私人领域扩张表现为国家的社会经济调控职能增强；第二，公共领域对私人领域的扩张也表现为建设一种福利国家模式。[1]

公共领域对私人领域的入侵导致的一个现实的结果就是行政国家的危机。行政国家所造成的危害是多方面的，但行政国家的主要危害之一是官僚体制的低效。正如政府再造改革专家奥斯本所指出的，文明社会的有效运转与政府的高效密切相关，但是，工业社会发展起来的政府机构已经变得臃肿不堪，效率低下，而且提供的公共服务既单调，又缺乏效率。[2] 正是由于行政国家危机导致西方国家掀起了一轮行政改革的热潮。在行政改革中，由于私有化而使国家退出了原属于私人领域的事务。这场私有化的浪潮的重要效应在于，它导致了非政府组织的产生，非政府组织成为公共服务供给和社会治理的重要主体。概言之，非政府组织实际上是领域融合的产物，正是公共领域对私人领域的侵占导致了行政国家的危机，因行政国家危机而产生的行政改革则导致了非政府组织的兴起。

一方面，领域融合导致了非政府组织的产生；另一方面，非政府组织也促进了领域融合。如前所述，非政府组织具有公共领域、私人领域和日常生活领域的特点，所以，非政府组织能够成为领域融合的组织基础。这是非政府组织促进领域融合的前提条件。同时，从另一个视角来

---

[1] 唐士其：《"市民社会"、现代国家以及中国的国家与社会的关系》，《北京大学学报》（哲学社会科学版）1996年第6期，第65—73页。

[2] ［美］奥斯本等：《改革政府——企业精神如何改革着公营部门》，上海译文出版社1996年版，第4页。

看，非政府组织参与公共服务供给，进行社会治理实际在一定程度上促进了领域融合。在工业社会后期，奉行凯恩斯理论的福利国家导致了国家对社会的入侵，政府大量介入经济社会领域而导致了公共领域与私人领域的融合。非政府组织等主体进入了原来只有国家和政府才能进入的领域，非政府组织打破了政府在公共领域的垄断。因此，从这个意义上来说，非政府组织是领域融合的产物，是公共领域侵入私人领域导致社会结构的失衡进而进行行政改革产生的新产物；另一方面，非政府组织的产生也导致了新一轮领域融合的进程，这种领域融合与前者不同的是，它打破了国家在社会治理中的垄断，从而也打破了原来社会结构中的中心—边缘结构。政府在社会治理中不再是唯一的社会治理主体，同时政府也不再享有社会治理的垄断地位。这时产生一种不同于管理行政的社会治理模式——服务型社会治理模式。服务型社会治理模式预示着领域融合将取代领域分离，而且这种领域融合与原来国家对社会的侵占不同，它是国家与社会的均衡发展。非政府促进领域融合的基础还在于它的独立性，正是因为它的独立性才导致它的社会治理功能。黑格尔曾经对同业工会寄予厚望，把同业工会视为国家与社会的中介，希冀同业工会能够承担起消除市民社会的各种缺陷的责任，从而达到组织化和秩序化的目的。显然，黑格尔希望同业工会能够发挥组织市民以及教育市民的作用。但是，同业工会显然无法达到此种目标，一则是因为同业工会并不能代表市民社会的全部利益，二则同业工会并不是独立的，它实际上构成了统治阶级的一部分，与国家一起成为市民社会的对立面。非政府组织是具有独立性的组织，它的这种特点使非政府组织能够代表市民社会的利益，从而打破政府在社会治理上的垄断，打破管理型社会治理模式的中心—边缘结构。服务型政府是一种打破中心—边缘结构的政府类型，与服务型政府相对应的社会治理模式是服务型社会治理模式，在这种社会治理模式中，政府不是唯一社会治理主体，政府与其他社会治理主体一道共同进行社会治理。也就是说，在服务型社会治理模式中，政府并不是公共领域的唯一主体，非政府组织以及社区等都可以成为公共领域的主体。所以，非政府组织的兴起实际上导致了领域融合，也导致了服务型政府的产生。

三 领域融合的成果：服务型社会治理模式的产生

非政府组织促进了公共领域与私人领域的进一步融合，而且这种领域融合不同于以前公共领域对私人领域的侵占，而是一种社会结构大的转变，它是以非政府组织为代表的新市民社会对公共领域的进入。这种领域融合实际上打破了管理型政府的中心—边缘结构，也打破了不同领域的对立与矛盾，所以，非政府组织实际上促进了服务型政府的兴起。

领域融合意味着不同领域之间的对立和矛盾的消失。在公共领域与私人领域分离的情况下，政府负责公共服务的供给，而市民社会则是公共服务的接受者。在控制思维和工具理性的作用下，政府所提供的只能是一种无差别和低效的公共服务，由此而形成公共领域与私人领域的对立。这在根本上是由管理型社会治理模式所决定的，是管理型社会治理模式造成了公共领域和私人领域等不同领域之间的对立。但是，伴随着领域融合，不同领域之间对立的趋势被打破，取而代之的是不同领域之间的合作。在领域分离时期，公共服务供给是一种抹杀差别、无差异、统一的服务供给，此时公共服务供给过程更像是一种经过理性分析、毫无关怀的单纯供给行为，而不是一种满足个体需求的积极行动。个人在这种公共服务供给体系中所感觉的不是关怀和满足，而是控制和被治理，由此，这种治理模式只能导致市民社会和国家的对立。与领域分离时期不同，领域融合时期的公共服务供给更多的是一种基于关怀的行动。此时公共服务供给不再是提供无差别的服务，而是针对个体真实需求进行具体的回应。在领域融合的公共服务供给中，供给者与需求者的界限被打破，供给者也是需求者，需求者也是供给者，在这种状态下，供给者与需求者之间是一种合作的关系而非是一种对立的关系。[1] 这种合作关系实际上预示或代表着一种不同于管理型社会治理模式的服务型社会治理模式的兴起。概言之，领域融合预示着服务型政府的生成。领域融合意味着科学规范、法治规范和伦理规范的统一。[2] 也就是说，领域融合导致

---

[1] 张康之、向玉琼：《领域分离与融合中的公共服务供给》，《江海学刊》2012 年第 6 期，第 99—106 页。

[2] 同上。

了伦理规范向公共领域的渗透和延伸。这在一定程度上改变了管理型社会治理模式注重法治而缺乏德治的情形，概言之，领域融合预示着服务型社会治理模式的生成。

第 五 章

非政府组织与合作治理

自 20 世纪以来，人类社会主要是一种参与治理的社会治理模式。在各种关于社会治理的设计中，多数学者都明确提出要以合作治理作为社会治理的目标，但实际上他们所提出的治理方案都是一种参与治理模式。参与治理对于改变目前社会治理的困境有一定的作用，但是，参与治理并不能解决管理行政所面临的问题。在人类社会逐渐从工业社会向后工业社会转变的过程中，社会变得更加复杂和不确定，在这种情况下，参与治理同样面临着失效的局面。因此，参与治理必将被新的社会治理模式即合作治理所取代。在从参与治理向合作治理转变的过程中，非政府组织发挥了重要的作用。非政府组织作为一种新型的组织类型，它不满足于在社会治理中充当一种边缘角色，而是寻求在社会治理中处于一种主体地位。非政府组织进行社会治理和提供公共服务，实际上促成了服务型社会治理模式的生成。服务型社会治理模式在本质上属于合作治理，所以，非政府组织实际上促进了合作治理的产生。

第一节 参与治理的兴起及其特点

一 参与治理的理论解读

参与治理的兴起有其现实方面的原因。具体而言，第一，参与治理的兴起是由于西方福利国家的危机。西方福利国家是应对资本主义经济危机的产物。福利国家在克服资本主义经济危机，维持社会公平，防止社会矛盾扩大具有一定的作用。但是，福利国家也带来了一系列的问题，其中最突出的问题就是行政国家的出现。行政国家所造成的机构臃肿、效率低下和财政困难等一系列困境，直接导致了政府的管理危机，从而导致政府再造等新公共管理运动的兴起。第二，参与治理的兴起与科层制的治理机制失效有关。科层制具有稳定性、效率高等优点，在传统社会治理体系中发挥了非常重要的作用。但是，随着社会生活的不断复杂化，官僚制的弊端日益突出，比如科层制僵化的规则体系，缺乏灵活性等，这些缺点伴随着社会发展变得越发明显。正是因为官僚制失效，导致了新公共管理等参与治理的兴起。第三，市民社会的兴起为参与治理的产生打下了社会基础。伴随着人类社会从工业社会向后工业社会的转变，人类社会的社会结构已经发生了变化，其突出的特征便是市民社会的重新兴起。市民社会重新兴起的标志是大量非政府组织的产生，大量的社会自治组织的出现一方面对以政府为中心的社会治理模式提出了挑战，另一方面也为参与治理的产生提供了社会基础。也就是说，非政府组织通过自治以及参与治理，能够在一定程度上打破政府在社会治理中的垄断，从而改变原来政府垄断社会治理所出现的政府失灵问题。显然，参与治理的兴起是由于客观现实原因所造成的，所以，我国学者俞可平认为，治理之所以兴起，既是因为国家在资源配置中的失效，又因为市场也存在种种缺陷，所以，人们便热衷于用一种新的治理机制来对付国家协调或市场机制的失败。[1]

　　对于治理的含义，不同的学者或机构有不同的观点。联合国全球治理委员会认为，治理是个人、公共或者私人组织管理其公共事务等多种方式的总和；治理是使得不同的利益得以妥协和调和的一个过程；治理既包括正式规则的运用，也包括一些非正式的制度安排。[2] 罗西瑙认为治理是一种目标导向的活动，治理不同于统治，治理在管理主体、权力运行方式以及管理机制等方面都与统治存在明显的差异。[3] 斯托克则认为，从整体来看，治理理论大致有五个观点：第一，治理表示包括政府在内的多个行动者；第二，治理意味着在社会治理过程中存在责任和边界的不确定性；第三，治理意味着集体行动的各方存在着权力依赖；第四，

---

[1] 俞可平：《全球治理引论》，《马克思主义与现实》2002年第1期，第20—32页。
[2] 全球治理委员会：《我们的全球伙伴》，牛津大学出版社1995年版，第2—3页。
[3] 罗西瑙：《没有政府统治的治理》，剑桥大学出版社1995年版，第5页。

治理表示它是一个自主管理的网络;第五,治理表示公共事务的管理过程不仅仅局限于强制性的权力的使用,而包括其他方式或方法。[1] 我国学者俞可平认为,治理与统治不同,它们在治理方式、治理机制、管理规则和公共权威等方面存在不同:第一,治理的权威不一定是政府,而统治的权威则一定是政府;第二,治理中权力的运行方式包括自下而上和自上而下两个过程,是双向的,而政府统治则是一个自上而下单向的过程;第三,治理的范围可以在主权国家范围以内,也可以超越主权国家的界限;而政府统治只能局限在主权国家的范围之内;第四,治理的权威基础源于一种认同,而统治的基础则是来源于政府的法令。[2]

从以上学者的分析中可以看出,治理主要包括以下几个方面的内容:治理主体、治理规则;治理方式和权威的运用。

第一,治理意味着治理主体的多元化。治理要求打破政府对社会事务管理的垄断,要求在公共事务的管理中引入非政府组织、私人营利组织等多元主体,从而实现治理主体的多中心化。治理一方面要实现政府的最小化,即不再大量使用政府亲自提供公共服务,而是运用其他替代方法,由其他主体来提供服务。换言之,治理一方面通过私有化或剥离政府职能使政府瘦身,另一方面将政府的职能转移到非政府组织等其他主体,以图提高社会治理的质量。

在治理主体方面,治理理论主张打破治理的单中心化,从而建立一种多中心化的治理机制。治理理论认识到,以政府为中心的社会治理模式无法适应社会发展的需要。一则是政府治理能力存在缺陷,政府无力承担社会治理的诸多事务,二则政府存在自利主义倾向。公共选择理论认为,政府及其官员并没有把公共利益作为自己的首选目标,而是把自身利益的最大化作为行为的主要准则。正为如此,必须打破政府在社会治理中的垄断地位。另外,治理意味着在社会治理中需要引入非政府组织等多元治理主体,即治理需要实现社会治理主体的多元化。非政府组织由于具有非营利导向和公益性,往往成为政府之外的一个重要治理主

---

[1] 格里·斯托克:《作为理论的治理:五个论点》,《国际社会科学杂志》(中文版)1999年第2期。

[2] 俞可平:《全球治理引论》,《马克思主义与现实》2002年第1期,第20—32页。

体。实际上,在西方福利国家公共服务供给体系中已经存在大量的非政府组织参与公共服务供给。非政府组织既能够参与公共服务的提供,也能够促进治理的绩效。著名的非政府组织专家萨拉蒙通过研究指出,在美国实际上存在着一个第三方政府,即非政府组织承担着大量公共服务供给职责。① 而且,现实生活中,大量的非政府组织的产生,为非政府组织参与社会治理创造了条件。非政府组织作为一种公民网络组织,对于促进社会治理的绩效具有重要作用。正因为如此,治理理论主张非政府组织应该参与到社会治理之中来,一方面,这种改革措施既能够改善公共服务供给不足的局面,另一方面,也能在一定程度上提升社会治理的绩效。显然,治理强调社会治理主体的多元化,即在非政府组织和私人营利组织也能够成为社会治理的主体。营利组织参与社会治理的方式主要是与政府签订绩效合同,承担公共服务和公共物品的供给。但是,与非政府组织相比,私人营利组织由于其具有追求利润最大化的属性往往会受到社会和政府的质疑。

第二,治理强调非正式规则的作用。传统官僚制重视正式规则的作用,因此在行政过程中注重制度建设。但随着官僚组织规模的不断增大,规则也逐渐增多,这时过度规制的弊端便显现出来。因此,去规制化或重视非正式规则的作用便成为治理理论的重要内容。一般而言,治理对于制度的改革包括两个方面的内容:一是去规则化,减少规则的数量;二是强调非正式规则的作用。新公共管理理论认为,官僚制的规则导向给官僚制以及社会治理带来太多的束缚,严重抑制行政人员的积极性,同时也降低了政府部门的效率,为此,必须废除对官僚部门的过度规制,给政府松绑。盖伊·彼得斯指出,对于政府而言,较少的政府规制,能够使公共部门更加有效地运转,使政府更富有创新精神和活力,也更有利于公共利益的实现。② 在去规则化的同时,治理理论也强调信任、互惠以及社团参与等社会资本等非正式制度的重要作用。罗伯特·帕特南通

---

① 莱斯特·M.萨拉蒙:《公共服务中的伙伴——现代福利国家中政府与非营利组织的关系》,商务印书馆,第43页。
② [美]盖伊·彼得斯:《政府未来的治理模式》,吴爱明等译,中国人民大学出版社2001年版,第109页。

过考察意大利的地方治理发现，信任、关怀、社团参与网络等在社会治理中具有重要作用，社会资本能够促进不同主体的合作行为从而能够提高社会治理的绩效。[1] 善治的基础是公民对政府治理的支持，而这和政府与社会的信任程度有关。与政府统治不同，善治主张应该重视非正式规则的作用，使正式规则和非正式规则同时发挥作用。

第三，在治理方式上强调多种治理手段的运用。治理理论强调应该运用多种手段进行社会治理。在传统政府统治中，政府主要采取垄断管制、强制命令的方式来进行社会治理，社会治理手段比较单一，这种单一的治理方式无法有效满足社会的需求，因此，治理理论强调在社会治理中使用多种治理工具。概括起来，治理所运用的治理手段或工具主要包括引入竞争和合同外包。按照新公共管理理论以及公共选择理论的观点，之所以要引入竞争，主要因为政府作为单一主体垄断提供公共服务会造成社会治理的无效。一方面，政府垄断社会治理导致治理效率低下，另一方面，政府实际上也无法提供充足的公共物品来满足社会的需求。在公共选择理论看来，处于垄断地位的政府往往无法提升自身的效率，政府失效具体表现为政策低效率和公共服务供给的低效率。为何政府政策和公共服务会出现低效率呢？实际上，基于公共选择理论的视角，政府失效或政府失灵的主要原因在于政府缺乏竞争。缺乏竞争导致政府没有成本意识；缺乏竞争导致政府缺乏提高公共服务的动机；缺乏竞争也导致政府缺乏监督。总之，缺乏竞争导致政府失灵。基于公共选择理论的影响，新公共管理理论认为应该引入竞争机制来克服政府部门所存在的问题，对政府进行市场化的改革，其核心就是政府从公共服务等领域中退出，引入非政府组织或私营部门来提供公共服务。通过政府、非政府组织以及私营机构之间竞争来实现公共服务的高效化。

在公共服务领域引入竞争机制的同时，合同外包也成为参与治理的一个重要工具。英国著名的学者简·莱恩认为，新公共管理实际上是一种以合同外包、市场理念和市场机制而再造的新的政府管理模式，新公共管理是一种有关公共部门合同制共性特征的一种重要的理论，在这里

---

[1] ［美］罗伯特·帕特南：《使民主运转起来》，王列、赖海榕译，江西人民出版社2001年版，第201页。

合同制是指对私法协议的签署和执行，新公共管理用一系列的合同——交易型合同和关系型合同，来代替传统的公共行政或者公共政策学派中的政策网络，以提高资源配置的效率。① 合同外包之所以能够成为参与治理的一个工具，根据萨瓦斯的观点，主要是因为以下因素：第一，包括现实的压力，因为民营化以及合同外包的使用能够提供更高收益比的公共服务，从而能够追求更好的政府；第二，经济推动力，经济的日益发展，使人们自我服务的能力增强，所以愿意接受政府以外的方式提供的服务；第三，商业主义的动力，政府开支是经济运行的重要组成部分，因此其中要有更大的份额转向市场，以使商业部门有更多商业机会；第四，意识形态动力，过于强大的政府会对政府造成很大的压力，因而会造成对民主的压力，而民营化和合同制政府则可以减少政府的作用和政府的规模，另外一平民主义则主张公众应该有更好的公共服务选择权，因而也主张用民营化和合同外包来改造政府。② 总之，在参与治理理论看来，通过多种治理手段的运用，能够使政府提高效率，从而提高公共服务和社会治理的总体质量和水平。

　　如果说参与治理是从行政或者说技术的层面上来改革社会治理的话，那么对于协商民主则是从政治层面或决策的层面来改革社会治理的。协商民主实际上源于对竞争式民主的不满，协商民主实际上通过赋予公民参与以广阔的空间，以打破公民参与局限在选举投票等有限环节的局面。著名的政治学家熊彼特持一种竞争式民主的观点，他认为，公民对政治是缺乏热情的、容易冲动的，在社会科学高度分化和知识爆炸的今天，公民们无法充分理解相关的政策，在这种情况下，公民参与决策会影响决策的质量，因此，公民参与仅限于选择政治领导人，政治决策则由民选领导人来进行，正是在这个意义上，熊彼特认为民主是选取领导人的副产品。③ 显然，熊彼特在这里实际上是持一种精英民主的观点，而这种观点在协商民主理论看来是站不住脚的。因为如果公民真如熊彼特所说

---

　　① ［英］简·莱恩：《新公共管理》，赵成根译，中国青年出版社2004年版，第182页。
　　② ［美］E.S. 萨瓦斯：《民营化与公私部门的伙伴关系》，周志忍等译，中国人民大学出版社2002年版，第6页。
　　③ ［美］乔万尼·萨托利：《民主新论》，上海世纪出版集团2009年版，第170页。

的那么无知,如此这般的公民又如何能选择政治领导人呢?所以,认为公民无知冷漠在理论和事实上都是无法成立的。而事实上,公民对于政策问题的知识需要在参与中得到充实。所以,哈贝马斯在其著作《在事实与规范之间》中认为,公民缺乏热情、缺乏主动与缺乏相应的信息供给和参与机会有关,因此,民主化的前进需要超越政治控制的"瓶颈"。①而对于竞争性民主的多数决定理论,协商民主持不同观点。协商民主理论认为多数绝对原则未必能够形成质量较高的决策,甚至会形成多数人对少数人的暴政。因此,协商民主理论认为多数原则是一种不完美的决策方式,因而需要用协商民主来对它加以完善。如何对多数原则进行完善呢?首先,通过协商能够提高决策的质量,通过彼此协商,使不同观点的公民能够彼此理解,更容易达成社会共识,从而形成高质量和高接受度的决策。其次,通过协商能更有效地达成公共利益。相对于多数决定的匿名投票,协商民主更能够把个人私利和个人冲动降到最低,因为公开的协商能够把私利和情绪的冲动降到最低,同时,在彼此协商时,通过了解彼此立场,也会以比较包容的心态来对待对方。② 协商民主的一个特点是给出理由,协商中的给出理由能够增加彼此间的互信,而且较容易达成有价值的公共决策。

科恩认为协商民主是指共同事务受到组成人员共同协商支配的一种共同体,协商民主实际上是把民主作为共同体的基本价值,它不是依据某种平等价值来阐释的衍生性的理想。③ 简言之,真正的民主政治应该注重作为一种共同之善的公共协商。乔恩·埃尔斯特认为协商民主是通过公民间的平等商谈而做出的决定,在埃尔斯特看来,协商民主主要包含两个内容:一是任何受到决策影响的人都应该参与到决策之中来,决策过程必须是民主的;二是决策要经过民主协商,即决策必须在参与者之

---

① [德]哈贝马斯:《在事实与规范之间——关于法律与民主法治的商谈理论》,童世骏译,生活·读书·新知三联书店2003年版,第392—393页。
② 马奔:《协商民主问题研究》,博士学位论文,山东大学,第35页。
③ [美]詹姆斯博曼·威廉雷吉:《协商民主:论理性与政治》,陈家刚译,中央编译出版社2006年版,第50页。

间进行，争论和商谈既要来自参与者，也要公开面向所有参与者。①

二 参与治理的弊端及其属性

显然，参与治理是基于对现代民主政治和现代社会治理的弊端所提出的反思，在一定程度上，参与治理促进了现代治理的改善。第一，参与治理能够在一定程度上缓解官僚制的治理困境。在管理行政社会治理模式之下，官僚制垄断社会治理导致社会治理效果较差，具体表现为财政危机、管理危机和信任危机。通过引入参与治理，引入社会力量参与到社会治理中来，从而能够在一定程度上改善社会治理的效果，增加社会对官僚制的信任，这在一定程度上缓解了对官僚制的信任危机。通过鼓励社会力量的参与，也能够在一定程度上缓解政府的财政压力和治理能力的不足。第二，参与治理也能够在一定程度上改善现代民主政治设计的弊端。现代民主政治是以代议制和多数决定原则为特点，这种政治设计使现代民主政治的实践易于操作和易于实现，但是，这种政治设计却容易造成一种精英民主的局面，也可能造成多数人对少数人的暴政，更为重要的是，在这种政治设计中，公民的民主权利局限于选择领导人的投票，而在社会治理的其他领域，公民失去了参与资格和发声的权利。参与治理通过在政府决策中引入公民的参与，打破了政治精英和官僚在决策中的垄断地位，因而能够在一定程度上弥补现代民主政治设计的不足。

很显然，相对于政府垄断进行社会治理而言，参与治理具有一定的积极意义，但是，参与治理的弊端还是很明显的，参与治理并没有打破政府在社会治理中的垄断地位，它在本质上属于控制导向的。正如张康之教授所言，"民主行政的理念以及参与治理的行动方案无疑是对行政权的一种限制，改变了原先依靠政治部门来限制行政权的做法。但是，在官僚制的层级结构中，无论怎样动员或接纳公众的参与，也不能够改变权力由少数人执掌和行使的现实，至多也只是赋予了权力更加温和的面

---

① Elster J., *Deliberative Democracy*, Cambridge: Cambridge University Press, 1998，转引自陈家刚《协商民主概念的提出及其多元认知》，《公共管理学报》2008年第3期，第65—66页。

目和愿意妥协的假象,其实,权力支配过程的性质并不会发生改变。"① 也就是说,参与治理在本质上仍然是一种控制导向的管理行政模式,它只不过是在管理行政基础上的局部改进,但却不能克服管理行政固有的弊端。

第一,参与治理在本质上属于一种中心—边缘结构。参与治理在本质上还是属于管理行政的模式,在治理结构上仍然是一种中心—边缘结构。在管理行政治理模式中,政府处于社会治理的中心,而其他社会治理主体则处于社会治理体系的边缘。在管理行政的初始阶段,政府基本上是社会治理的唯一主体,政府处于社会治理体系的绝对中心地位。管理行政的最大特点是控制导向的,因而它的一切管理活动都服从于控制的需要。显然,这种以政府为中心的社会治理模式无法适应社会发展的需要,参与治理的兴起便是在这种背景下产生的。参与治理主张在社会治理中引入公民参与和公共协商,这在一定程度上能够改善政府的决策与行政过程的质量和满意度,可是,参与治理仍然是控制导向的,它改变不了政府在社会治理中的中心地位。也就是说,虽然公民等主体在一定程度上参与了社会治理的过程,好像打破了政府在社会治理中的垄断地位,但是,必须看到,社会治理的主要权力仍然垄断在政府手里,公民在社会治理中的参与仍然处于从属地位。参与治理无法打破政府在社会治理中的垄断地位,也无法改善现在民主政治中精英民主的现状。因为在参与治理中,官僚制仍然是治理的组织基础,这种控制导向的组织形式并不能促进公民的实质参与。无论参与治理如何鼓励公民参与,都无法改变参与治理权力支配的本质。张康之教授指出,"在官僚制的层级结构中,无论怎样动员或接纳公众的参与,也不能够改变权力由少数人执掌和行使的现实,至多也只是赋予了权力更加温和的面目和愿意妥协的假象,其实,权力支配过程的性质并未发生改变。"② 显然,从这段论述中可以看出,参与治理希望通过公民参与来改善行政权力的扩张是无法实现的。因为只要参与治理以官僚制为基础,就无法实现真正的公民

---

① 张康之:《论参与治理、社会自治与合作治理》,《行政论坛》2008年第6期,第1—6页。

② 同上。

参与，也无法有效实现对行政权力的制约。在以官僚制为基础的参与治理体系中，政府官僚部门仍然是治理体系的中心，而公民等其他主体仍然处于治理体系的边缘。这种中心—边缘结构的治理体系并不能克服管理行政所面临的根本问题，参与治理对社会治理改善的效果也是有限的。

第二，参与治理本质上是属于一种协作模式。学者们在论述参与治理时，往往用合作的概念来说明政府与其他参与者之间的关系，但实际上，参与治理中政府与其他参与者之间的关系，属于一种协作关系，而不是一种合作关系。协作是"建立在工具理性的基础上，发生在结构化系统之中，可以进行科学化、技术化建构的"。[①] 在协作中，人们之间彼此配合的行为是基于个人利益的计算之上的，正是因为这个原因，使协作具有工具理性的特征，协作的参与者都把别人作为实现自身利益的手段，协作过程中的一切行为都是基于自身利益的考虑而做出的，一旦个人利益受到不确定因素的影响，协作的参与者便会产生机会主义行为从而影响协作的效果。而且，在协作中的竞争行为对合作关系产生影响。"参与到协作行动体系中来的每一个协作主体甚至每一个个体的人，都是从自我利益的要求出发的。当每一个行为主体都从个人利益出发的时候，人们为了个人利益的实现就必然会去开展竞争，即通过竞争的方式去实现个人利益。"[②] 当协作中参与者存在竞争行为的时候，在竞争行为日渐加剧的过程中，必然会对协作效果产生影响。而为了控制竞争对协作的影响和破坏，就需要建立一种协作系统来对参与者的竞争行为进行限制和控制。显然，这种通过外在规则和结构而形成的体系是一种协作体系。参与治理实际上就是一种协作体系，在参与治理中，参与各方都是为了实现各自的利益而参与到这个协作体系之中。政府之所以愿意推进参与治理，是为了使行政过程更具有合法性，更有利于实现自身的控制，而其他主体参与到这个体系中来，更多的是为了获得自身的利益。在这个过程中，政府为了更有效地实现对这个协作过程的控制，往往会采取各种措施来约束参与治理中的各方。所以，在参与治理中会出现各种契约关系，以至于有学者将政府直接称为合同制政府。合同或契约实际上就

---

① 张康之：《合作是一种不同于协作的共同行动模式》，《文史哲》2013年第5期。
② 同上。

是一种外在的协调机制，它约束参与各方的自利行为以实现协作的目标。但是，这样一个基于协作的治理体系很难达到治理的目标，特别是在社会生活变得日益复杂和日益不确定性的情况下，这种以控制导向为特征的协作模式注定会失效的。

第三，公众参与的不可能性。参与治理主张在行政过程和行政决策过程中引入公众参与以实现对行政权的制衡和实现社会治理的改善。但是，公众参与受到多重因素的影响。首先，受到官僚制层级的制约。正如前述，参与治理在官僚制层级结构的基础上进行的，而这种集权的组织体制在结构上具有排斥公众参与的属性。因为官僚制本身是个封闭的体制，它垄断着信息等各种资源，参与者很难获得有效参与的各种信息，所以，这会造成公众参与的障碍。其次，公众参与容易受到误导。与政府官员相比，公众获取信息的能力远远低于政府官员。在这种情况下。再次，在参与治理中，无法实现充分而有效的公民参与。也就是说，在行政过程中，无法实现充分的公众参与。以现实生活中的一些公众参与的案例来看，无论是参与的事务还是最终的结果，实际上公众参与的内容都是有限的，更不用说能够对决策的结果产生重要的影响了。

总之，参与治理虽然能够在一定程度上改善行政集权的情况，但是由于参与治理的组织基础仍然是官僚制，而官僚制在本质上是一种集权的体制，所以，参与治理无法实现其限制行政权的目标。如前所述，参与治理在本质上是一种协作模式，公民在参与治理中无法发挥实际作用，参与治理在一定程度上成为行政过程的点缀和合法化的工具。由于参与治理的不可能性，所以，参与治理的努力只能是一种乌托邦。也就是说，对于管理行政的弊端，参与治理是无能为力。改变这种困境，必须改变参与治理的协作模式，从而建立一种真正参与的合作治理模式。只有建立起合作治理模式才能应对高度复杂和高度不确定社会现实给社会管理带来的挑战。而且，随着非政府组织的兴起，为合作治理的产生创造了条件，使合作治理成为可能。非政府组织由于其自身的价值取向和特点使其在社会治理中具有不同于其他社会治理的特点。所以，非政府组织的兴起一方面为合作治理创造了条件，另一方面也要求政府转变思维方式，即建立一种合作治理模式来取代协作模式。

第二节　政府与非政府组织关系演变及其走向

一　制约与合作：政府与非政府组织关系的理论分析

对于政府与非政府组织的关系，不同的学者有不同的看法。有的学者认为二者是冲突的关系，有的学者则认为二者的关系是合作的关系，也有的学者认为二者之间的关系是不断变化的，其关系取决于二者的目标、环境等多重因素。

从政治哲学或市民社会理论视角出发，有学者认为政府与非政府组织之间是一种对抗或者是制约的关系。在现代自由主义看来，市民社会能够制衡国家和政府，一个强大的市民社会是民主的必要条件。[①] 我国学者邓正来指出，市民社会对国家有一定的作用，从消极意义上来说，市民社会能够制衡国家，也就是说市民社会能够积极捍卫自身的权利免受国家的干预，维护自身的独立自主性；从这个意义上来说，市民社会是防止暴政的保障措施；从积极意义上来说，市民社会的发展能够促进社会的多元化，能够促进民主政治的发展和成长，因此，市民社会是民主政治发展的社会基础。[②] 显然，从邓正来的论述中可以看出，市民社会与政府之间存在着一种制衡的关系。依循邓正来的思路，作为市民社会的重要组成部分，非政府组织也能维护市民社会利益的作用。显然，从政治哲学出发，学者们大都认为以非政府组织为代表的市民社会能够起到维护自身权利不受国家和政府的无理干预，从而起到抗衡和制约国家和政府的作用。

当然，也有学者从经济学和管理学视角认为政府与非政府组织是一种竞争的关系。新公共管理从公共选择理论出发，认为政府由于其经济人特征而容易导致政府失败。公共选择理论把经济学中经济人假设运用到政治领域，认为，政治家、政府官员以及政府机构都是理性经济人，他们在行政管理过程中会把自身的利益作为其行为的主要目标，由此而

[①] 何增科：《公民社会与第三部门研究引论》，《马克思主义与现实》2000年第1期。

[②] 邓正来：《建构中国市民社会》，选自于邓正来主编《国家与市民社会：中国视角》，上海人民出版社2011年版，第13页。

导致政府失灵和公共服务质量低下。也就是说,非政府组织提供公共服务的主要原因是政府提供公共服务的低效。其内在的原因是,在政府垄断供给公共服务的条件下,政府由于其理性经济人的自利倾向而把组织利益和个人利益置于公共利益之上,从而产生了目标置换。这不但损害了公众的利益,而且导致政府部门效率低下。为此,需要在公共服务供给中引入其他组织与政府进行竞争,进而提高政府的效率和社会治理的质量。在各种组织中,非政府组织由于其非营利的性质而能够成为公共服务提供的主体之一。概言之,这种观点的逻辑在于,政府作为社会治理以及公共服务的垄断者的制度安排具有天然的缺陷,它因缺乏竞争而导致社会治理的低效,因此,应该在制度设计上引入非政府组织作为公共服务的供给者,通过非政府组织与政府在公共服务供给中进行竞争,从而实现社会治理以及公共服务供给的高效。显然,从这段论述中可以看出,在新公共管理理论看来,政府与非政府组织的关系是一种竞争的关系,通过引入非政府组织等多元主体与政府在公共服务领域进行竞争,一方面能够提高政府的效率,克服政府失灵,另一方面能够提高公共服务的质量。在此过程中,政府与非政府组织的关系是一种竞争的关系。

与政治哲学的视野不同,也有学者从经济学或者行政学的角度认为,非政府组织与政府存在着合作的关系。持这种论点的学者认为非政府组织与政府的关系并不是对抗的关系,而是一种互补的关系,政府与非政府组织各有其不足和优点,因而二者能够很好地结合起来进行合作。美国经济学家韦斯伯德认为,人们有不同的公共物品和私人物品的需求,而政府、企业和非政府组织在满足人们需求方面各具有不同的特点。由于现代政治设计的特点,使得政府往往提供的是中位选民所需要的公共物品,而其他选民的公共物品需求以及中位选民其他多样化的公共物品需求则无法得到满足。而非政府组织则能够弥补政府所留下的公共物品提供缺陷,也就是说,对于那些政府无法提供而又无法由市场提供的公共物品可以由非政府组织来承担。[1] 正是政府、非政府组织、企业三者之间都有不同的功能优势,所以政府与非政府组织等能够在公共服务中形

---

[1] Bruce R. Kingma, "Public Good Theories of the Non-Profit Sector: Weisbord Revisited", *Voluntas*, Vol. 8. No. 2, 1997, pp. 135 – 148.

成一种伙伴关系。与此观点相似,美国非政府组织专家莱斯特·萨拉蒙认为,非政府组织在社会治理中能够参与公共服务的提供,而且能形成与政府的合作伙伴关系;在美国实际上形成了由非政府组织提供公共服务的第三方政府;美国福利国家利用了大量第三方机构来实施政府职能,其结果是出现了一个精巧的第三方治理体系;在这个体系中,政府与第三方执行者在很大程度上共享了对公共资金支持和公共权威运用方面的裁量权。[1] 与萨拉蒙的观点相近,民营化理论认为,民营化是一个非常重要的政府工具,也是社会治理的一项重要战略。[2] 民营化的改革策略主要是让营利组织与非营利组织一起参与公共服务供给,在共同提供公共服务过程中,政府与营利组织、非营利组织要结成合作伙伴关系。

在合作论与竞争对立的观点之外,也有学者认为政府和非政府组织的关系存在着多种可能性,即它们之间既有一定的制约和对立关系,也存在着一定的合作关系、契约关系乃至相互嵌入的关系。而实际的关系类型则是多种因素综合作用的结果。这些影响因素主要包括政治社会经济环境、公共服务的属性以及非政府组织自身的特点等方面。本杰明根据公共物品供给中资金的实际提供与公共物品的实际供给两个因素,以及政府与非政府组织在公共服务提供中各自承担角色重要程度的差异,他认为政府与非政府组织的关系可以分为以下类型:政府与非政府组织的合作模式、混合模式、政府处于主导地位模式以及非政府组织处于支配模式,在政府主导模式和非政府组织支配这两种模式中,政府与非政府组织都是各自独立的关系,二者缺乏互动;而在其他两种类型的关系中,政府与非政府组织的关系则属于一种合作或者协作互助的关系。[3] 也有学者认为,政府与非政府组织的关系受到这样一些因素的影响,主要包括提供公共服务时的组织身份定位、社会发展历史、国家对社会组织的态度等,例如,非政府组织的成长经历和发展过程等会对二者的关系

---

[1] [美]莱斯特·萨拉蒙:《公共服务中的伙伴——现代福利国家中政府与非营利组织的关系》,商务印书馆2008年版,第43页。

[2] [美] E. S. 萨瓦斯:《民营化与公私部门的伙伴关系》,中国人民大学出版社2002年版,第3页。

[3] Benjamin Gidron, Ralph Kramer, Lester M. Salamon, *Government and The Third Sector*, San Francisco: Josser-Bass Publishers, 1992, pp. 17–18.

产生一定的影响。[1]

二 政府与非政府组织关系的协作本质

在政府与非政府组织的关系讨论中,无论是冲突论还是合作论的观点,他们都基于政府与非政府组织自身的优势来分析二者之间的关系。也正是学者们大都认为政府与非政府组织各自具有不同的功能,所以,主张政府与非政府组织的合作关系是学者们主流的看法。但是,必须指出的是,无论是民营化理论所主张的公私伙伴关系,还是萨拉蒙所说的第三方政府所声称的公共服务中的伙伴关系,他们所说的合作关系实际上并不是合作,而只能算是初级形态的合作——协作,因为,在政府与非政府组织的关系中,政府始终是处于一种主导地位的。

政府与非政府组织的关系并不是平等的关系。无论是民营化理论所主张的合作,还是萨拉蒙所说的公共服务的伙伴关系,政府与非政府组织的关系都不是平等的关系,在政府与非政府组织的关系中,政府始终处于主导地位,而非政府组织则处于从属地位。也就是说,政府与非政府组织的关系并不是平等的关系,在二者的互动中,政府掌握着二者关系的主动权。关于这一点能够在美国里根政府时期对非政府组织的相关政策效果中得到清晰的说明。在美国里根政府执政之初的时候,关于政府与非政府组织的伙伴关系,已经形成了建立伙伴关系的共识,但是,里根政府所采取的一系列措施却对非政府组织造成了较为不好的影响。"里根政府对非营利组织部门的政策失去了一个重要的机会。里根政府没有形成一个新的联盟,来支持政府与非营利组织部门合作的项目,而是主要依赖倡导和经济方案的成功来在全国范围内提倡志愿精神。然而,政府的预算与税收政策对非营利部门的总体健康造成了严重的消极影响。"[2] "在这个过程中,政府让非营利部门遭受了一段重要的财政紧张时期。面对政府资助的减少——并且私人慈善捐赠并不足以补偿成本——

---

[1] Siddhartha Sen, "Some Aspects of State-NGO Relationships in India in the Post-Independence Era", *Development and Change*, Vol. 30, 1999, pp. 327 – 355.

[2] [美] 莱斯特·萨拉蒙:《公共服务中的伙伴——现代福利国家中政府与非营利组织的关系》,商务印书馆2008年版,第162页。

那些能够从事商业活动的非营利机构,越来越多地转向了商业活动,增加了它们对服务收费的依赖。"① 显然,从里根政府时期政府与非政府组织的关系中可以看到,虽然政府认为非政府组织是非常重要的,需要在政府与非政府组织之间建立一种伙伴关系,但实质上,政府在二者关系中占据着主导地位,政府不但能够在财政上影响非政府组织,而且能通过经济政策影响非政府组织的发展。即使政府表明想建立一种合作伙伴关系,而且将此作为政府目标,但在实际政策制定和政策执行中便可以看出,非政府组织实际上处于被支配的地位。在与非政府组织的各种合作中,政府始终处于主导地位,非政府组织处于一种协作地位。

我国学者康晓光曾经指出,我国非政府组织存在着一种依附式发展的模式。② 康晓光指出,依附意味着我国非政府组织尚未发展壮大,无法独立自主自我管理,受到外界力量的干扰较大;依附还说明非政府组织无论是在数量上、质量上和功能上发展还很不充分,从而受到环境因子的充分影响;非政府组织的依附主要表现为对政府的依附;在行为特征上,非政府组织价值上的西化和行为上的中国特色成为我国非政府组织的主要特征;依附式发展则是指非政府组织确实得到了发展,但不能独立发展;环境因子无论目的如何,在客观上促进了非政府组织的发展;非政府组织无论如何发展,都没有摆脱依附地位;这种依附关系使非政府组织在某种程度上成为某种势力的买办;这种依附式发展不同于一般的发展,即依附式发展的结果是,即使非政府组织未来得到充分的发展,却不能摆脱依附地位,反而使依附性越来越强了。③ 在另一篇文章中,康晓光用行政吸纳的概念来解释政府与非政府组织的关系;行政吸纳有两个核心机制,一个是控制,另一个是功能替代;控制主要是政府控制被统治者运用非政府或非国家的方式挑战政府的权威,功能替代是指通过各种策略,发展一种可控制的社会组织体系,从而满足社会的需求;也就是说,行政吸纳在本质上不是主张国家与社会的分离,也不是国家与

---

① [美]莱斯特·萨拉蒙:《公共服务中的伙伴——现代福利国家中政府与非营利组织的关系》,商务印书馆2008年版,第177页。
② 康晓光:《依附式发展的第三部门》,社会科学文献出版社2011年版,第97—99页。
③ 同上。

社会的相互制约，而是指国家进入社会，控制社会，"国家采取一些方式进入社会，但进入社会的国家已经不是纯粹的国家，而这些方式则打上了国家的痕迹"。[①] 从这段论述中可以看出，非政府组织由于自身发展不充分而使自身处于一种依附发展的状态，但是，随着非政府组织不断发展，这种依附状态不但没有得到改善，反而非政府组织对政府依附的程度会更加加深。这是为什么呢，其中的根本原因何在？其中最主要的还是因为管理行政的治理模式。造成非政府组织依附式发展的根本原因在于政府秉持着一种管理行政的思维方式，在社会治理中始终以控制的思维来进行社会治理，以控制的方式来对待非政府组织。这种治理模式只能造成非政府组织的非正常发展。在非政府组织依附式发展中，政府与非政府组织的关系不能称为合作，它们之间的关系只能称为协作。在这种协作关系中，非政府组织几乎完全处于一种被支配的地位，毫无独立性可言。在这种情况下，与其称这种组织为非政府组织，不如称为政府组织的衍生组织或半官方组织更为合适。所以，对于这种组织，只能将它划归为另外的组织类别。

三　协作的治理困境

政府与非政府组织之间的协作在一定程度上能够改善政府进行社会治理的困境，但是，也必须看到，在这种协作关系中，由于政府与非政府组织并不是平等的关系，二者之间缺乏信任，导致其协作治理的效果很不理想。在协作中，政府与非政府组织存在博弈关系，这种博弈关系对协作治理效果产生了极大的冲击。

在新公共管理改革实践中，政府与非政府组织之间存在着明显的博弈关系。新公共管理在一定程度上是在建造一个契约型国家。在非政府组织参与公共服务的提供过程中，政府与非政府组织通过签订合同来实现公共服务的供给。实际上，新公共管理所说的合作伙伴关系是一个契约关系，政府与非政府组织等组织之间是一种委托代理关系。一方面，这种合同关系存在着诸多的约束条件，唐纳德·凯特尔在其著作《权力

[①] 康晓光、韩恒：《行政吸纳社会——当前中国大陆国家与社会关系在研究》，*Social Sciences in China*，2007年第2期。

共享：公共治理和私人市场》中指出，合同外包作为公共服务改革的重要形式，存在诸多的约束条件，首先是供给方的缺陷：包括现存的竞争市场可能并不存在；卖方之间竞争的水平比较低；合同外包会产生特殊的外部性；需求方缺陷包括定义产品的困难；产品信息的缺乏；委托代理的复杂性会导致政府对承包方的监管失灵；多重的合同导致多重代理失效和价值目标的混乱；政府缺乏相关信息而失去了治理的主权。① 显然，从这段论述中可以看出，在参与治理中，政府与非政府组织之间的合同外包契约关系本身存在一系列的困难，而这些都会导致参与治理的效果产生较大的问题。

另一方面，既然协作存在着合同或委托代理关系，便肯定会存在着机会主义行为，而这必定促使政府加强对这些契约关系的控制，必定会对参与治理的效果产生巨大的负面影响。合同外包并不意味着政府责任的转移，合同外包中加强合同管理非常重要。在合同外包中，政府要有能力区分市场中的不同问题，用不同的方式处理与承包方的关系，也就是说，政府需要在日益增加的竞争中充当精明买主的角色。② 从以上分析可以看出，由于合同外包的缺陷导致政府必须加强对合同的管理以及对非政府组织等的约束，由此政府在二者关系中处于主导地位。实际上，无论合同外包中是否会出现缺陷，政府始终在二者关系中处于主导地位。新公共管理运动的主要改革措施之一是要求政府把一些具体的服务职能外包出去，但是却主张政府要保留必要的"掌舵"职能。奥斯本认为，"如果让其他人干更多的划桨工作他们就能更有效地进行掌舵。如果一个组织最佳的精力和智慧用于划桨，掌舵将会很困难。"③ 也就是说，新公共管理运动虽然主张非政府组织参与公共服务供给，但政府的"掌舵"等核心职能却被政府保留。"掌舵"职能的保留意味着政府还是保留了社会治理的核心职能，这也说明，在政府与非政府组织等社会主体的关系中，政府仍然居于主导地位。显然，无论合同外包是否存在问题，政府

---

① ［美］唐纳德·凯特尔：《权力共享：公共治理和私人市场》，北京大学出版社2009年版，第23—30页。

② 同上书，第155—156页。

③ ［美］奥斯本等：《改革政府——企业精神如何改革着公营部门》序，上海译文出版社1996年版，第7页。

无疑会在与非政府组织的关系中处于主导地位。也就是说政府与非政府组织的地位是不平等的，在二者关系中，政府处于主导者的角色，而非政府组织则处于被支配的角色。这种支配关系对参与治理的效果损害较大。因为虽然参与治理引入了非政府组织等多元主体，但却没有给予这些主体真正的社会治理主体地位，这必然会损害二者之间的关系，抑制非政府组织等主体在社会治理中的积极性，使非政府组织参与社会治理的效果很难实现。

这种控制导向还表现在各种合同条文对非政府组织的限制上。新公共管理改革提出的改革措施之一是废除繁文缛节和放松规制，以改变以往对政府过度管制的弊端，同时促使社会治理主体更好地进行社会治理。但是，在引入新的社会治理主体过程中，政府仍然会通过合同来约束公共服务的承包方。显然，使用合同对公共服务承包方进行约束，主要是为了防止非政府组织等服务提供主体的机会主义行为。但合同约束实际上是对社会治理主体另外一种形式的规制。虽然形式不同，但是实质是一样的，都是为了加强政府在社会治理中的控制作用。显然，通过合同控制并不能促使参与治理获得很好的效果。因为，任何严密的条文都无法避免各种各样的机会主义行为。

在政府与非政府组织关系中，由于政府的控制导向使二者处于一种协作的模式，这种协作模式使二者无法展开真正的合作，从而使参与治理的效果减弱。更为重要的是，随着人类社会逐渐向后工业社会过渡，社会的复杂性和不确定性增加，政府与非政府组织协作根本无法有效应对复杂社会现实所带来的挑战。因此，为了有效应对复杂社会现实所带来的挑战，必须实现非政府组织与政府关系的转变，即二者关系从协作转向合作。只有政府与非政府组织建立一种合作关系，才能使二者在社会治理方面各司其职，互相配合，从而实现社会的有效治理。

第三节　合作治理中的非政府组织

参与治理中政府与非政府组织所形成的是一种协作关系，在协作关系中，二者处于一种不平等的状态，因而影响了非政府组织功能的发挥。

因此，为有效应对新时期社会治理的挑战，必须要建立一种合作治理的社会治理模式，建立政府与非政府组织之间的合作关系。非政府组织参与合作治理具有一定的必要性，而非政府组织具有促进合作治理的功能基础。非政府组织与政府的合作治理具有实现的可能性。

一 政府与非政府组织建立合作关系的必要性

非政府组织与政府建立合作关系具有极大的必要性。政府与非政府组织建立合作关系源于政府垄断进行社会治理的失效；也源于有效应对高度复杂社会现实的需要。政府垄断治理失效是非政府组织进行合作治理的前提。为什么要建立政府与非政府组织的合作关系？从经济学的视角出发，政府之所以需要与非政府组织建立一种合作关系，一则是因为存在政府失灵现象；二则是因为公共物品具有公地悲剧属性；三则是因为市场供给存在着合约失灵现象。在治理主体方面，主要是因为政府作为垄断治理主体存在社会治理失效现象，所以，社会治理需要引入非政府组织与政府进行合作。依据公共选择理论的观点，政府失灵的主要原因在于公共部门人员的经济人属性，政府及其人员的理性经济人行为导致政策供给的无效率和公共服务供给的无效，从而造成政府失灵。对于政府失灵，公共选择理论开出的药方是，在政治上采用宪政改革，限制政府的权力，引入其他社会治理主体，打破政府对公共物品供给的垄断。[1]显然，从这个意义上论证政府与非政府组织建立合作关系是以政府失灵为前提的。其中逻辑前提是：政府作为唯一社会治理主体，由于其具有内在的缺陷而会在公共服务提供过程中产生目标替代现象，即以机构和个人的利益取代了公共利益，由此造成政府的失灵。因此，有必要通过非政府组织与政府的合作来克服政府的这种缺陷。

政府与非政府组织建立合作关系源于公共物品所具有的公地悲剧属性。从公共物品的名称上可以看出，公共物品属于所有的人，但是，属于所有人的东西实际上也是不属于任何人的东西。所以，公共物品往往由于缺乏明确的产权而无法得到有效保护，容易导致公地悲剧，即容易

---

[1] James Buchanan, *Theory of Public Choice*, Ann, Arbor: The University of Michigan Press, 1972, pp. 5–20.

导致理性的个人对公共物品过度地开发和利用。奥斯特罗姆认为，无论是国家利维坦式的治理方案，还是私有化的解决路径，这两种方案都有简单化的痕迹，实际上，在这两种方案之外，还有另外一种方案，即人们可以通过自组织的形式来解决公共物品的供给。[1] 即公共服务供给能够通过人们的自我协商和自我组织来实现。从这个意义上来说，非政府组织作为一种自组织形式，能够帮助人们组织起来自助满足自身公共物品的需求。

以上学者主要从经济人特性视角分析政府所存在的问题以及合作关系建立的必要性，这种观点和分析模式目前在学界广为流行。但是，认为政府及其官员是理性经济人的假设是不成立的。将政府及其官员视为理性经济人的假设与实践中官员的形象并不相符。葛德塞尔在其著作《为官僚制正名》中指出，人们对官僚机构和官员的看法是复杂的，"当公民被问到个别的、具体的关于行政机构的经历时，他们的态度要比将政府作为一个普遍真题作为对象调查时要友好得多。"[2] 为何出现这种现象，最富有说服力的解释是，现实中的大多数官员是致力于为公民服务的，是忠于公共利益的。之所以会出现人们对官僚机构整体有负面看法，主要是因为意识形态偏见等其他多重因素作用的结果。显然，人们对基层官员积极正面的看法是对政府及其人员理性经济人假设的一种否定。实际上，无论是现实中的人还是政府官员，其人格都是复杂的，既有自私自利的一面，也有乐善好施的一面。如果以人性的一个方面来对政府机构及其人员进行考察，无疑有失偏颇。所以，公共选择理论认为政府官员是理性经济人的假设是存在一定问题的，但是，公共选择理论所主张的政府失灵确实是存在的现实。只不过政府失灵产生的原因并不是政府及其官员的理性经济人行为所导致的结果，而是复杂的社会现实以及政府的治理模式所造成的结果。换言之，政府失灵是官僚制无法适应复杂社会现实带来的挑战所导致的结果。

---

[1] ［美］埃莉诺·奥斯特罗姆：《公共事务的治理之道》，余逊达等译，上海三联书店2000年版，第51页。

[2] ［美］查尔斯·T. 葛德塞尔：《为官僚制正名——一场公共行政的辩论》，复旦大学出版社，第49页。

以官僚制为主导的管理行政模式是适合于工业社会的一种治理模式。官僚制以其稳定性和高效性成为工业社会中人们普遍采用的一种组织形式。从这个角度来看，在特定的社会条件下，官僚制是能够在社会治理中发挥重要作用的，而且能够在社会治理中表现出很高的效率。但是，为什么官僚制会出现失灵现象呢？最为关键的原因是人类社会已经从工业社会向后工业社会迈进，在这样一个社会转型时期，社会变得高度复杂和高度不确定，官僚制组织在这种社会条件下，无法适应这种社会环境了。虽然以官僚制为主要组织形式的管理行政能够满足工业社会低度复杂和低度不确定条件下的社会治理需求，但是在高度复杂的社会转型时期，以控制导向为主要特征的官僚制组织已经无法满足社会治理的需要了。

在人类社会从工业社会向后工业社会转型之际，人类社会已经变得高度复杂和高度的不确定。首先，人类社会危机事件频发。社会高度复杂和高度的不确定的主要表现就是各种各样的危机事件频繁发生。在自然领域，各种自然灾害和危机频繁发生，从雨雪冰冻灾害到百年一遇的大型地震，每一个危机都是对社会治理体系的一个重大考验；在公共卫生领域，各种公共卫生事件不断发生，给人民生命财产安全造成了很大的损害；在安全生产领域，各种公共安全事件频繁发生。其次，科技的迅速发展。科技的迅速发展也使人类社会的复杂性和不确定性增加。一项新技术的发明与运用，一方面能够使社会取得巨大的进步，但与之伴随的也包括各种风险因素的增加，使社会的不可控因素加大。在各种风险中，由科技所带来的风险可能会更大。

在高度复杂的社会现实面前，管理行政面临着危机。管理行政在组织形式上主要采用官僚制为主要组织形式；在社会治理方式上，管理行政采取的是一种法治的社会治理方式。管理型社会治理模式在本质上是属于一种控制导向的治理模式，其社会治理的特点是以不变应万变。这种社会治理模式在工业社会低度复杂和低度不确定性的情况下是能够有效进行社会治理的，但是，在人类社会从工业社会向后工业社会转型之际，在人类社会从低度复杂和低度不确定的情况下转变为高度复杂和高度不确定的情况下，管理行政这种以不变应万变的控制导向的治理模式已经无法有效应对风险社会的挑战了。

与协作相比，合作关系能够产生巨大的优势。在美国学者珍妮弗看来，合作关系能够解决政府所面临的公共服务需求不断增加的压力。[①]也就是说，在各种多样化的社会需求面前，政府无法满足社会的各种公共服务需求，它必须与其他社会主体合作进行社会治理。换言之，合作能够应对新时期社会治理所带来的挑战，合作是改变政府困境的唯一途径。

概言之，管理行政在高度复杂和高度不确定的风险社会里失效是政府与非政府组织建立合作关系的重要。也就是说，导致政府失灵的关键是社会现实的变化以及管理行政的僵化。当然，这只是政府与非政府组织建立合作关系的前提。政府与非政府组织能够建立合作关系同时也在于非政府组织具有不同于政府的社会治理功能。正是非政府组织具有其独到的社会治理功能，才促使政府能够与非政府组织建立一种合作伙伴关系。

二 非政府组织的治理功能

非政府组织作为一种在人类社会后工业化进程中产生的非政府组织，其具有不同于政府组织的优势，从而使非政府组织能够在社会治理中起到弥补政府社会治理不足的作用，使政府与非政府组织建立一种合作的关系。这种合作关系不同于政府与非政府组织的协作关系，它是一种真正的彼此平等的关系。

政府之所以需要与非政府组织建立一种合作关系，是因为非政府组织在社会治理中的独特优势。非政府组织提供公共服务具有政府所不具有的一些特点。首先，非政府组织能够提供多种多样的公共服务。据萨拉蒙的研究，在美国有大量的非政府组织参与公共服务的提供，由于大量的公共服务由非政府组织来承担，导致在美国实际上形成了一个第三方政府。[②] 相对于政府而言，非政府组织具有提供公共

---

① ［美］珍妮弗·M. 布林克霍夫：《政府与非政府组织之间合作性关系的界定性分析》，《江西社会科学》2009 年第 1 期，第 248—254 页。

② ［美］莱斯特·萨拉蒙：《公共服务中的伙伴——现代福利国家中政府与非营利组织的关系》，商务印书馆 2008 年版，第 43 页。

服务灵活方便的特点。非政府组织能够提供那些个性化和独特的公共物品,从而满足人们不断增长的个性化的公共服务需求。政府提供公共服务往往具有同一化和标准化的特点,因而导致政府所提供的公共服务难以满足人们日益扩张的公共服务需求。非政府组织所提供的公共服务,具有涵盖范围广、种类多样、数量大等优点,所以,在公共服务提供方面,政府与非政府组织能够相互配合,从而形成一种合作关系。在这个合作机制中,政府主要负责政策供给和部分基本公共服务的供给,而大量的具体公共服务则可以由非政府组织来承担。通过这样一种机制安排,使政府与非政府组织都能够在社会治理中充分发挥各自的优点和长处,从而弥补政府单独进行社会治理所导致的一系列困境和弊端。概言之,政府与非政府组织之所以需要建立一种合作关系,主要是因为非政府组织在功能上具有弥补政府社会治理功能不足的独特优势,这是二者合作的原因之一。

其次,非政府组织与政府具有很强的资源互补性。学者理查森曾经指出,资源的互补性是不同组织之间合作的主要原因,所以,政府与非政府组织建立合作关系实际上能融合二者优势资源,同时也能有效化解社会问题。① 政府与非政府组织能够合作,一方面是因为非政府组织拥有不同于政府的资源,比如非政府组织能够吸引一部分社会资金,能有效缓解政府公共服务资金不足的问题;另一方面,非政府组织拥有较多的专业人才,一般而言,非政府组织由于是一种自治组织,参与其组织的成员大都拥有较强的专业背景,因此,非政府组织在智力资源方面有较好的储备。这些资源正是政府在社会治理中所需要的,所以,政府与非政府组织在资源上的互补性是两者合作的重要原因。具体而言,非政府组织在资源方面具有以下两个特点:第一,非政府组织能够吸纳社会资金。政府提供公共服务的资金来源于税收,但是,税收是受到限制的,而人们的公共服务需求却在不断地增长。如何化解政府在公共服务资金上的困境,非政府组织是一个重要的选择。非政府组织能够吸纳社会的慈善资金,这在一定程度上能够弥补政府公共服务上资金的不足。在非

---

① [美]南姆·卡普库:《无等级的合作:公共部门与非营利组织的合作关系》,《公共行政》2004年第4期。

政府组织的资金来源中，捐赠和会费都是占了相当的比例。必须指出的是，虽然非政府组织能够弥补政府在提供公共服务方面的资金不足，但是，总体上非政府组织对公共服务的资金支持是有限的。萨拉蒙通过研究发现，在美国政府对非政府组织的支持还是占了非政府组织运行资金的相当比例，有的地方提供社会服务的非营利部门接受政府的资助高达82%，有的地方则相对较低，但也达到了30%。[1] 第二，非政府组织能够吸纳较多的专业人才。与政府部门相比，非政府组织更能够吸引更多的专业人才和热心公益人士。在非政府组织的成员中，大都是对某一事业有浓厚兴趣的人，这些人在相关的领域大多拥有一定的专业知识。这些专业人士和专业知识能够弥补政府在知识储备上的不足。特别在信息社会时期，随着信息爆炸和知识爆炸，非政府组织的专业知识和专业人才就更能够弥补政府在智力资源方面的不足。

非政府组织在价值理念上与政府具有相似性。非政府组织与政府在价值上具有相似性，它们之间最大的相似之处在于政府与非政府组织都具有非营利的性质。政府是以公共利益为宗旨的机构，公共利益是政府的决策和行为的航标；而非政府组织的宗旨大多具有一定的公益性，而且由于非政府组织具有非营利的属性，所以，非政府组织的组织目标在一定程度上具有公共利益的属性。正是因为非政府组织与政府在组织目标上具有相似性，这成为二者合作关系的价值基础。实际上，在公共服务的供给中，营利部门也能够与政府结成一种伙伴关系，而且，这种伙伴关系在新公共管理改革中已经成为一种潮流。与营利组织相比，非政府组织的优势就在于，非政府组织不像营利组织那样具有追求利润的冲动，因而非政府组织更能获得政府和市民的信任，政府和非政府组织之间更容易建立一种基于信任的合作关系。

三 建立合作伙伴关系的现实可能性

从以上的分析可以看出，非政府组织由于自身的功能和特点而使自己能够成为社会治理的重要主体，促使政府与其结成一种合作伙伴关系，

---

[1] [美]莱斯特·萨拉蒙：《公共服务中的伙伴——现代福利国家中政府与非营利组织的关系》，商务印书馆2008年版，第104页。

因此，从这个意义上来说，非政府组织促进了合作治理，使二者之间的关系从协作走向了合作。

非政府组织与政府建立合作关系具有可能性，非政府组织的兴起促进了合作治理的产生。非政府组织之所以促进了合作治理，首先在于非政府组织的发展壮大。自20世纪末以来，非政府组织的数量呈现出突飞猛涨之势。正是因为非政府组织在数量上、质量上的突破，使非政府组织成为社会治理中的重要主体。从这一点来看，为什么在参与治理中个人参与效果不是十分理想，关键原因在于原子化的个人无法承担起社会治理的责任，原子化的个人无论如何努力也无法实质改变集权的官僚体制。而非政府组织则不同，非政府组织是一种市民自治组织，它属于自组织的一种。当具有共同需求的市民集合在一起，无论是表达意愿的能力还是社会治理的能力都会得到很大的提升。特别是在行政改革中所产生的非政府组织，其前身本身就是社会治理的主体，具有丰富的社会治理的经验。

其次，非政府组织在公共服务提供以及危机管理中所表现出的非凡效果使政府与非政府组织的合作成为可能。非政府组织无论在公共服务提供中还是在危机管理中，都能够充分发挥作用。非政府组织提供公共服务的功能非常强大，正是基于非政府组织的公共服务功能，在一些发达国家存在着"第三方"政府。萨拉蒙认为，当把福利国家理论运用到美国的公共管理之中时，存在的主要问题在于，它没有注意到政府在公共服务供给中的作为资金提供者和监管者的角色与它作为服务供给者角色的区别，因为在美国存在着大量的第三方的非政府组织来实施公共服务供给职能，"其结果是出现了一个精巧的第三方治理体系，在这个体系中，政府与第三方执行者在很大程度上共享对公共资金支出和公共权威运用方面的裁量权。"[1] 显然，在这里，非政府组织之所以能够成为第三方治理的主体，主要原因在于非政府组织的公共服务提供功能。非政府组织成为第三方治理主体也在于非政府组织在全球范围内的兴起，无论是英美等发达国家，还是一些发展中国家，非政府组织都在蓬勃兴起。

---

[1] [美] 莱斯特·萨拉蒙：《公共服务中的伙伴——现代福利国家中政府与非营利组织的关系》，田凯译，商务印书馆2008年版，第43页。

非政府组织的兴起对于人类社会具有重要意义和价值，以至于这种全球结社的浪潮在萨拉蒙的眼里，简直远胜于民族国家的兴起对于世界的意义。非政府组织具有"资源动员""公共服务""社会治理""政策倡导"等功能。[1] 所以，非政府组织的社会治理功能是非政府组织与政府建立合作关系的现实基础。

最后，非政府组织在维护社会秩序和提高公民素质方面具有作用。黑格尔在论述同业工会的作用时，曾经指出，同业工会能够具有一种组织化和秩序化的作用，它能使原子化的个人团结起来，使社会不至于解体。黑格尔所说的同业工会实际上属于统治阶级的一部分，同业工会实际上所起到的作用是帮助国家维护统治秩序。因为一则同业工会是封闭的，二则同业工会是依附于国家的，这两个特征导致同业工会只能起到维护统治阶级利益的作用。与同业工会不同，非政府组织是一种开放的组织类型，它面向市民社会开放，它代表的是市民社会的利益。非政府组织是社会自治组织，它的这个特质使得非政府组织不再是国家的附庸，而能够成为真正代表市民社会利益的组织。另外，非政府组织之所以能够维护社会秩序，是因为非政府组织能够将原子化的个人组织起来，从而达到维持社会秩序的目的。在我国学者马长山看来，非政府组织能够克服个体的任性与冲动，同时能培养市民的合作意识，非政府组织能够培养一种理性精神，通过这种理性精神，人们能够有效地使用自己的民主权利；另外，非政府组织能够使市民形成一种团队"类生活"，在这种类生活中，使成员认识到人们之间的彼此合作对于实现个人权利的重要性，通过非政府组织，使参与者能够避免个人主义和无政府主义所导致的不稳定因素。[2] 显然，非政府组织主要通过使参与者置身于共同体生活来提高市民的理性精神和公民素质的。非政府组织促进社会秩序主要通过内部秩序和外部秩序两个维度来实现社会秩序。通过参与非政府组织，个人能够形成理性的自律意识，从而形成良好的组织秩序即组织内部秩序，这实际上是微观上的组织秩序。具有理性的个人

---

[1] 王名、刘求实：《中国非政府组织发展的制度分析》，《中国非营利组织评论》2007年第1期，第107—112页。

[2] 马长山：《国家、市民社会与法治》，商务印书馆2002年版，第249页。

和具有理性的组织反过来也能够促进社会秩序的稳定。人们在非政府组织中所培养出来的合作精神、妥协意识实际上为和谐社会的生成创造了重要条件。显然，在促进社会秩序的生成方面，非政府组织具有其独特的功能，非政府组织通过促进社会自治从而能够提高公民的各种素质。非政府组织的社会秩序功能是对政府社会治理能力不足的弥补。只有政府与非政府组织合作，才能克服政府治理失效的现象。特别在人类社会后工业化进程开启、社会变得高度复杂和高度不确定之际，非政府组织这种促进社会和谐的能力具有重要作用，它是促使二者合作的重要前提和必要条件。

高度复杂的社会现实是促使政府与非政府组织合作的生态因素。非政府组织兴起主要是由福利国家的危机、发展的危机、环境的危机、社会主义危机等原因造成的：第一，由于在工业社会建立的福利国家已经出现危机了，由此导致人们不再对福利国家给予支持，在经济衰退和政府财政压力之下，福利国家逐渐被加以改造，政府的项目受到排斥，由此导致非政府组织的兴起；第二，发展中国家贫困的加剧导致了"参与式发展"或"自力更生的援助"的扶持模式的产生，以及一些草根非政府组织的产生；第三，环境危机使人们组织起来并对环境问题作出回应以及对政府施压以改善环境；社会主义的危机也促进了非政府组织的产生。[1] 实际上，以上特征是人类社会后工业的典型特征，也就是说，非政府组织的兴起是人类社会发展的必然。在风险社会的背景下，政府无法应对这种复杂的社会环境，无法满足公众多样化的社会需求，政府面临失灵的窘境。在这种条件下，非政府组织的兴起便成为现实；非政府组织与政府的合作便顺理成章。显然，这种高度复杂的社会现实既是非政府组织产生的原因，也是政府失灵的原因，更是二者结成合作关系的生态背景。后工业社会现实导致了政府治理的失灵是政府与非政府组织建立合作伙伴关系的重要原因。面对高度复杂的社会现实，政府垄断社会治理已经出现了治理失灵的状况。为解决治理失灵政府必须与非政府组织建立合作伙伴关系。政府与非政府组织的合作治理是建立在非政府组

---

[1] ［美］莱斯特·萨拉蒙：《公共服务中的伙伴——现代福利国家中政府与非营利组织的关系》，商务印书馆2008年版，第270—276页。

织公共服务供给功能之上的，这种合作是实现更好治理所必需的。因此，二者建立合作治理的关系具有现实可能性。

四 合作治理的产生

非政府组织在社会治理方面具有其不同于政府的特点和优势，因而能够在社会治理中与政府结成合作关系，从而催生了合作治理的产生。非政府组织促进合作治理的生成表现在它打破了管理行政的中心—边缘结构，催生了一种网状的社会结构。在这种网状的结构中，政府与非政府组织之间的关系不再是一种监督与被监督或控制与被控制的关系，而是一种合作关系与信任关系。

管理行政时期的社会结构是一种中心—边缘结构，其中政府处于这个结构的中心地位。在管理行政时期，政府垄断着社会治理的职责，政府是社会治理的唯一主体，在这种情况下，政府是基于一种管理的心态来进行社会管理的，正是这种管理的思维方式以及政府的垄断地位导致了社会治理的中心—边缘结构。如前所述，在人类从工业社会向后工业社会迈进之际，社会的复杂性的增加，给政府的垄断治理带来了极大的困境。政府垄断治理的困境在于它无法有效满足社会多样化的需求，它无法充分应对各种不断爆发的社会危机。以政府为中心的治理体系能够提供的公共物品具有规模性和统一化的优点，但这也正是政府垄断社会治理的缺陷，因为这种公共服务的供给方式无法应对人们日益多元化的社会需求。实际上，非政府组织的发展壮大与政府的治理能力存在着较大的关系。正是政府治理的缺陷和公共服务供给的缺位导致了非政府组织的进一步兴起，也就是说，非政府组织的兴起对政府治理具有一种弥补作用。也正是非政府组织对政府治理的弥补作用，非政府组织才能够参与到公共服务供给体系之中，这实际上打破了政府在社会治理中的中心地位。在人类社会从工业社会向后工业社会转型之际，社会对国家和政府提出了服务的要求。社会的服务要求具有划时代的意义，这种划时代的意义在于，它孕育着解构政府权威的作用，它弱化了政府的垄断统治。如果社会希望政府具有管理职能，这时政府会增加权威，从而形成行政国家的现实，在社会对政府主要提出服务的诉求的状态下，这时由于政府提供服务职能的不足而导致政府权威的弱化。① 也就是说，政府在面对社会所提出的强化管理的需求时会倾向于采取一种集权的社会治理模式，此时所形成的社会治理结构是一种中心—边缘的社会治理结构；而当社会的服务需求出现大规模增长的情况下，政府所需要改进的则是服务供给的数量、质量和种类，而政府治理能力的局限性会导致政府必须寻求新的服务供给主体和服务供给方式，由此，政府垄断权威便被打破。当非政府组织等社会自治力量在供给公共服务的过程中不断发展壮大之时，原来单中心的治理模式所形成的中心—边缘结构就会被打破，从而形成了多中心、网状的社会结构。

这种多中心的网状结构具有重要的意义，它的意义在于它预示着一种不同于管理行政的服务型社会治理模式的生成。在参与治理中，虽然也引入了公民参与等环节，但是，由于公民参与者属于原子化的个人，在这种情况下，公民参与存在着诸多的限制因素。首先，公民的个人主义取向不利于参与的实现。在公民参与之中，由于公民个人考虑问题的角度多是从个人利益出发，由此造成公民参与的局限性。虽然公共利益是由众多个人利益集合而成，没有个人利益的实现就没有公共利益的实现，但是，个人利益终究具有更多的局限性，因此，公民参与中的个人主义取向最终容易导致公民参与的失效。其次，公民参与的失效还表现在公民个人参与能力的不足。一则公共管理是一种专业性较强的领域，一般公民参与者缺乏参与的能力。正是由于公民缺乏相应的参与能力，导致公民在参与治理中无法发挥应有的治理功能，政府仍然处于治理体系的中心和主导地位。与公民参与不同，非政府组织具有诸多的优势。非政府组织往往是一些专业性的组织，它在公共事务的治理中具有较强的治理能力。正是由于非政府组织具有专业能力强的特点，所以非政府组织在社会治理中能够有效地弥补政府治理能力的不足。也就是说，非政府组织由于其具有较强的专业知识背景，它能够在社会治理中发挥政府所不具有的作用。正基于此，非政府组织才能够成为社会治理中的重要主体。如果说在参与治理中，公民个人由于其知识不足和个人利益取

---

① 张康之：《论"后国家主义"时代的社会治理》，《江海学刊》2007年第1期，第93—99页。

向导致其在参与治理中无法发挥应有作用的话,那么非政府组织由于其较强的社会治理能力和公共利益取向而在社会治理中获得公共服务供给主体地位。此时,非政府组织与政府之间不再是一种协作关系,而是一种合作关系。这种合作关系的建立为服务型社会治理模式的生成和服务型政府的建设打下了坚实的基础。

网络状的结构是不同主体间合作的保证。在这种合作关系中,政府与非政府组织的关系不再是支配与被支配或者控制与被控制的关系,而是一种平等合作的关系。在参与治理中,政府处于社会治理的中心地位,而其他社会治理主体则处于一种被支配的地位,由此所形成的是一种社会治理的中心—边缘结构。随着非政府组织在社会治理中作用的显现,参与治理的中心—边缘结构被打破,随之而形成的是一种多中心的网状结构。在这种网状结构中,任何一个节点都能够成为社会治理的中心,是否成为社会治理的中心取决于该节点所在的位置和功能。也就是说,网状结构的社会结构中不存在固定的社会治理中心,而且,处于中心位置的主体与其他主体之间是一种平等的合作关系。这种网络状的社会治理结构在本质上就是一种服务型的社会治理结构。这种治理结构在一定程度上促进了官僚制组织的瓦解。

在网状社会结构中,政府与非政府组织等社会治理主体之间的平等关系还促使官僚制组织发生结构转型,即官僚制组织转变为新的组织类型——合作制组织。在合作制组织中,中心—边缘结构被合作型的网状结构所代替。实际上,人类社会治理之所以呈现出中心—边缘的结构形态,在一定程度上是因为微观组织存在着中心—边缘结构。"官僚制是建立在社会等级化的条件下的,反过来,官僚制也是有助于社会的等级化来实现自己的,只要有等级的地方,就会有官僚制,就会有中心—边缘结构的存在。"[1] 也就是说,官僚制本身是一个中心—边缘结构,这种微观的组织意义上的中心—边缘结构是与宏观意义即社会结构上的中心—边缘结构同构的。宏观上社会结构与微观上的结构彼此互相依存、互相影响。所以,在宏观意义上,当社会治理主体从以前的单中心治理格局

---

[1] 张康之:《论社会以及组织结构的非中心化》,《江海学刊》2008 年第 1 期,第 87—93 页。

演变为多中心共在的治理格局时,此时的社会治理结构已经从以前的中心—边缘结构改造为一种网状的非中心化的结构形态了。与此同时,社会治理结构的非中心化也影响了微观上的组织结构。因为,在社会治理的非中心化的影响下,组织意义上中心—边缘结构势必要发生变化,官僚制组织由此而转化为另外一种组织类型——合作制组织。在合作制组织中,组织成员之间不存在控制与被控制的关系,他们之间只是一种彼此间的平等合作关系。合作制组织在结构上呈现出的是网络状的形态。简言之,非政府组织因为拥有突出的功能和能力而成为重要的社会治理主体,从而打破了工业社会以来所形成的社会治理主体的中心—边缘结构,同时也促使微观意义上官僚制组织中心—边缘结构的解构,使其转变为合作制组织。这种宏观和微观意义上的结构变化,实际上预示着服务型社会治理模式的生成,政府也即将从管理型政府转变为服务型政府。概言之,非政府组织促进了服务型政府的生成。

另一方面,非政府组织的出现也促进了合作治理另一重要因素——社会信任的生成。信任对于合作治理具有重要意义。没有信任,就没有合作治理,信任是合作治理的灵魂。参与治理之所以失灵,其重要的原因就是参与治理中缺乏信任,也缺乏生成信任的机制。在参与治理的各种理论设计中,无论是新公共行政理论所设计的民主行政的思路,还是政府再造中所倡导的政府与私营部门的合作伙伴关系,都无法产生真正的信任关系。在参与治理的各种方案中,为了促进彼此间的协作,所采取的主要方法是签订合同,通过合同条款的精密设计来达到控制的目的。在萨瓦斯看来,合同外包会存在着委托—代理问题,委托代理问题产生的原因是委托人与代理人目标不一致,代理人会追求更多的额外利益从而损害委托人的利益,由此会对合同造成损害,而控制委托代理问题同时也会产生额外的成本。[①] 显然,通过合同等契约而形成的信任关系并不是一种真正的信任关系,其本质仍然是一种控制与被控制、监督与被监督的关系。因为在合同设计中,为了预防代理人的机会主义行为,委托人往往会通过设计复杂的合同条款和严格的监督来实现二者的协作。在

---

① [美] E. S. 萨瓦斯:《民营化与公私部门的伙伴关系》,中国人民大学出版社2002年版,第185页。

这种情形下，委托者与代理人之间是毫无信任可言的，代理人也缺乏行动的自由与积极行动的动力。由此可见，信任是合作关系的基础因素，只有不同主体之间建立一种信任关系，才能促进合作治理的形成。在促进信任关系的形成中，非政府组织起到了重要的作用。

在工业社会管理行政时期，民众充满着对政府官僚体制的不信任感。在 20 世纪末全球范围内之所以兴起了一股行政改革的浪潮，其中主要原因之一是民众和政治家对政府官僚体制不信任。奥斯本指出，我们也许相信政府中工作的人，但是我们却不相信他们在其中工作的体制，我们本不想去攻击政府工作人员，我们只是在批评整个官僚制度和工作作风，我们所认识的政府工作人员，有的人工作勤恳，但是却受制于陈旧的制度约束，创造力得不到发挥。① 显然，从奥斯本的论述中可以看出，在工业社会管理型社会治理模式下，之所以会产生不信任，主要原因在于官僚体制的存在，在于官僚体制在本质上是一个中心—边缘结构。在以官僚制为主要组织形式的社会治理中，很难产生对政府的信任。在官僚制为治理主体的治理模式中，不但民众对政府会产生不信任感，而且，不同社会治理主体之间也会产生不信任感，这从而影响社会治理的效果。参与治理之所以会出现治理失灵现象，就是因为不同社会治理主体之间难以形成真正的信任关系，难以形成真正的合作关系，也无法应对复杂环境所带来的挑战。实际上，以官僚制为组织形式的管理型政府之所以不能形成一种真正的信任关系，主要原因在于管理行政时期所形成的信任是一种契约型信任，这种信任的本质在于对于契约的信任。张康之教授认为，从纵向的历史视角分析，信任实际上能够分为三种类型，一是农业社会发生的习俗型信任，二是工业社会产生的契约型信任，三是与后工业社会所契合的合作型信任。② 契约型信任在本质上是对合同等契约关系的信任而不是对人的信任，它是一种对制度或者规则的信任。而且，契约型信任具有一种工具性的特点。实际上，契约型信任代表着人们之

---

① ［美］奥斯本：《改革政府——企业精神如何改革着公营部门》，上海译文出版社 1996 年版，第 4 页。
② 张康之：《在历史的坐标中看信任——论信任的历史类型》，《社会科学研究》2005 年第 1 期，第 11—17 页。

间的不信任，它在本质上透露着人们之间的信任危机。由于工业社会造就了一种陌生人社会，在这种社会里，人们只能借助于契约这一形式来达到彼此的信任。但是，契约式信任的工具性质往往会造成人们之间的信任危机。也就是说，在管理行政时期之所以会产生社会对政府的不信任，关键在于人们之间只能形成一种契约型的信任，而不能形成真正的信任关系。正是信任的缺乏导致管理行政的失灵。

非政府组织在打破中心—边缘结构的同时，也促进了一种新型的社会信任的产生，即合作型信任的产生。在管理行政时期，由于官僚制组织和整个社会总体都存在着中心—边缘结构，所以此时只能产生一种工具性的契约型信任。官僚制组织本身是一种中心—边缘结构，在这种结构中不会产生真正的信任。因为在这种组织中，处于不同位置的人之间并不是一种平等的关系，而是一种控制与被控制以及监督和被监督的关系。人们在这种组织之间不会产生真正的信任。同理，在宏观的社会层面，不同社会治理主体之间也存在着中心—边缘结构，因此，在不同社会治理主体之间也很难产生真正的信任。这就是在工业社会人们经常会面临信任危机的主要原因。而在人类社会后工业化进程中所出现的非政府组织，由于它出色的治理功能，它实际上打破了工业社会以来所形成的政府单中心治理的格局，即打破了工业社会所形成的中心—边缘结构，这为真正信任的形成创造了条件。实际上，非政府组织的发展与兴起与政府的信任关系建立是同构的、一致的，它预示着新的社会治理模式即服务型社会治理模式的兴起。①

非政府组织打破了政府在社会治理中的垄断地位，为不同社会治理主体之间信任关系的建立创造了实质条件。一方面非政府组织由于其独特的治理功能而成为重要的治理主体，与政府一样成为重要的社会治理主体，打破了政府在社会治理中的垄断地位。在这种多中心的治理格局中，政府不再是社会治理的控制者，而只是众多彼此地位平等社会治理主体中的普通一员。由于不同治理主体之间存在平等关系，这为不同社会治理主体之间产生真正的信任创造了条件。著名政治哲学家罗尔斯认为，社会的合作具有这样的特征，即合作不是在专制集权下的一种社会

---

① 程倩：《论政府信任关系的历史类型》，学位论文，中国人民大学，2006年，第294页。

协调活动，它是社会公众在他们所能接受的规则指导下的一种社会行动。[1] 政府垄断地位的打破意味着专制集权将被平等合作所取代，这也意味着处于合作体系中的人们是平等的关系，都处于平等的地位。所以，产生合作与信任的前提条件是人们之间的彼此平等，人们之间不存在控制与被控制的关系。非政府组织的出现，打破了政府的垄断治理地位，使政府与其他社会治理主体一样，成为平等的社会治理主体。在这种情形下，不同社会治理主体之间才能产生信任关系和合作关系。另一方面，"社会合作是由社会结构所决定的，社会结构决定了社会合作的性质和形式"[2]。在人类社会后工业化转型之际，工业社会的中心—边缘结构即将被网状结构所代替，在这种情形下，社会治理才能产生一种真正的合作和信任关系。而且，在人类社会后工业化的背景下，社会的复杂性在不断地增加，这促使不同社会主体必须建立起一种真正的信任关系以促进彼此间的合作。在中心—边缘结构被网络状结构取代的情形下，有着合作意愿的不同社会治理主体能够建立一种合作信任关系，彼此互动起来进行合作治理。

非政府组织不但促进政府与其他主体之间产生合作和信任关系，也能够使组织内部产生信任关系。在管理型政府的中心—边缘结构之下，官僚制本身也会形成一种中心—边缘结构。也就是说，官僚制与管理型社会治理模式之间是一种相互建构的关系，一方面官僚制组织促进了整个社会形成了中心—边缘结构，另一方面，整个社会宏观上的中心—边缘结构也进一步巩固了官僚制的中心—边缘结构。在官僚制组织的中心—边缘结构中，由于存在控制与被控制以及治理与被治理的关系，由此导致官僚制组织不存在真正的信任关系。当非政府组织打破社会治理层面的中心—边缘结构的时候，官僚制组织势必会产生变化，即在整个社会的中心—边缘结构解体的情形下，官僚制组织也会被另外一种组织类型——合作制组织所取代。在合作制组织中，处于不同组织岗位上的

---

[1] ［美］约翰·罗尔斯：《作为公平的正义——正义新论》，姚大志译，上海三联书店2002年版，第11页。

[2] 张康之：《通过合作和信任把握历史的脉动》，《齐鲁学刊》2005年第2期，第111—115页。

人，只是分工的不同，而不存在中心—边缘之分。也就是说，不同组织成员之间不存在控制与被控制的关系，不同成员之间是平等的关系。在合作制组织中，成员之间的平等关系能够促进合作与信任的生成。张康之教授指出，信任关系的成立需要具备一定的前提条件，其中条件之一就是平等，这是信任与合作的基本条件，因为，信任的产生不是建立在强迫基础之上的，也同样不是建立在诱导的基础之上的，信任与合作是在人们平等基础上以及一些其他条件的基础上产生的。[1] 在合作制组织中，不同成员之间是彼此信任的关系，这种彼此信任关系是建立在不同成员之间彼此平等的基础之上。组织成员为了共同的目标而彼此信任与彼此合作。在合作制组织中，信任是组织行动的基础。这种真正信任关系的确立，实际上为合作治理的产生创造了条件。

概言之，非政府组织之所以能够促进合作治理进而催生服务型政府，主要是因为非政府组织的治理功能和它的属性。非政府组织在促进合作治理的产生上主要表现为它使社会结构发生了变化，原来以政府为中心的社会治理转变为多中心、多元治理主体条件下的治理，由此，管理型社会治理模式之下的中心—边缘结构被一种网络状的社会结构，这种网络状的社会结构实际上预示着社会治理主体的非中心化和服务型政府的产生。同时，伴随着中心—边缘结构的解体和社会网状结构的形成，政府由原来控制和管理导向转变为服务取向，不同社会治理主体形成一种平等的合作关系，由此，也促进了基于信任的合作关系的形成。合作信任的生成对于形成合作治理具有重要意义，它是合作治理形成的必备条件。在非政府组织导致整个社会治理层面上的中心—边缘结构解体的基础之上，也导致了微观层面上的中心—边缘结构的解体，由此形成了一种新的组织类型——合作制组织的产生。由此，非政府组织的兴起实际上促进了合作治理即服务型社会治理模式的产生。

---

[1] 张康之：《论信任、合作以及合作制组织》，《人文杂志》2008年第2期，第53—58页。

第六章

非政府组织与伦理精神的产生

非政府组织之所以能够成为社会治理的主体，还因为非政府组织能够促进伦理精神的生成。服务型政府是突出服务价值和伦理精神的政府类型，伦理精神是服务型政府的主要价值导向。非政府组织作为一种在人类社会后工业化进程中出现的组织类型，它的出现实际上促进了伦理精神的生成。非政府组织促进伦理精神的产生主要表现在非政府组织促进公平正义的实现，非政府组织促进了制度的伦理化，非政府组织促进了政府的服务价值生成。由于非政府组织促进了伦理精神的生成，所以，非政府组织从价值观念方面对服务型政府的产生起到了促进作用。

第一节 非政府组织的公平正义功能

无论从象征意义还是实际作用，公平正义对一个社会的作用都非常重要，因此任何一个社会都把维护公平正义作为政府的重要职责之一。但是，在现实政治实践和社会管理中，政府由于多重原因导致其并不能确保公平正义的产生或者确保完全实现社会公平正义。在这种情况下，非政府组织作为一种新生事物或制度设计能够在一定程度上实现公平正义。非政府组织促进公平正义主要表现在两个方面：一方面非政府组织促进了实质正义的产生；另一方面，非政府组织促进了分配正义的实现。

一 公平正义的理论系谱

公平正义的实现是先哲们和近现代政治理论家们孜孜不倦的追求。公平正义的充分实现是理论家们的共同愿望，但是，不同理论家对公平正义的实现路径有不同的看法和观点。

在古希腊先哲们的眼里,所谓公平正义是指社会秩序的实现,即实现以社会秩序为中心的公平正义。著名的古希腊思想家苏格拉底认为正义就是守法,守法即是正义的思想。"在关于什么是正义对话记述中,正义一直确定为善和美德,只是在柏拉图的《理想国》一书中,才借苏格拉底之口,对正义与守法的关系做出了深入的表述。而在实际上,苏格拉底本人一直是十分强调法律的作用以及守法的重要性的。"① 苏格拉底主要是鉴于当时的社会现实和圣贤治国的理想而提出了公平正义的观念。关于公平正义的思考贯穿于苏格拉底的一生。在苏格拉底等人思想的基础上,亚里士多德认为公正便是政治上的善。"政治上的善即是公正,也就是全体公民的共同利益。"② 同时,亚里士多德认为,公正的实现有赖于守法。公正是良好政体的重要标志。良好的政体是"全体公民都力求公平和正直"。③

在政治哲学家罗尔斯眼里,正义则应该是一种分配的正义。罗尔斯在其名著《正义论》中对正义做出了详细的阐述。罗尔斯是把正义与公平的概念结合在一起使用的。在罗尔斯看来,正义有两个基本原则,第一个原则是所有人都是平等的,都具有平等的权利;第二个原则是经济与社会的不平等应该基于这样的原则:在遵循正义的储备原则之下,要符合最少受惠者的最大利益原则,同时,遵循机会均等原则的情形下,所有的机会即地位和职位对所有人平等开放。④ 从罗尔斯的论述中可以看出,罗尔斯的第一个论点实际上是自由原则。自由原则规定了人们的平等自由权利,自由原则的中心是平等和公平,而实现公平正义则一定要实现社会利益和权利的公平分配。罗尔斯的第二个原则实际上可以称为差别原则。差别原则要求在社会经济所允许的情形下,应该照顾到社会中的弱势群体,即社会应该最大限度地改善那些处于社会不利地位的人。显然,罗尔斯认为人们应该享有自由平等的权利,这是正义原则的第一

---

① 徐大同:《西方政治思想史》,天津出版社2006年版,第102页。
② 苗田力:《亚里士多德全集》(第八卷),中国人民大学出版社1994年版,第91页。
③ 同上书,第182页。
④ [美]约翰·罗尔斯:《正义论》,何怀宏译,中国社会科学出版社1988年版,第60—61页。

要义。但是，由于人类自身理性的缺陷等原因，这也会造成人们彼此之间的利益冲突，人们之间也会形成政治经济等方面的不平等，进而会影响人们对自由平等权利的享有。这种状况何以解决？罗尔斯试图求助于通过国家和政府的作用来解决，即在自由原则实施之同时，国家应该实施一种差别原则以保护那些处于社会不利地位的人。

对于罗尔斯的观点，诺齐克则不予认同。诺齐克提出正义原则是"持有正义"，"持有正义的理论的一般纲要是：如果一个人按获取和转让正义原则，或者按矫正不正义的原则，（这种不正义是由前两个原则确认的）对其持有是有权利的，那么，他的持有就是正义的。"① 诺齐克认为，一个符合持有正义的原则获得某种持有，则这种持有是正当的。② 因此，任何通过劳动创造而获得的物品都是正当的，其他人无权加以干涉。诺齐克认为正义的第二原则是"转让的正义"，即从别的对持有拥有权利的人那里获取相关持有。③ 如果一个人遵循转让的正义原则，从另外一个拥有持有权利的人那里获得持有的权利，则这种持有也是正当的。诺齐克认为正义的第三个原则是矫正的正义，因为持有正义和转让正义并不总是存在，由此，他提出了矫正正义原则，即对持有中不正义的矫正。④ 从诺齐克的观点可以看出，诺齐克是一个主张个人权利的自由主义者，反对罗尔斯式的通过差别原则而由国家主导的人为的分配原则，即诺齐克实际上主张一种效率优先的观点。

从以上的讨论中可以看出，如何实现公平正义，学者们有不同的看法和观点。在现实的社会治理中，实际上不同的学者的主张都得到不同程度上的实现。诺齐克正义主张实际上是自由资本主义时期的典型写照，而罗尔斯的正义主张则在现代福利国家中得到了实现。在福利国家的制度设计中，罗尔斯的差别正义原则得到很好的体现。但是，福利国家能实现社会的公平正义吗？国家能完全承担公平正义的重任吗？显然，这是一个不好回答的问题。但福利国家的危机似乎给我们一个启示，即国

---

① ［美］罗伯特·诺齐克：《无政府、国家与乌托邦》，何怀宏译，中国社会科学出版社1991年版，第154页。

② 同上书，第152页。

③ 同上。

④ 同上书，第153页。

家在承担社会公平上的责任与其能力之间存在着一定的距离。

二 公平正义的国家主义方案

如何实现公平正义？在自由主义视野中，公平正义意味着对个人权利的保护，为此，国家应该最大限度地减少对公民的干预，因此，政府应该做一个守夜人。但是，正如资本主义历史进程所展示的那样，自由资本主义守夜人式的政府不能满足社会发展的需求，更不能实现社会的公平正义。所以，主张守夜人政府的模式被干预主义所取代，即政府应该积极促进公平正义的实现，而非仅仅关注效率。

为矫正效率至上的影响，新公共行政理论首先提出政府有责任促进公平正义的主张。新公共行政主张从以下途径来实现公平正义：

首先，政府需要对公民的需求做出有效的反应。新公共行政理论主张政府应该对公民的需求做出迅速有效的反应，政府应该关注公民的需求。政府在对普通公民回应的同时，更应该注意那些社会边缘群体以及处于弱势的少数。为此，政府应该成为一个具有回应性的政府。所以，新公共行政的代表人物弗里德里克森在其名著《新公共行政》中写到，回应性要求政府对公民的各种需求进行不断的感知，政府与此同时也要做出适应性的变化。[1]

其次，政府及其管理者要代表公民的利益，关注社会公正。在现代政治制度的设计中，政府是公共政策的执行者和公共利益的维护者。政府及其官员应该忠实履行议决机关决定的相关政策。与此同时，政府也需要关注公民的具体利益与具体诉求，而不是仅仅做个只会执行的官僚。正基于此，新公共行政的代表人物弗里德里克森指出，假设政府管理人员是一种代表性的公民，那么他就会少一些官僚习气，而多一份责任和民主的习惯。[2]

最后，新公共行政理论主张解决公平的途径在于公民参与。如何促

---

[1] H. George Frederickson. *New Public Administration*, The University of Alabma Press, 1980, pp. 55–56.

[2] ［美］弗里德里克森：《公共行政的精神》，中国人民大学出版社 2003 年版，第 182—183 页。

进公民参与？新公共行政主要从决策制定过程和政策执行两个方面来促进公民参与。一是在政策制定过程中促进公民参与；二是在政策执行中促进公民参与。就前者而言，公民参与能够提高政策制定的水平，能够提高政府政策的满意度；就后者而言，通过基层官员的参与行为能够在政策执行的层面更有力地回应公民的需求，从而实现公平正义。概言之，通过公民参与，能够在政策的制定层面和执行层面回应公民的需求，从而能够更好地体现公平正义。

在现实社会治理层面，实现公平正义的努力主要表现在福利国家的建设上。福利国家实际上是一种国家主义的公平正义解决路径。福利国家通过一种高税收和高福利的措施来为全社会提供一种社会保障，从而解决公平正义问题。具体而言，福利国家一改自由资本主义时期的守夜人政府模式，政府开始对经济社会生活进行全面干预。在政府职能方面，政府职能显著增多，政府为公民提供更多的社会保障职能。与此同时，政府规模也在不断地增大。福利国家通过增强对社会经济生活的干预确实在一定程度上促进了公平正义的实现。但是，福利国家也带来了一系列的问题。

福利国家面临的困境包括：第一，财政危机。福利国家导致的一个直接结果是国家的财政危机。因为在一个民主国家里，对于福利和社会服务的要求呈现无限制增长的趋势，而税收则存在着既定的限度。所以，随着福利国家的不断发展，财政危机也会出现。第二，信任危机。在福利国家中，存在着公民对政府的不信任。这种不信任既有现实的原因，也有意识形态的偏见，甚至也有政治家为推脱责任而对政府无端攻击的因素。第三，管理危机。在福利国家对社会经济生活的干预中，政府出现了管理危机。管理危机主要表现为政府官僚机关机构臃肿、效率低下、官僚主义习气严重等方面。

从以上分析可以看出，以国家主义途径实现公平正义，虽然在一定程度上能够促进公平正义的实现，但是，国家主义的路径也存在问题，它并不能从根本上解决公平正义问题。因此，解决公平正义问题不能仅仅依靠国家，还必须在国家之外寻找新的途径。在20世纪后期，伴随着非政府组织的大量兴起，非政府组织成为促进社会公平的重要力量。

三　非政府组织实现公平正义的两个维度

以非政府组织为代表的新市民社会促进了社会公平的实现。在实现公平正义的过程中，国家需要承担主要责任，但是，正如福利国家的实践所表明的，国家独自承担社会公平的效果并不理想，社会生活中大量非政府组织通过其行动起到了促进社会公平正义的作用。概括来说，非政府组织在以下两个方面促进了公平正义的实现。

第一，非政府组织通过"第三次"分配促进了社会公平正义。非政府组织有重要的价值分配功能。非政府组织通过吸纳各种社会资源，然后将社会资源在目标群体中进行分配，从而实际上起到了社会财富再分配的功能。社会收入有三种形式的分配，由市场主导的分配为第一次分配，由政府主导的分配为第二次分配，由慈善组织等非政府组织主导的分配为第三次分配。[①] 作为社会治理的重要主体，政府在社会收入分配中占据主要作用，但是，由于政府所有的收入分配行为都会涉及税收，所以，政府进行社会收入再分配的手段是有限的，因为政府不可能无限地扩大税收水平。而非政府组织由于其社会性和志愿性等特点，能够弥补政府在这方面的缺陷。非政府组织通过参与社会治理，扶助弱势群体，保护自然环境，供给公共服务等行动也能够在一定程度上实现社会财富再分配。当然，非政府组织吸纳社会财富的数量还是有限的，社会财富分配的主要途径还是第一次分配和第二次分配，但是，不可否认的是，非政府组织确实在一定程度上促进了社会财富的再分配，从而在一定程度上促进了公平正义的实现。

第二，非政府组织通过扶危救困实现了社会公平。对大多数非政府组织来说，非政府组织的服务对象是那些社会弱势群体以及受到各种灾害危害的群体。非政府组织维护社会公平正义首先表现在非政府组织能够保护弱势群体的权利。在社会经济转型时期，社会存在着相当部分弱势群体，如何维护这部分群体的利益，成为一个非常重要的社会问题。非政府组织由于其公益目标取向，能够在帮助社会弱势群体方面发挥重

[①] 赵玉华：《收入再分配中非政府组织和公民个人的作用探析》，《理论探索》2012年第3期，第78—80页。

要作用。在各种社会救助中，非政府组织实际上已经发挥了重要的作用。其次，非政府组织还能够促进民主政治建设，促进社会公正的实现。一方面，非政府组织能够促进公民素质的提高。非政府组织是公民自治的组织，通过参与非政府组织，公民能够受到教育而具有更多的社会责任感，从而增强公民的责任意识。也就是说，非政府组织实际上能够培养出合格的有素质的公众，从而为建设和谐社会创造了条件。另一方面，非政府组织也促进了善治。非政府组织参与社会治理，对社会治理的改善起到了重要作用。非政府组织作为一种社会组织，它在一定程度上能够促进信任、互惠和合作等社会资本的生成，这些社会资本能够在一定程度上促进社会的进步与和谐社会的生成。

第二节　非政府组织的伦理功能[①]

作为一种后工业化进程中兴起的新型组织，非政府组织具有重要的作用。张康之教授在其名著《论伦理精神》中指出，非政府组织的诞生有其重要的历史意义，"非政府组织是'新市民社会'的基本构成部分，它在实践上对政府垄断社会治理的局面形成了挑战，而且切实地在政府之外构成了一支社会治理力量。在某种意义上，非政府组织的出现催生了新型的社会治理模式，即催生了一种不同于工业社会治理模式的后工业社会治理模式[②]"。也就是说，以非政府组织为代表的"新市民社会"的兴起实际上预示着管理型社会治理模式的衰落和服务型社会治理模式的兴起，非政府组织实际上起到了一种对新型社会治理模式的催生作用。显然，张康之教授是从人类社会治理发展演变的宏观视角对非政府组织兴起的作用进行的历史考察和分析判断，这无疑具有极其深刻的社会洞察力。作为一种全新的组织类型，非政府组织在多个方面促进了服务型政府的生成。其中，在催生服务型政府产生的过程中，非政府组织对服务型政府的核心价值——伦理精神的生成，起到了重要的推动作用。正是由于非政府组织的兴起，从而使服务型政府的核心价值——伦理和道

[①] 此部分内容曾发表于《公共管理与政策评论》2015年第4期，第48—56页。
[②] 张康之：《论伦理精神》，凤凰出版传媒集团、江苏人民出版社2010年版，第59页。

德价值得以确立和弘扬。也就是说,非政府组织的重要作用不但体现在宏观上催生新的社会治理模式——服务型社会治理模式方面,而且能在社会治理的价值层面促进伦理精神的生成,从而使伦理价值成为社会治理中的核心价值。概括来说,非政府组织促进伦理精神的生成主要表现在三个方面:一是非政府组织促进了公共政策的合理性和公共性,从而使公共政策具有伦理属性;二是非政府组织促进政府从管理走向服务;三是非政府组织促进了行政人员伦理精神和服务理念的生成。

一 非政府组织促进公共政策的伦理属性

在管理型社会治理模式下,政府的政策是缺乏合理性与道德取向的,因而这种公共政策制定模式是缺乏合理性和公共性的。张康之教授在考察政策问题的建构主体的发展演变时指出,在不同的社会治理体系中,政策问题的建构主体是在不断变化的,政策问题的建构主体经历了"特权阶层"到"市民代表"再到"政策问题建构权扩大"等历史演进过程;虽然政策问题建构主体在不断地扩大,但是,在政策问题的建构过程中,始终存在着控制与被控制的问题,政策问题建构权始终被统治阶层所垄断;在统治型社会治理模式中,政策问题建构权被特权阶层所垄断,在管理型社会治理模式中,政策问题建构权则被位于中心地带的主体所占据。[①] 这段论述真实地刻画了政策问题建构主体存在的问题。实际上,这种情况不仅在政策问题建构主体中存在,在整个政策制定乃至公共政策过程中都存在。也就是说,在管理型社会治理模式中,公共政策实际上反映了处于中心地带主体的利益,而无法反映那些边缘地带群体的利益,公共政策是缺乏合理性和公共性的。

在管理型社会治理模式下,处于中心地带的政府对公共政策具有实质性的影响,它在一定程度上导致公共政策无法体现处于边缘地带群体的利益,从而使公共政策丧失合理性,无法体现公共利益。在管理型社会治理模式中,政府实际上是最权威的政策制定机构,几乎垄断着公共政策的实际制定权。张康之教授曾经对公共政策建构权的变动进行了考

[①] 张康之、向玉琼:《国家现代化中政策问题建构主体的演变》,《苏州大学学报》2013年第5期,第19—30页。

察,他指出,政策问题建构权存在着从政治部门向行政部门转移这一客观事实,行政部门在政策问题建构权中具有不同于政治部门的优势,而且,随着社会治理的演进,行政部门政策制定权的政治性质也得到了确认。[①]虽然根据政治行政二分原则和三权分立理论,政策问题的建构权属于政治部门,但是政府由于其在政策过程中的特殊地位,导致其能够在政策过程中占据中心地位,而政治部门在强势的政府面前,越来越丧失了政策制定的主动权,市民社会则在公共政策的制定中,则越来越边缘化。同时,在管理型社会治理模式下,政策制定模式是一种威尔逊-韦伯式的政策制定模式,这一政策制定模式最大的特点是,它是一种等级式结构。在管理行政中,政府采取的是官僚制组织形式,而官僚制是一个严格等级控制体系。由于在这种政策制定模式中政府几乎垄断公共政策的制定权,所以公共政策的具体制定权限是按照着官僚体制的等级来划分的。也就是说,在这种严格的等级式的政策制定模式中,市民社会的意见很难在公共政策中得到反映。这就使得公共政策的合理性和公共性都难以得到体现。简言之,在管理型社会治理模式中,公共政策制定主体实际上呈现一种中心—边缘结构。这种政策制定模式所导致的最终结果是公共政策缺乏合理性和合法性。

必须指出的是,在公共政策的制定中,利益集团也会成为一个重要的主体。利益集团在参与政策制定的过程中,能够在一定程度上改善政策制定的合理性和科学性。但是,政策存在被利益集团绑架的风险,利益集团能够在一定程度上损害公共政策的合理性和公共性。哈蒙在其名著《美国社会中的利益集团》中曾经指出,所谓利益集团就是这样一群人,他们能够自觉地联合起来以更好地强化自身的力量,从而能够更好地实现自身的利益,在与自身相关的问题上采取共同的行动从而到达自身的目的。[②]迈克尔·豪利特认为,利益集团具有很强的信息综合能力,因而它能对公共政策产生较大的影响;因为政策制定需要较多的信息,而利益集团在相关议题上往往拥有较多的信息,所以,政治人物乃至政

[①] 张康之、向玉琼:《变动于政治与行政部门之间的政策问题建构权》,《新视野》2013年第5期,第41—46页。

[②] 李寿祺:《利益集团与美国政治》,世界知识出版社1988年版,第3页。

府往往会转而求助利益集团获取相关信息，且以此来完善相关政策或反击政治对手。[①] 利益集团作为一个追求自身利益的组织，在公共政策的制定中，能够利用自身的影响力来影响公共政策的制定。利益集团影响公共政策制定的途径和措施包括游说、政治捐款、抗议示威等。在现代民主政治中，利益集团由于其强大的影响力往往能够影响到公共政策的制定，从而能够使公共政策更加有利于本集团的利益，使本来以公共利益为目标的公共政策偏离了公共利益的目标，使公共政策丧失了合理性和公共性。

显然，由政府和利益集团所主导的政策制定导致政策无法全面反映社会公众的利益，从而使政策缺乏合理性、合法性和公共性。但随着非政府组织的兴起以及非政府组织的利益表达功能的增强，政府以及利益集团垄断政策制定的局面被逐渐打破，非政府组织日益成为一个重要的政策制定主体。非政府组织参与政策制定能较好地促进公共政策的合法性、合理性和公共性。一般而言，非政府组织在以下几个方面促进了公共政策的合理性、合法性和公共性。

首先，非政府组织的参与拓宽了政策制定的利益表达渠道，使公共政策更能够反映公共利益。在管理行政时期，由于政策制定权被利益集团等中心地带的主体所控制，导致政策制定往往会偏向政府机构或相关利益集团的利益，即使在政策执行过程中会存在公民参与的情况，但是，原子化的个人在强大的官僚机构和利益集团面前是无法发挥作用的，个人的诉求最终只会被控制或忽视。随着以非政府组织为代表的新市民社会的兴起，市民社会的利益表达变得清晰和强大起来。非政府组织是一种社会自治组织，非政府组织在一定程度上能够代表市民社会的声音。通过非政府组织，市民社会能够把自身的利益诉求向政府准确表达，从而使政策制定更能够准确全面地反映市民社会的利益诉求。与原子化的个人相比，非政府组织具有较强的利益综合能力和利益表达能力，所以，相比于公民个人参与，非政府组织参与政策制定具有更多的话语权和较强的表达能力。非政府组织参与政策制定既是非政府组织的主动行为，也是社会治理需要。因为非政府组织是市民社会自发组织起来的，是市

[①] 迈克尔·豪利特：《公共政策研究》，生活·读书·新知三联书店2006年版，第99页。

民社会自我治理的组织,是市民社会为了维护自身利益的需要而建立起来的组织。从这个意义上来说,非政府组织具有主动参与政策制定的需要。同时,非政府组织参与政策制定也是社会治理的需要。在人类社会从工业社会向后工业社会转型之际,政府面临的最大问题是社会治理能力不足的问题。而一个充分发展和高度组织化的市民社会,对改进社会治理是具有非常重要的作用的。更为重要的是,非政府组织参与公共政策的制定,使市民社会的利益诉求得到充分的表达,使公共政策能够充分反映公共利益,从而使公共政策更具有公共性。

其次,非政府组织能够促进公共政策更具有伦理属性。管理行政是一种控制导向的治理模式。在这种社会治理模式下,社会治理的一切行为都以获得一种管理秩序为主要目标。所以,在这种社会治理模式之下,政府制定公共政策更多的是出于效率考量或者说经济考量,而社会生活的其他价值则予以忽视。也就是说,在管理型社会治理模式下,政府在政策制定时往往会更加重视经济价值和效率价值,而对人类社会的其他重要价值予以忽视。例如,政府制定的经济发展政策往往是以牺牲环境为代价的,政府在制定政策时,效率和经济价值是首要考虑的价值,而人类生存环境的保护等长远价值则受到了忽视。相对而言,非政府组织则对经济和效率价值之外的其他价值则给予充分的重视。正是因为非政府组织对其他社会价值的重视,可以促使政策制定过程中政府在注重经济和效率价值的同时,更注重人类社会的一些长期目标,使政策更富有伦理属性和人文关怀,更关注人类社会的一些长远价值。

最后,非政府组织参与政策制定能够有效监督政府在政策制定中出现的寻租行为。政府是公共组织,政府的宗旨是为社会提供公共服务,因而从理论上说政府必须为公共利益服务。但是,政府也存在着自身的部门利益,因此,政府存在着在政策制定的过程中为本部门谋利益的行为。特别在管理行政时期,由于政府在社会治理中的控制导向,这种控制导向为寻租和腐败提供了条件,导致政府在政策制定中会存在偏离公共利益的倾向。而非政府组织成为公共政策的制定主体,能够在一定程度上抑制政府在公共政策制定过程中的寻租行为,从而使公共政策能够进行较为公平的利益分配。著名政治学家托克维尔在其名著《论美国的民主》中指出,美国之所以能够成为一个成熟的民主国家,在于其拥有大量的公民组织,即在一个拥有大量社团的多元社会里,政府会被社会所制约。所以,约翰·基恩说,托克维尔所说的独立的社会所具有的那只独立的眼睛,监督着国家和政府,防止其堕落为专政。[1] 罗伯特·达尔也持有类似的观点,认为独立的社会团体对民主制度具有非常重要的作用。"独立的社会组织在民主体制中是非常有价值的东西,在大型民主制度中更是如此","这种社会组织的出现既是民族国家统治过程中民主化过程的成果,更是民主制度运转所必需的,其主要作用是最大限度地保障政治自由和改进人民的生活,使国家的专制最小化"[2]。非政府组织作为一种独立的社会组织,其在政策制定过程中能够发挥监督政府的作用,使政府在公共政策制定乃至公共政策的执行过程中能够自觉以公共利益的实现为目标而较少出现寻租与腐败行为。

二 非政府组织与政府服务导向的生成

在管理行政中,政府在本质上是控制导向的,政府的一切行为都是服从于创造一种管理的秩序。但随着人类社会向后工业社会的转型,社会变得高度复杂和高度的不确定,在这种情形下,管理行政的控制导向的管理模式无法适应新的社会现实所带来的挑战,管理行政必须转变服务行政。也就是说,服务行政代替管理行政是人类社会发展的必然,后工业化高度复杂和高度不确定的特点导致了服务行政的产生。实际上,政府从管理走向服务还有一个重要的原因,即非政府组织的兴起导致了政府职能的转变,政府不再需要承担过多的管理职能,政府原来的公共服务和社会治理职能被非政府组织等多元主体所承担,政府所要承担的主要职能转变为为多元主体合作提供制度支持,譬如公共政策的供给、合作机制的构建以及建立德制等。

在管理型社会治理模式中,政府的控制导向和管理思维体现在其采取的组织形式、与其他治理主体之间的关系等诸多方面。在管理行政时期,政府所采取的主要组织形式是官僚制组织。官僚制组织是个注重规

---

[1] John Keane, *Democracy and Civil Society*, London: Verso, 1988, pp. 47 – 51.

[2] Robert Dahl, *Dilemmas of Pluralist Democracy: Autonomy vs. Control*, New Haven: Yale University Press, 1982, p. 1.

则和控制的组织类型,官僚制组织力图通过各种规章制度的制定来实现对自身和社会的管理。正是通过官僚制这种组织形式,政府力图实现对社会秩序的管理和控制。官僚制组织同时也是个等级控制体系,在组织内部,官僚制组织通过上下级的层级节制来实现对组织成员的控制;在官僚制组织与外界的关系方面,官僚制组织通过专业化的部门设置来实现对社会的控制。在谈到官僚制组织对社会的控制时,张康之教授指出,"官僚制组织的社会控制原理是:组织的最高层通过对专业部门中的技术官僚的直接控制而实现对整个社会的控制。或者说,完整的控制体系是逐层展开的,每一个部门担负着专业化的控制职能,然后在下一个层级如法进行,从而在这种专业化职能的实现过程中达到相互协作,实现对整个社会的全面控制。"① 显然,官僚制的专业化设计非常有利于其对社会的控制。同时,官僚制组织与社会中其他组织的关系也体现了控制导向的特点。这在政府与非营利的、非政府的组织的关系上表现得特别明显。在工业社会时期,在政府之外,也有大量的社会组织和非政府营利组织,这些组织也在一定程度上参与到社会治理中来。在西方国家行政改革的浪潮中,非营利组织和非政府组织也得到了迅猛的发展。这时政府与非政府组织的关系也变得更加紧密。在莱斯特·萨拉蒙的眼里,非营利组织和政府组织正在建立一种全面合作的关系,以至于在美国实际上存在着"第三方治理"的现象②。但必须指出的是,这时政府与非营利组织的关系只是一种协作关系,而非合作关系。在这种协作关系中,政府仍然处于主导地位,而这些非营利组织等主体只是处于社会治理体系的边缘。

在工业社会低度复杂和低度不确定的社会背景下,这种控制导向和管理思维还能适应社会治理的需要,但是随着人类迈入后工业化的进程,政府的控制取向和管理思维已经无法有效应对各种复杂的社会问题了,甚至,其自身的管理方式已经成为社会治理的阻碍和危机频发的根源。

---

① 张康之:《论官僚制组织的等级控制及其终结》,《四川大学学报》(哲学社会科学版) 2008年第3期,第5—11页。

② [美] 莱斯特·M. 萨拉蒙:《公共服务中的伙伴——现代福利国家中政府与非营利组织的关系》,田凯译,商务印书馆2008年版,第51—52页。

安东尼·唐斯在谈到官僚制需要大量正式规则的原因时认为,官僚制之所以需要正式规则,是因为官僚制组织缺乏自愿等价交换的机制,是因为正式规则对于协调复杂行为而言是一种有效的手段,许多正式的规则约束的决策涉及与官僚组织与外部人员的相互作用,也是因为协调资源的需要。[①]在这里唐斯实际上表达了这样几层意思,第一,官僚制通过规则来迫使成员按照组织意图行事,因为官僚制组织缺乏一种自愿的作用机制;第二,官僚制的规则是一种化繁为简的手段,官僚制的规则是为了获得秩序;第三,规则是为了给予每一个组织的外部人员以同等的待遇。就第一点而言,通过规则迫使缺乏意愿的组织成员按照组织意图进行执行和管理活动也许还能实现组织目标,但这肯定只能实现最低限度的组织目标,甚至根本就不能实现组织目标。显然,当社会变得高度复杂的情况下,这种缺乏共识的、强制性的规则根本无法实现组织目标,更不能实现对社会的有效治理。对于第二点,实际上用正式规则来简化复杂行为和社会关系只是一种简单化的做法,这种化繁为简的方法在社会矛盾和社会需求比较简单的时候,还能够获得一定社会秩序,当社会需求和社会矛盾日益高度复杂之时,这种简单化处理的方法只能使问题更加复杂。关于制定规则为了使官僚制成员能够同等地对待每一个组织外部的成员,实际上,这种形式上的平等蕴含着新的不平等,因为,如果官僚制组织同等地对待每一个组织外部的目标对象,而不考虑这些对象的实际差异,这会导致那些处于弱势地位的群体处于更加不利的地位,这实际上可能会造成新的不平等。另外,官僚制所指向的群体的需求是各不相同的,均一无差别地对待所有的人,实际上便是一种典型的官僚主义和行政傲慢,同时意味着官僚制组织提供很多无效的服务。概言之,在后工业化和全球化的背景下,管理行政的控制导向和管理思维已经不能适应新的社会现实,它所赖以存在的官僚制组织也面临着失灵的风险,管理行政面临着治理能力不足的风险。因此,在新的社会背景下,管理行政亟须转型为服务行政,其行为方式也要从控制转变为服务。在这种转型过程中,非政府组织的兴起及其独特的治理功能为这种转型提供了契机,非政府组织能够有效地分担政府社会治理的压力,从而使政府从

---

① [美]安东尼·唐斯:《官僚制内幕》,中国人民大学出版社2006年版,第64页。

原来社会治理的主导者转变为社会治理的合作主体之一，其主要功能也从原来的管理转变为服务。

非政府组织具有较多的社会治理功能。全钟燮在谈到非政府组织的作用时，认为非政府组织主要是一种社会变革的力量，他认为，最近非政府组织已经成为一种探索民主化途径的重要力量，在政治和社会生活中，非政府组织在公民参与的有效性和促进参与民主成熟方面具有重要作用，而且，非政府组织提供的服务具有一定的独特性，它提供了一些政府和营利组织都不愿意涉足的公共物品或公共服务。[1]在这里，全钟燮虽然也注意到了非政府组织的社会治理功能，但他主要看到了非政府组织的政治功能。实际上，非政府组织兴起的重要意义在于，非政府组织能够在社会治理方面具有重要作用。在社会治理方面，非政府组织具有提供公共服务、参与危机管理、促进社会自治等方面的功能。非政府组织的这些社会治理功能对政府治理能力不足有重要的弥补作用，具体而言，首先，非政府组织能够提供公共服务。非政府组织的数量大、种类多的优势，使非政府组织能够提供种类丰富、形式多样的公共服务。因此，在服务提供上，非政府组织能够弥补政府提供公共物品单一和质量不高的缺点，同时，也能弥补政府提供公共服务不足的问题。在一些西方国家的公共服务供给体系中，非政府组织实际上已经充当了重要的角色。其次，非政府组织能够在危机管理中发挥重要作用。现代社会是个风险社会，各种危机频发成为这个时代的主要特点。因此，如何应对危机，使危机能够掌控在可控的范围内是政府必须面对的问题。显然，仅靠政府的力量难以应对风险社会的挑战，政府必须寻求共同应对危机的伙伴。而非政府组织则是理想的社会治理伙伴。实际上，在危机管理中，非政府组织已经发挥了十分重要的作用。有研究表明，非政府组织不但能够在危机发生后进行有效的灾害救助，而且非政府组织也能有效参与危机预防的相关行动。最后，非政府组织能够促进自我治理。非政府组织是一种社会自治组织，它能有效促进社会的自治。社会自治的好处在于它能有效减轻政府的社会治理负担，因而，成熟的社会自治意味

---

[1] ［美］全钟燮：《公共行政的社会建构：解释与批判》，孙柏瑛等译，北京大学出版社2008年版，第166页。

着成熟的市民社会和一个高效精干的政府。另外，非政府组织能够增强政府的回应性。费希尔在谈到非政府组织的作用时认为，那些具有一些技术技能和较好社会基础的自治非政府组织会对政府及其公共政策产生较大的影响，尽管这些非政府组织已经在某些政治领域对政策产生影响，但是，它们不满足于此，它们已经着手建立网络与政府合作，以此来促进经济社会的持续发展和促使政府增强回应性。[1] 概言之，非政府组织兴起和非政府组织的社会治理功能能够在一定程度上减轻政府的社会治理负担，从而有利于政府从沉重的社会治理中解脱出来，专注于服务的职能。

当非政府组织能够承担相关社会治理职能之后，政府的主要功能从管理行政时期的管理和控制转变为服务。在谈到后工业化过程中非政府组织的作用时，张康之教授是这样描述非政府组织如何促进政府从控制转变为合作的。第一，非政府组织出现改变社会治理的结构，即社会治理结构从原来的单一主体治理转变为多元主体治理；第二，非政府组织在社会治理中产生了重要的作用，政府的功能发生了转移，政府的作用主要是提供合作治理的制度环境；第三，在这种合作互动中，控制导向的治理方式转变为合作导向的治理方式，权力意志和法的精神转变为伦理精神和道德意志，在这种伦理精神的基础上，原来控制导向的规则体系也转变为基于伦理精神的规则体系。[2] 也就是说，在后工业化进程中出现的非政府组织，由于其独特的治理功能而对政府在社会治理中的不周延具有弥补作用。在政府和非政府组织的合作互动中，促使政府的角色从控制转变为服务。在这种转变中，政府的服务职能主要包括政策供给、合作机制的构建、具有伦理精神的制度建构等。也就是说，在政府从管理转变为服务的过程中，促进了具有伦理精神的德制生成。虽然非政府组织具有与政府不同的社会治理功能，但是，必须指出的是，非政府组织社会治理功能的发挥也有赖于政府的配合。也就是说，非政府组织发挥社会治理功能有赖于政府的合作。政府需要为非政府组织等社会治理

---

[1] Fisher J. *Nongoverments*: NGOs and the Political Development of the Third World, West Hartford, Conn.: Kumarian, p. 159.

[2] 张康之：《论伦理精神》，凤凰出版传媒集团、江苏人民出版社2010年版，第61页。

主体提供一个好的政策环境。萨拉蒙的研究表明，政府的相关政策对非政府组织的发展乃至公共服务的提供具有十分重要的作用，在20世纪80年代，虽然对非政府组织提供公共服务赋予较高的地位，但是相关的公共服务和资助政策却使非政府组织的发展重心和组织战略产生了变化。① 显然，在非政府组织等社会治理主体参与社会治理的过程中，政府的职责主要是提供制度环境，在此之外，还需要构建一个与非政府组织的合作机制，以便二者更好地进行合作。

三 非政府组织与行政人员伦理精神的产生

在管理行政中，行政人员是缺乏道德自主性和伦理精神的。之所以如此，是因为管理行政给予行政人员施加了外在的强制的规则控制，使行政人员丧失了道德自主性，从而使行政人员缺乏伦理精神。美国学者B.盖伊·彼得斯认为，关于行政人员的控制或责任问题，政治学有两种论点，一个是通过"内在的个人义务感"进行控制，另外一个流派认为，仅仅依靠这种内在的义务感是不能控制官僚履行自己的职责的，还必须通过外在的强制性的措施来实现对行政人员的控制以保证他们做出负责任的行为；在这两个观点中，前者主要是通过行政人员自身的伦理价值和专业标准来指导自己行为和履行自身职责，后者则是在前者的基础上，强调还需要通过法律和制度规范行政人员的行为。② 实际上，在社会治理的实践中，我们看到，为了保证行政人员能够做出负责任的行为，往往采取的是通过立法、规则和程序等一系列的外部控制的方式来促使行政人员履行职责，而通过内在的个人义务感来促使行政人员履行职责则受到了冷遇。工业社会普遍采取规则取向的官僚制组织就是这种现象的集中表现。官僚制是一种强调规格和程序的组织类型，为了防止官员滥权，官僚制通过设置各种规则和制度来约束官僚制组织的成员，以保证他们在任何时候都能保持价值中立，避免个人价值判断和感情因素介入行政

---

① ［美］莱斯特·M.萨拉蒙：《公共服务中的伙伴——现代福利国家中政府与非营利组织的关系》，田凯译，商务印书馆2008年版，第241—243页。

② B.盖伊·彼得斯：《官僚制政治》，聂露、李姿姿译，中国人民大学出版社2006年版，第313页。

行为当中去。显然，为了使行政人员能够公正无私地执行政治决策和各种法律政策，官僚制更倾向于主张对行政人员给予严格的控制，通过严格的规章制度来保证这种目标的实现。但在实践中，这种严格的外在控制效果并不显著，甚至这种严格的控制已经成为行政人员有效履职的障碍，同时也会导致官僚制组织效率低下和官僚主义严重。正是这个原因，官僚制的这种规则导向和效率追求饱受批评。新公共行政理论认为，传统公共行政的这种效率取向存在很大的问题，公共行政应该关注社会公平问题，为此应该给予行政官员更大的自由裁量权，行政官员需要在政治主张和政治中立之间寻找平衡。相对而言，新公共管理理论则更为激进，新公共管理理论则要求摒弃官僚制，放松规则，让管理者行使其管理权。虽然新公共行政学者和新公共管理学者都主张放松对行政人员的规制和给予他们较大的自由裁量权，但是，他们的主张仍然是建立在原有的行政模式之上，他们并没有抛弃官僚制，官僚制理论仍然是他们理论主张的基础。概言之，只要组织形式仍然是官僚制组织，这意味着组织中的控制导向不会改变，也意味着行政人员仍然缺乏道德自主性，因而也就缺乏伦理精神。

　　行政人员的道德自主性和伦理精神对社会治理具有重要的意义，特别在全球化和后工业化这种高度复杂的社会背景下尤其如此。在高度复杂的社会背景下，社会治理需要发挥行政人员的主动性和创造性，以解决社会治理中所面临的各种高度复杂、高度不确定的、非常规性的问题。如果仅仅局限于给予行政人员设置一定的自由裁量权，显然不能够有效应对社会治理的挑战，因为这种受到重重规制约束的自由裁量权在高度不确定的社会现实面前是无法应对风险社会所带来的挑战的。因此，后工业化背景下的社会治理需要行政人员具有伦理精神和道德自主性，进而创造性地进行社会治理活动。那么，如何才能激发或者保证行政人员具有伦理精神呢？或者说，为保证伦理精神和道德自主性，我们需要进行怎样的组织变革呢？美国学者库珀在谈到管理中的伦理问题时认为，如果在管理的角度来思考伦理问题，就要关注战略问题，因此，管理者需要关注运用何种干预方式进行合理的、必要的组织结构和文化革新，而实现变革的最好方法和战略就是把伦理与组织的发展紧密结合起来，这一点对于伦理方案非常重要，改革的内容主要包括设计行动方案、改革组织的结构和组织文化，目的是使组织结构和组织文化更加支持和促进伦理行为。① 在这里，库珀认识到行政人员的伦理问题并不是一个简单的说教问题，或者说并不是仅仅制定各种规章制度就能够确保伦理问题的解决，而是涉及组织结构、组织文化和行动方案等多重因素。库珀的认识是深刻的，因为行政人员的伦理问题并不是一个孤立的问题，它与组织的其他因素具有密切的关系。但是，如果囿于官僚制的框架和管理行政的行政模式，仅仅在官僚制基础上对组织结构、组织文化进行局部的改变，是难以促使行政人员道德自主性和伦理精神生成的；行政人员道德自主性和伦理精神的生成需要在服务行政的构建中产生。只有在服务行政中，行政人员才是具有道德自主性的行为主体，行政人员只有通过内在的道德约束和内在道德信念的建立才能应对高度复杂社会条件下的社会治理。在行政人员道德自主性和伦理精神建立过程中，非政府组织起到了重要的作用。概括来讲，非政府组织从三个方面能够促进行政人员伦理精神和道德自主性的产生：一是非政府组织能够培养高素质的公民，这为行政人员的产生提供了良好的社会条件；二是非政府组织促进了合作治理，合作关系促使行政人员道德意识的产生；三是非政府组织促进了道德的制度的生成。

首先，非政府组织为行政人员的产生创造了良好的社会基础。实际上，行政人员首先必须是个合格的公民，同时行政人员也应该来自公民。这样的标准说明行政人员是来自市民社会的，所以，他必须是一个合格的公民，这样的条件使行政人员更方便与市民社会的互动。实际上，行政人员仅仅是合格公民是不够的。因为，自近现代以来，人类社会分化为公共领域和私人领域。在私人领域里，人们有追求个人私利的自由，而在公共领域中，行政人员是不能追求个人的私利的。正是基于此，张康之教授提出了"公共领域拒绝权利"的论断。② 所以，行政人员与私人领域中的个体是不同的，因为私人领域的个体有追求个人私利的自由。在私人领域中个人在遵循一些外在的制度约束的情况下追求个人利益是

---

① ［美］特里·L.库珀：《行政伦理学：实现行政责任的途径》，张秀琴译，中国人民大学出版社2010年版，第249页。

② 张康之：《公共行政拒绝权利》，《江海学刊》2001年第4期。

正当的和符合道德的；但在公共领域中，行政人员不但要遵守一些外在的制度约束，而且在内心必须树立一种为公共利益服务的道德观念。显然，行政人员不是一般的公民，它应该是具有高尚道德的人。也就是说，成为行政人员的人必须是具有相当道德水平的人，必须是具有为公共利益献身精神的人。而这样高素质的公民从哪里来，如何培养？实际上，非政府组织作为一种公民自治组织，在培养高素质的公民方面具有重要的作用。一方面，非政府组织能够成为公民的道德训练场。非政府组织实际上承担着一种先进文化资本传递的功能，非政府承担着社会公平正义的使命，非政府组织这个"新中心"蕴含和集聚了道德的、文化的因素，这些都使非政府组织不同于工业社会前期的那些自治组织。[①] 因此，非政府组织的这种特性是有利于公民道德素质的提高；另一方面，非政府组织的成员在参与社会治理中，不但能够提高自身的治理水平，更能够进一步提高自身的道德素养。所以，非政府组织实际上能够成为一个公民道德训练场，在其中，个人的道德水平和个人能力都能够得到训练和提高，而且，非政府组织通过自身的行动，在一定程度上也能够起到提升社会道德水平的作用。

其次，非政府组织能够促进合作治理，进而促进了行政人员伦理精神的生成。在管理行政中，由于行政人员处在官僚体系的各种规则约束之中，所以即使行政人员具有道德责任感，也无法实现其道德自主性。之所以如此，主要是因为管理行政是一种控制导向的治理模式。这种治理模式以获得控制秩序为最大目标。管理行政所赖以运行的组织形式是官僚制组织，这种组织有两个重要的特点：一是规则导向；二是组织成员的非人格化。规则导向意味着对组织成员给予诸多约束；而行政人员的非人格化则意味着行政人员在行政执行过程中不能有价值判断，当然也不具有道德自主性。概言之，在管理行政下，行政人员是无法具有道德自主性的，即使行政人员具有道德责任感，也无法在社会治理中拥有道德自主性，这是管理行政的属性所决定的。因此，使行政人员拥有道德自主性必须改变管理行政的控制导向和协作模式，建设服务行政和实

[①] 程倩：《论非政府组织兴起后的社会生活》，《公共管理与政策评论》2013年第2期，第55—65页。

行一种合作治理模式。只有社会治理建立一种合作治理模式，才能促使行政人员具有一种道德自主性。为何合作能够促进行政人员的道德自主性，而协作却只能产生非人格化的管理行为呢？张康之教授指出，在管理行政中，"分工条件下的协作是不得不为之事，必然是消极的，被动的。合作则不同，一切合作都是建立在人的自主、自由的前提下的，人只有自主、自由，才能去做出与谁合作以及采取什么方式合作的决定。"[1]从这段论述中可以看出，由于管理行政是控制导向的，行政人员的一切行为都是在规则的约束之下，在这种情况下，行政人员是无法具有自主性的，也就谈不上道德自主性；而在合作行为中，由于合作是自主和自愿的行为，个人在其中拥有充分的自主性，这为行政人员的道德自主性提供了制度空间。显然，合作治理促进了行政人员道德自主性的生成。合作治理的建立，需要以治理主体的多元化为条件，即需要其他社会治理主体的成熟为条件。非政府组织的成熟和非政府组织治理功能的完善为合作治理创造了条件，为行政人员的道德自主性的生成也创造了条件。如前文所述，非政府组织能够在社会服务提供、危机管理以及其他社会治理活动都能承担重要职责，因此非政府组织能够与政府组织一道进行合作治理。非政府组织由于自身治理的功能而促进了合作治理的产生，而合作治理则给行政人员道德自主性提供生存的空间。简言之，非政府组织促进了行政人员道德自主性的生成。

在另外一个层面上，非政府组织促进了道德制度的生成，进而促进了行政人员伦理精神和道德自主性的生成。非政府组织之所以能够促进伦理精神的生成是因为非政府组织促进了多元主体的合作治理，在后工业化高度复杂的背景下，多元主体的合作互动导致了道德制度的产生，这种道德制度为行政人员的道德自主性和伦理精神提供了支持。青年学者张乾友认为，根据规则的功能，规则可以分为促进性规则和控制性规则，其中控制性规则以控制作为主要目标，而促进性规则是以规制对象的行为促进为主要目标，在服务行政中，促进性规则将会得到广泛的应

---

[1] 张康之：《行政人员的道德自主性及其合作治理》，《中共福建省委党校学报》2006年第8期，第19—24页。

用，以此促进行政人员采取积极主动的行动。① 显然，道德的制度能够促进道德的行为，同样，行政人员的道德自主性和伦理精神也需要制度的支持。在管理行政下，行政人员也会存在道德自主性和伦理精神的，但是，这种道德自主性由于得不到制度的支持，官僚制的控制导向和规则体系不容许行政人员发挥自己的道德自主性，所以，这些都导致行政人员在管理行政之下无法生成普遍的道德自主性和伦理精神的。概言之，服务行政的制度是一种道德的制度，服务行政的规则是属于一种促进性的规则，服务行政的促进性规则能够促使行政人员的伦理精神和道德行为的产生，且给予制度性的稳定支持，但是从德制的来源来看，非政府组织在其中也扮演着重要的角色。

---

① 张乾友:《论服务型政府的规则体系》,《南京社会科学》2014 年第 12 期, 第 79—85 页。

第七章

构建服务型政府

非政府组织是能够进行自我治理的组织，它在社会自治中所表现的社会治理能力促使其与政府形成一种合作关系。非政府组织实际上促进了服务型政府的产生。服务型政府本身属于一种合作体。在这个合作体系中，建设服务型政府需要政府与非政府组织之间构建一种基于信任的合作关系；政府与非政府组织之间也要构建一种基于德制的合作制度安排；同时也要构建一种新的组织类型——合作制组织。在政府与非政府组织的合作中，二者存在着互动，它们是彼此建构的，即存在着非政府组织对服务型政府的促进与建构，也存在着政府对非政府组织的引导。

第一节 自治与合作

非政府组织是一种社会自治组织，是真正独立的社会组织。这是非政府组织与农业社会的慈善组织以及工业社会的社团组织的本质区别。在农业社会，存在着一些以慈善组织为代表的民间组织。这些民间组织具有这样一些特点：

第一，民间组织的价值取向表现出一定程度的公益取向。这个特点在我国善会善堂等慈善组织上有一定的体现。善会善堂是"个人自愿参加的、以实行善举为目的的自由结社，而善会办事机构的所在以及具体实施善举的设施则是善堂"[1]。也就是说，善会善堂是一种慈善性质的民间组织，这种民间组织的发起者主要是当地乡绅以及官员。善会善堂能

---

[1] ［日］夫马进：《中国善会善堂史》序，商务印书馆2005年版，第1页。

够起到扶危救困、稳定社会的作用。

民间组织的公益取向是统治集团中开明人士为维护统治秩序而采取的行动,具有一定的"德治"成分,但总体上服从于"权治"的需要。"在统治型社会治理模式中,以权治为主,法治和德治只是辅助手","在一定程度上,德治还成了谋求政治统治合法性的权谋,成了一种欺骗性的工具"[①]。这些特征在民间组织的人员构成和创立上有充分的体现。这些善会大都由社会名流等社会统治阶层组成,既有官员也有民间精英。在统治行政时期,民间组织的结构较为简单,组织形式较为松散,规章制度比较简约。民间组织是由人们自发组成的团体,一般没有正式的组织。根据杨东明的《同善会序》记载,我国古代的部分善会善堂最初是同门友朋之间交际宴饮的"亲睦会",后又成立"同乐会",又因"为善乃称最乐也"为由,改称"同善会"。[②] 这些善会善堂后来也制定了如《同善会条约》等制度,但多数此类组织缺乏相应制度。相比较而言,由宗教组织组建的慈善团体一般具有一定的组织结构,组织化程度较高。因为这些慈善组织是由教会组建,教会以自身的组织为依托,能够形成一个相对较为正式的组织。教会之所以成立慈善组织,一是为了发扬它的宗教教义,从而吸引更多的信徒,同时也是为了与其他宗教争取宗教势力范围。虽然如此,这些由教会举办的慈善团体在组织结构、规章制度的设立方面仍然比较随意。正为如此,统治行政时期的民间组织作用有较大的局限。

在统治行政时期,民间组织的作用主要表现在有限的社会公平功能和一定的组织生产功能。前者主要体现在善会善堂等慈善团体体现的社会救助功能方面,也表现在善会善堂所采取的那些缓和社会矛盾的行动方面。这些民间组织通过救助贫困、广施善行等行为,在一定程度上促进了社会的公平正义;后者体现在行会等民间组织自我生产和自我管理方面。行会在成立之初,是为了捍卫自身的利益而自愿组成的从业者组织。一方面,他们限制新从业者进入行会之中,从而维护自身的垄断地

---

① 张康之:《论伦理精神》,凤凰出版传媒集团、江苏人民出版社2010年版,第171—179页。

② [日]夫马进:《中国善会善堂史》,商务印书馆2005年版,第81页。

位。无论是中国行会的发展,还是西欧国家的行会产生,行会在会员的吸纳上都表现出了封闭性的特征。行会既对新会员的准入设立较高条件,也会对会员设置一定的生产条件限制来满足行业的垄断利益。另一方面,行会的成立也是为了对抗封建贵族对新兴城市工商业者的干扰。这一点在西方行会发展历史有着较为鲜明的体现。在西欧国家,城市是由手工业者和商人等组成,他们为了维护自身的权利而联合起来组成行会。所以,"牛津市民就曾被不加区别地称为'公民'、'市民'或'城市公社和商人行会'的市民"。[1] 因此,中世纪行会实际上孕育着新的反封建的因素。

在统治行政时期,民间组织属于统治型社会治理体系中统治集团的一个组成部分,但民间组织处于社会治理体系的边缘地带。中国古代的善会善堂等慈善组织的成员大多是官员、地方士绅等社会上层;在西方,慈善组织也大都由拥有巨大权力的教会所举办。这些慈善组织通过救济弱势群体,在一定程度上弥补了统治型社会治理体系供给"公共物品"方面的不足,维护了统治阶级的统治,也在一定程度上促进了社会的稳定。行会与封建统治集团的关系相对复杂,既有一定的合作关系,也有反对封建统治、维护自身权利的因素。合作关系体现在行会与政府具有一定的同盟关系上,同时,行会的内在治理结构属于等级制控制体系,这种治理结构与统治型社会治理结构具有一定的同构性;反对因素体现在行会是手工业者和市民联合起来保护自身权利不受封建势力侵犯的经济社会团体上。因而,在统治行政时期,无论慈善组织还是行会,都位于治理体系的边缘,虽然在一定程度上它们也属于整个社会治理体系的一部分。由于这些民间组织发展极不均衡,所以,它们在社会治理体系中起到的作用相当有限。当然,这个状况随着行会的发展和资本主义的生成而发生了较大的变化。

从以上的分析可以看出,农业社会的民间组织实际上并不能实现真正的自治。之所以如此,一方面是因为民间组织发育得不成熟;另一方面则是因为农业社会的民间组织实际上是封建统治的附庸,其本身属于

---

[1] 金志霖:《论西欧行会的组织形式和本质特征》,《东北师范大学学报》(哲学社会科学版) 2001 年第 5 期,第 72 页。.

封建社会统治体系的一部分。

在工业社会，社会自治有了较大的发展。这一时期社团组织大量涌现，社团组织也具有了一定的独立性。这一时期的社团组织具有以下一些特征：

首先，管理行政时期的非营利组织具有公益性、互益性价值取向。这种价值取向具体表现为大多数非营利组织都具有利润不可分配的特点上，非营利组织所有的收益都要用于服务对象上，而不能在组织成员间进行分配；非营利组织的公益性价值还体现在组织资源配置的"志愿"特点，非营利组织在人员方面大量使用志愿者，在物质和财政资源上广泛利用社会捐赠。这些"志愿"资源是非营利组织公益价值最重要的载体和象征。据萨拉蒙的研究，在36个公民社会组织供职的全职工作人员中，有大约44%的志愿者，同时在36个国家的社会组织中，从事志愿工作的实际人数可高达1.32亿，大约占这些国家人口的10%。[1] 值得注意的是，"志愿性"虽然是非营利组织的一个重要特征，但志愿性资源在有些非营利组织中影响仍然有限。首先，相当部分非营利组织正常运作仍然依赖全职雇员。志愿者虽然是组织的重要资源，但由于志愿者流动性大，对相关知识缺乏，这些因素都会造成非营利组织出现志愿失灵现象；志愿者捐赠的各种资源并不是非营利组织的主要收入来源，大部分非营利组织主要收入仍然主要来自政府而非社会捐赠。

其次，非营利组织的结构化特征日益突出。在管理行政时期，随着非营利组织的不断发展，它逐渐突破统治行政时期非正式化的组织形态，发展成为具有结构化形态的正式组织。莱斯特·萨拉蒙（Lester M. Salamon）认为，结构化特征是非营利组织的一个重要特征，结构化特征是判断非营利组织的一个重要标准，因此，在他的定义中，一些在人们生活中具有重要作用但却没有正式组织结构的群体是不能归纳入非营利组织范畴的。[2] 非营利组织的结构化主要表现在它具有一定的治理结

---

[1] [美]莱斯特·M. 萨拉蒙、S. 沃加斯·索可洛斯基：《全球公民社会——非营利部门国际指数》，北京大学出版社2007年版，第21页。

[2] Lester M. Salamon and Helmut K. Anheier, In search of the non-profit sector: The question of definitions", *International Journal of Voluntary and Nonprofit Organizations*, Vol. 3, No. 2, November 1992, pp. 125–151.

构、正式的组织规章制度、常态化的活动内容等方面。管理行政时期的非营利组织大都具有一定形式的组织结构和组织制度。譬如，日本的非营利组织治理结构是由法人理事会、监事会以及会员代表大会等部分构成，而且，无论是理事会还是监事会，其成员大部分是由非带薪的志愿者组成。"根据日本内阁府 2005 年抽样调查的结果，日本平均每个特定非营利组织有 8.2 个理事，其中，带薪的理事为 0.6 个，不带薪的理事有 7.6 个"，"日本每特定 NPO 法人有 1.4 个监事，其中带薪的监事大约 0.1 人，不带薪的监事 1.3 人"[1]。在美国、英国和德国等一些国家，由于非营利组织都享有一定的免税待遇，所以，法律都对非营利组织进行了一些界定，这在一定程度上要求非营利组织具备一定的正式组织特征。德国在相关税法制度中明确规定，"享受税收优惠的形式前提是，公益组织在章程中写明它全部和直接追求的目的，且符合税收条例对物质方面作出的要求"[2]，组织章程中包括公司要有正式的制度安排、组织目标要求和相关的治理结构等。这些正式的治理结构对非营利组织功能和作用提升有很大的帮助。

非营利组织结构化特征对组织目标的实现、组织效率的提升以及组织的发展都有较大的作用。非营利组织通过理事会、监事会以及会员代表大会等机构的设置，能够有效地实现其组织目标。在非营利组织的领导机构人员组成中，志愿者占据很大比例，志愿者身份意味着他们在价值理念上与组织目标高度契合，能够确保非营利组织有效实现其组织目标。另外，非营利组织的领导机构一般是由组织成员选举产生，理事会、监事会等机构实际上是组织所有成员的代表，这种制度设置能够有效地保证组织目标的实现，避免出现目标偏移等现象。科学地设置组织结构，能够促使非营利组织效率得到较大的提升；科学地设置组织结构，也能使非营利组织的行动更加有计划性，更能合理地使用和吸纳资源，从而使组织的效率得到更大程度的提升。同时，由于非营利组织具有结构化特征，这使它能够较为容易地获得政府的认可，也能够在很多方面获得政府的支持。政府对非营利组织的支持是多方面的，既有政策方面的支

---

[1] 王名：《日本非营利组织》，北京大学出版社 2007 年版，第 100 页。
[2] 王名、李勇、黄浩明：《德国非营利组织》，清华大学出版社 2006 年版，第 127 页。

持,也有财政方面的支持。在财政方面,政府支持包括以购买服务等方式直接财政资助非营利组织,也包括以免税形式对非营利组织的间接财政资助。但随着非营利组织的不断发展,非营利组织的结构化也带来了一定的负面效应。非营利组织的组织化程度越高,就越表现出典型的官僚制组织的特点。这也导致了非营利组织容易出现反应迟钝、效率不高、官僚主义严重等缺陷,严重制约了非营利组织的发展。

再次,非营利组织的公共服务职能逐渐凸显。非营利组织的公共服务职能在福利国家时期已经得到证明。萨拉蒙发现,在美国人类服务体系中,非营利组织起到了非常重要的作用;尽管一直以来,美国的公共部门都在依靠非营利组织来供给各种公共服务,而且,非营利组织确实从公共部门中获得了很多的资源,但人们对非营利组织提供公共服务这一事实却被刻意忽略了。[1] 而且,在西方国家政府再造的改革运动中,非营利组织也成为改革的重要选项,成为政府合同外包公共服务的重要合作主体。为何非营利组织提供公共服务会受到人们的青睐?这是因为,在政府无法满足人们公共服务需求的情况下,数目众多的非营利组织能够有效弥补政府部门提供公共服务的不足。而且,非营利组织具有公益性和非营利性的特质,这一特质更容易使它们与政府合作,也更容易获得服务对象的信任。例如,一些非营利组织的宗旨是致力于扶弱救困、保护环境、普及教育、推广健康项目等,非营利组织的这些特质都使它们更容易获得政府和公众信任,从而成为公共服务的重要主体。

非营利组织在弥补政府职能上确实发挥了重要的作用,即能与政府合作提供公共服务。非营利组织的公共服务职能体现在它们能够协助政府提供公共服务或公共物品,能提供多样化的、富有个性的公共服务上。在美国福利计划的实施过程中,有大量的私营部门和非营利组织参与,"许多非营利性组织提供儿童福利服务,包括调查研究、寻找寄养家庭和提供医疗服务。许多就业和培训服务都可转包给职业学校和社区大学"。[2]

---

[1] [美] 莱斯特·M. 萨拉蒙、S. 沃加斯·索可洛斯基:《全球公民社会——非营利部门国际指数》,北京大学出版社2007年版,第21页。

[2] [英] 达霖·格里姆塞、[澳] 莫文·K. 刘易斯:《公私合作伙伴关系:基础设施供给和项目融资的全球革命》,中国人民大学出版社2008年版,第7—9页。

非营利组织在提供公共服务的过程中，能与政府合作提供公共物品，政府负责项目规划设计以及相关资源供给，而非营利组织则负责具体公共物品的提供。根据萨拉蒙的统计，在1982年度，非营利组织提供的社会服务、就业和培训、卫生以及艺术和文化等人类服务分别占政府出资的人类服务比例的56%、48%、44%、51%，此外，还有非营利组织得到政府的间接财政支持，如政府对其捐赠者税收减免等。[①] 也就是说，非营利组织虽然能够获得大量的社会捐赠，但非营利组织的资金来源在很多情况下是来源于政府的。这也说明政府与非营利组织在公共服务供给方面存在着较为密切的联系。必须指出的是，虽然非营利组织依赖大量政府资助来完成服务供给，但这并不意味着它失去了自身的独立性而听命于政府。因为非营利组织必须具备一定的独立性，这是非营利组织获得公众和政府青睐的主要原因之一。

最后，非营利组织具有一定的自治性。在统治行政时期，处于萌芽时期的民间组织虽具有一定的自主性，但实际上没有自治性可言，它时刻会受到处于社会治理中心地带的统治集团的干扰。在管理行政时期，非营利组织获得了一定的自主性，这种自主性体现在非营利组织能够独立地处理自己的事务，选举自己的领导机构以及确立组织目标等。在管理行政时期，非营利组织的独立性还受到法律的保护。德国《基本法》规定，结社自由是公民的基本权利之一，"所有德国人都有权结成社团、合伙与企业"，"每个人和所有职业都应被保证结社权利，以保障和提高工作与经济条件，限制或破坏这项权利的协议一律无效；为此采取的措施是非法的"。[②] 通过法律的规范，使非营利组织的独立性获得了可靠的保障，也使非营利组织在一定程度上成为公民自治和自我管理的组织，从而使非营利组织具备了不同于政府组织的相关特点。

非营利组织的"自治性"影响着民主发展程度。托克维尔认为，在美国，人们结社的目的与欧洲不同，"处于少数地位的美国公民之所以结社，首先是为了显示自己的力量和削弱多数的道义力量；其次是为联合

---

① ［美］莱斯特·M.萨拉蒙：《公共服务中的伙伴——现代福利国家中政府与非营利组织的关系》，商务印书馆2008年版，第93—95页。

② 王名、李勇、黄浩明等：《德国非营利组织》，清华大学出版社2006年版，第59页。

起来进行竞争，从而找到感动多数的论据，因为他们总希望把多数拉进自己的阵营，然后再以多数的名义掌权。"[1] 由于"一般结社有助于政治结社"，同时，"另一方面，政治结社又能使一般结社得到长足发展和惊人完善"。[2] 也就是说，组建非营利组织等结社活动能够提高人们的自我管理能力，同时也能提高市民自身的素质。这种结社的获得对市民素质的提升和社会治理具有十分重要的作用。

但是，也必须看到，虽然非营利组织在工业社会得到了较大的发展，组织结构也变得日趋成熟，但这种社会自治还存在着很多问题。一方面，社会自治还没有成为社会的一种普遍现象；另一方面，非营利组织在社会治理中还没能够发挥应有的作用，非营利组织仍然处于社会治理体系的边缘。在管理行政时期，非营利组织担负着一定的服务提供职能，此时，非营利组织与政府之间形成的是一种协作关系。在协作关系中，政府与非营利组织并非是一种平等关系。二者在社会结构中分属于不同的地带，政府处于社会治理结构的中心位置，非营利组织处于社会治理结构的边缘。政府仍然垄断着大多数公共权力和社会资源，政府与非营利组织协作与否主要取决于政府利益选择和价值判断。非营利组织所承担的公共服务职能大多是边缘性的或政府不愿意承担的事务。政府在政府与非营利组织的关系中仍然位于主导地位，政府仍然存在强烈的控制导向。政府组织有时是基于部门利益而不是基于公共利益需求与非营利组织互动，这在一定程度上影响了非营利组织功能的正常发挥。

与农业社会的民间组织和工业社会的社团组织不同，非政府组织是一种真正的社会自治组织。非政府组织的社会自治主要表现在以下几点：

第一，非政府组织是独立自主的公民组织。非政府组织相对于政府具有独立性。非政府组织是一种打破中心—边缘结构的组织类型，非政府组织更加具有自治性和独立性。在管理行政时期，非营利组织的独立性得到了增强，但由于非营利组织处于社会治理体系的边缘，非营利组织的独立性受到多种因素的限制；在对管理行政的改革过程中产生的非政府组织，不再满足于处于社会治理体系的边缘，而在社会治理体系中

---

[1] ［法］托克维尔：《论美国的民主》，董果良译，商务印书馆1991年版，第217—219页。
[2] 同上书，第645页。

追求一种与政府平等的社会治理地位，与政府合作提供公共物品。政府与非政府组织合作提供公共物品意味着二者在地位上是平等的，且在提供公共服务的过程中二者能结成伙伴关系。在此基础上，非政府组织的独立性和自治性能够得到增强。非政府组织独立性增强的根本原因是后工业社会背景下社会复杂性不断增加，政府无法单独承担公共服务供给的重任，政府客观上需要与非政府组织结成伙伴关系，二者合作提供公共服务和公共物品。政府与非政府组织的合作关系客观上要求二者处于平等地位，这自然也增进了非政府组织的自治性和独立性。另外，后工业化所造成的社会治理的高度复杂性也要求政府组织与非政府组织相互信任，相互合作，这也要求政府必须给予后者更大的独立性和自治空间。

非政府组织自治性的增强也促进了民主行政的发展。现代政治设计的原理是政治行政二分法，正如古德诺所指出的，"在所有的政府体制中，都存在两种基本的功能，即国家意志的表达和国家意志的执行"，这两种功能便是政治与行政[1]。但无论是现代民主政治，还是公共行政，实际上都属于一种精英政治，广大民众远离了公共领域，政治领域出现了民主的异化。非政府组织的出现，使民众又获得了自我管理和利益表达的渠道和形式。概言之，非政府组织这一组织形式在一定程度上促使民主行政得到进一步的完善。

与非政府组织自治功能相对应，非政府组织也具有较强的社会治理功能，因此，非政府组织逐渐成为重要的社会治理主体。非政府组织社会治理功能主要表现在提供公共服务、参与危机管理等方面。非政府组织能够参与多方面的公共服务提供。在世界范围内，无论是发达国家，还是发展中国家，非政府组织参与公共服务的趋势非常明显。在欧美发达国家，非政府组织参与公共服务更是公共服务供给体系中不可或缺的组成部分。这说明，非政府组织在公共服务供给体系中充当着重要的角色。莱斯特·萨拉蒙认为，利用非政府组织提供公共服务具有这样一些优点：它把政府动员资源的优势和非政府组织提供服务的优势结合起来，而且能够在潜在方面促使人们通过民主政治的途径来确定整个社区中应该优先考虑的议程和资金使用，而不是仅仅依靠政府来决策和提供服务；

---

[1] [美] 古德诺：《政治与行政》，华夏出版社1987年版，第10—13页。

它使志愿组织的小而灵活、充满奉献精神的优势得到充分的发挥，从而避免使服务决定权掌握于富人或权贵之手；另外，这种模式能够促进公民参与，形成一个组织网络，从而促进和提升多元主义理念等重要的国民价值。[①] 非政府组织在危机管理中也存在着诸多的优势。现代社会是个危机频发的社会，传统治理模式在这种社会条件下处于治理失效的尴尬境地，而非政府组织由于其独特的功能优势能够在危机管理中发挥重要的作用。首先，非政府组织能够预防危机的发生。非政府组织具有草根性和非营利性等特点，这些特点有助于非政府组织消除各种风险因素。一些关注社会公平的组织或者环保组织的宗旨是促进社会公平和保护环境，所以，这些组织在一定程度上能够缓解社会矛盾，消解各种诱发危机的风险诱因；非政府组织具有草根性，来自民间，所以它能够较为及时地发现各种风险因素，从而能够充当一种预警机制；非政府组织能够成为政府与民间的沟通渠道和桥梁，它能够起到表达民意和传递信息的作用，使公民的需求得到充分的表达。其次，非政府组织在灾后重建中也能发挥重要作用。在灾害救助和灾后援建中，非政府组织通过发挥专业优势和资源吸纳能力，能够在人道主义救援方面发挥重要作用。另外，非政府组织还有助于应急文化教育和危机教育。非政府组织在构建危机应急文化体系方面具有一定的作用。它通过举办各种危机教育讲座和其他危机教育活动，能够提高公众的危机意识和危机防范意识。由于非政府组织贴近群众，所以它能够更有效地进行灾害救助知识的教育，从而提高人们的防灾意识和救灾水平，降低灾害给人民造成的影响。

非政府组织的特点及其社会治理功能使其能够成为政府的社会治理伙伴，从而促使政府与非政府组织合作进行社会治理。合作治理意味着非政府组织不再是社会治理的辅助角色，而是在社会治理中与政府平等的社会治理主体。也就是说，非政府组织打破了管理行政时期的中心—边缘结构，从而形成了社会治理主体之间的平等合作关系，这种平等合作关系是政府与非政府组织合作的必要条件。服务行政时期，非政府组织与政府在"服务价值"和"道德取向"的指引下，结成合作伙伴关系，

---

① ［美］莱斯特·M. 萨拉蒙：《公共服务中的伙伴——现代福利国家中政府与非营利组织的关系》，商务印书馆2008年版，第203页。

突破了管理行政模式下的"中心—边缘"结构,所以,"这是整个社会治理结构的变革,原先存在于政府内部的社会治理结构转化为政府与非政府组织所构成的一种更为复杂的治理结构"①。也就是说,非政府组织的出现,促使服务行政代替了管理行政,政府与其他社会主体之间的关系由原来的控制与主导转变为合作与引导的关系。

第二节 合作体系中的服务型政府建设

作为社会自治组织的非政府组织由于具有不同于政府的治理功能而能够成为社会治理的重要主体,从而能够在社会治理中与政府构建一种合作治理的关系。非政府组织与政府的合作治理在治理模式上属于服务型社会治理模式。政府与非政府组织建立合作关系的关键是建设服务型政府。一般而言,合作体系中的服务型政府建设包括以下几项内容:一是政府与非政府组织要树立基于伦理精神的合作理念;二是要构建基于伦理精神的道德制度;三是服务型政府要建立一种新的组织形式——合作制组织。

一 合作信任关系的构建

服务型政府重要特征之一是社会治理主体之间需要建立一种平等合作的关系。这种平等合作关系的价值基础是伦理精神和道德取向。政府和非政府组织通过建立一种基于信任的合作关系,才能够克服管理行政下政府与其他治理主体之间由于不信任而导致的合作失效问题。

在管理行政时期,政府也会在社会治理中引入其他社会治理主体,但是,在管理型社会治理模式下,政府与其他社会治理主体之间关系是一种协作关系。这种协作模式有这样几个特点:第一,政府与非政府组织之间的关系是不平等的。二者关系不平等主要是由政府的控制导向所导致的。正如张康之教授所指出的,"参与治理的体系中存在着一个中心性的要素,它主导着社会治理的过程,同时,也存在着其他因素,这些因素在中心性和主导性要素的控制之下参与到社会治理的过程中来。在

---

① 张康之:《论伦理精神》,凤凰传媒出版集团、江苏人民出版社2010年版,第61页。

现实中，也就是一个由政府主导而由各种社会力量参与的治理过程。这一图式实际上是社会治理体系中的中心—边缘结构。"[1] 显然，在管理型社会治理模式下其他的社会治理因素在社会治理体系中都是处于被控制和被支配的角色。相对于政府而言，其他社会治理主体只是一种辅助性的角色。第二，协作模式反映出政府与其他组织之间的一种博弈关系。西方国家政府再造运动试图构建一个合同制或契约化政府，以合同或契约来构建政府与社会主体的合作伙伴关系。但实际上，行政改革所倡导的伙伴关系仅仅是一种协作关系。这种协作关系是在各自利益计算的基础上而形成的。政府与其他主体通过对各自利益的计算而签订合约，因此，各方在这契约关系中的最大目标是通过签订合约而实现自身的利益。显然，这种基于自身利益而产生的协作行为是无法真正实现公共利益的。在这种契约关系中，签约各方为防止彼此之间的机会主义行为而讨价还价，签约者之间从而形成一种博弈关系，而非合作关系。第三，协作模式是一种非民主的治理模式。参与治理试图通过在行政过程中引入民主因素来对行政过程进行改造，从而提高政府的社会治理能力。但是，参与治理的民主行政制度设计在本质上却是非民主的。因为在协作关系中，参与者是很容易被政府所左右的。由于政府拥有大量的信息资源和较强的议题设置能力，政府完全能够在各种政策议程中控制和引导参与者。所以，这种协作一方面缓解了治理者与被治理者之间的矛盾，另一方面则使政府的垄断统治合法化了。在这一过程中，协作只是政策合法化的工具，而并不能使参与者真正成为社会治理的主体。正如张康之教授指出的，参与治理是在形式民主建构的方向上前进的，对于实质民主的建构则没有积极的意义。[2]

显然，政府虽然在社会治理中引入了新的主体，但由于并没有给予其他社会治理主体真正的社会治理主体地位，导致以参与治理为代表的协作模式无法调动其他社会治理主体参与社会治理的积极性。参与治理在本质上仍然是一种政府占主导地位的，存在控制导向的社会治理模式。这种治理模式无法适应人类社会后工业化过程中高度复杂和高度不确定

---

[1] 张康之：《行政伦理的观念与视野》，中国人民大学出版社2008年版，第326—327页。
[2] 同上书，第326—327页。

的社会现实。因此，社会治理必须改变参与治理中的协作关系，进而构建一种基于信任的政府与非政府组织的平等合作关系。

第一，政府应该与非政府组织建立一种平等关系。在农业社会的统治行政时期，政府拥有绝对的权威，凌驾于整个社会之上；在工业社会的管理行政时期，虽然社会治理引入其他治理主体，但政府仍然在社会治理中处于主导地位。在这两种社会治理模式中，政府与其他治理主体之间都是不平等的关系。在社会复杂性程度较低的情况下，这种以政府为主导的社会治理模式尚能够适应社会治理的需要，但当社会复杂性增大时，就显现出了巨大的局限性。因此，政府与非政府组织之间需要建立一种平等关系以适应高度复杂社会现实的社会治理需要。政府与非政府组织之所以需要建立平等关系，一方面是由于非政府组织在社会治理中拥有不同于政府的治理能力；另一方面，则是由政府在高复杂态社会环境下治理失效决定的。换言之，政府与非政府组织平等关系的建立是一种客观的必然。

政府与非政府组织平等关系的建立需要政府转变管理行政的思维和行为习惯，进而建立一种服务意识和道德观念。政府服务意识的确立是二者平等关系构建的关键。如果政府仍然基于管理行政的控制思维来进行社会治理，是无法在政府与非政府组织之间建立平等关系的。为此，政府要把服务价值作为第一价值，把自身从一个管理者转变为服务者，通过理念和身份的转变来实现政府与非政府组织平等关系的建立。

第二，政府与非政府组织之间需要建立一种信任型合作关系。根据人类社会的发展形态以及不同社会人际历史形态，可以将信任分为农业社会的习俗型信任、工业社会的契约型信任和后工业社会的合作型信任三种类型。[1] 在工业社会人们之间形成的主要是契约型信任，但这种契约型信任并不能导致真正的信任，这种信任也不能促使不同社会治理主体之间建立真正的合作关系。在契约型信任中人们信任的不是交易或签约的各方，而是"对契约以及维护契约规则的信任"[2]。而在后工业社会中，随着间断式陌生人社会被网络式陌生人社会代替，契约型信任则被合作

---

[1] 张康之：《行政伦理的观念与视野》，中国人民大学出版社2008年版，第206页。
[2] 同上书，第211页。

型信任所取代。也就是说,"正是稠密人际关系中的网状结构,决定了人们之间的交往关系是信任的和合作的关系"。① 当然,在后工业社会建立一种合作信任关系,也是由后工业社会高度复杂的社会现实所决定的。只有不同社会治理主体之间的彼此信任,才能克服各种社会危机。因此,政府与非政府组织需要建立一种合作信任的关系。

构建政府与非政府组织的合作信任关系具有重要意义。首先,它能够使政府和非政府组织充分发挥各自的优点。复杂的社会现实导致任何一个单一主体都是无法独自进行社会治理,只有不同社会治理主体彼此合作充分发挥各自的优势时,才能够实现社会的有效治理。其中,政府与非政府组织之间建立合作信任关系是他们发挥各自功能的前提。其次,建立合作信任关系有利于服务型政府的建设。服务型政府是突出服务价值的政府类型,在这种政府类型中,政府在社会治理中的主要功能是服务。构建政府与非政府组织之间的合作信任关系在一定程度上能够促进服务价值的生成,这也有利于服务型政府的构建。

构建合作型信任关系需要政府抛弃对非政府组织的偏见。作为一种社会自治组织,非政府组织对政府具有一种制衡的作用,能够防止政府的专断和独裁。从这个意义上来说,政府与非政府组织存在着对立关系。所以,政府往往对非政府组织存在着一定的偏见,在潜意识里政府会排斥非政府组织。这在一定程度上会对政府与非政府组织构建合作信任关系形成障碍。因此,构建二者之间的合作信任关系需要政府抛弃对非政府组织的偏见,真正把非政府组织作为一个平等的合作伙伴,共同进行社会治理。构建政府与非政府组织的合作信任关系需要二者都以伦理精神为价值基础。在管理行政社会治理模式中,虽然政府也提倡与非政府组织建立信任关系,但是,由于政府没有以伦理精神为价值基础,而是把效率和秩序作为社会治理的主要价值,导致政府与其他主体间彼此把对方作为实现自身目的的工具而缺乏真正的信任,最终导致社会治理的失效。

---

① 张康之:《行政伦理的观念与视野》,中国人民大学出版社 2008 年版,第 215 页。

二 基于合作的制度设计

在服务型政府建设中，实现政府与非政府组织的合作需要二者建立一种合作信任关系，这需要二者都要具有合作意识和合作精神。但是，仅有合作意识和合作精神是不够的，政府与非政府组织的合作还必须要有制度的保障。在服务型社会治理模式建构中，政府与非政府组织合作关系的建立需要道德制度为支撑。只有建立一种道德的制度，才能建立真正持久的合作关系。

在管理行政社会治理模式中，政府与其他主体之间的关系是一种协作关系。为保持这种协作关系的建立，管理型社会治理模式以建立一种严格的法治作为协作模式的制度保障。这是一种法治的制度形式，它是基于管理行政的价值取向而制定的。管理型政府的价值取向是效率取向，所以，它的一切制度设计都是围绕着效率而进行的。因为在协作关系中，协作各方不存在真正的信任关系，它只是一种契约型信任。在契约型信任关系中，信任并不是协作各方对彼此的信任，而是基于对维护契约的规则的信任。所以，不断强化各种规则以对协作各方进行约束是法治的主要特点。与管理型社会治理模式相同，在服务型社会治理模式中，合作关系也需要制度的保障。只不过保障合作关系的制度安排不是强调控制的法制，而是强调道德的德制安排。德制是一种强调道德的制度。德制的最大特点在于，它不是通过强化规则来控制社会治理，而是通过一种强调道德的制度安排来促使行为主体产生道德行为。也就是说，道德制度主要通过制度设置来激发行为主体的道德意识，从而赋予行为主体的道德自主性，促使行为主体产生道德行为，进而实现社会治理效用的最大化。

这种道德制度设计能够促进社会信任的生成，同时也有利于合作行为的产生。首先，道德制度能够促进人们道德自主性的生成。在工业社会官僚体系中，严格的规则体系导致行政人员不具有自主性，行政人员只能被动地按照规则的规定行动，缺乏自主性。在这种情况下，即使行政人员具有一定的道德责任感，他也无法发挥自己的道德自主性。换言之，官僚制的制度体系是不允许行政人员存在道德自主性的。因此，管理行政的法制是无法产生信任的，也无法产生合作行为。道德制度的构建与管理行政的法制不同，它在强调法制的同时也强调德制。德制通过设置一种道德的制度来促使行政人员及其他行为主体产生道德的行为，促进不同主体的合作。德制制度设计的出发点不是限制社会治理的参与者，而是通过道德制度的设计促进不同的行为者都产生道德行为，增加不同行为者之间的信任程度，从而促进合作。在农业社会和工业社会中，人们之间也会产生彼此信任与合作行为，但是，由于缺乏德制的制度保障，所以，这种合作行为难以持续，难以成为社会的普遍行为。

既然道德制度是合作行为产生的前提和制度保障，那么如何建立道德制度呢？道德制度的建立遵循怎样的原则呢？张康之教授指出，"道德制度不是建立在抽象的善的理念之上的，它是把平等、自由、公正、合作和社会的和谐等具体的目标作为制度设计和制度安排的原则的。"① 也就是说，道德制度是一种致力于实现公正和平等的制度，道德制度是一种致力于合作的制度。与管理行政将效率作为制度的主要价值追求不同，道德制度在价值上致力于追求公正和公平的实现。一切阻碍公平、公正、合作和平等价值实现的因素都会受到道德制度的排斥。

在构建道德制度的同时，也需要构建基于德制的政府与非政府组织的合作机制。在构建政府与非政府组织的合作机制方面，不同学者提出各自的理论设想。以萨瓦斯为代表的学者认为，建立合作机制的主要途径是公共服务民营化与合同外包。萨瓦斯在其著作《民营化与公私部门的伙伴关系》中论及公共服务的提供方式时，指出政府可以依靠非政府组织等私营部门来提供服务，而提供公共服务的方式有合同承包、特许经营以及补助和凭单方式等。② 显然，萨瓦斯主张通过政府与非政府组织等组织签订契约合同的方式来构建合作机制。正如在前文所述，这种机制构建的只是协作关系，而非合作关系。但是，由于非政府组织等主体具有不同于政府的公共服务供给优势，所以，政府在社会治理中引入新的主体参与公共服务提供，这是具有积极意义的。有观点认为，合作关

---

① 张康之：《行政伦理的观念与视野》，中国人民大学出版社2008年版，第215页。
② [美] E. S. 萨瓦斯：《民营化与公私部门的伙伴关系》，中国人民大学出版社2003年版，第70页。

系是排除了民营化的共同承诺与共担风险的合作关系。[①] 换言之，民营化并不是合作关系，而合作关系主要旨义在于合作各方的共同承诺和风险共担。与民营化的制度设计相比，这种制度设计显然注意到了民营化改革中签约各方之间存在的矛盾和冲突，从而主张合作各方建立更紧密的责任共担和目标认同关系。显然这种制度设计是具有积极意义的。但是，如果没有社会治理模式的根本改变，任何制度设计都很难实现政府与非政府组织等社会主体的合作。换言之，在管理型社会治理模式下，政府与非政府组织之间很难实现真正的合作，因为，在管理行政中，政府的控制导向导致政府与其他社会治理主体之间始终是支配与被支配的关系。在这样一种不平等的关系中，政府与其他社会治理主体之间很难实现真正的合作。因此，构建政府与非政府组织的合作机制必须以建立服务行政为前提。

构建合作的制度体系必须以建立服务行政为前提，只有建立服务型政府，社会治理才能在制度上实现从法制到德制的转变。与此同时，也要建立一种政府与非政府组织合作机制，具体而言：第一，在制度设计中要承认非政府组织的社会治理地位。政府在社会治理中一直处于社会治理的中心，政府与其他社会治理主体之间存在着不平等的关系，这是造成政府与其他社会治理主体合作的重要障碍。因此，政府需要重视非政府组织对于社会治理改善的意义，同时也要认可非政府组织的社会治理地位，对非政府组织参与社会治理和提供公共服务需要赋予其正当性和合法性。第二，政府与非政府组织的合作形式要具体化。如何实现政府与非政府组织的合作，仅从抽象的原则上规定，是无法实现二者真正的合作。因此，在制度设计中要明确规定哪些领域非政府组织能够参与社会治理或提供公共服务，二者合作的具体形式有哪些，等等。这种合作机制的设计对于合作治理的实现具有重要意义，特别在合作治理初期，合作机制对于政府与非政府组织合作治理关系的形成具有重要的促进作用。第三，制度设计要对双方各自的职责进行规定。在合作机制的设计中，需要明确政府与非政府组织各自的职责。一方面，要限制政府职能，

[①] 汪锦军：《走向合作治理：政府与非营利组织合作的条件、模式和路径》，浙江大学出版社2012年版，第81—82页。

防止其权力过大而导致其职能错位；另一方面要赋予非政府组织社会治理和公共服务提供等职能。在政府与非政府组织的合作中，一般而言，政府的职责是提供政策与资金支持等，而非政府组织的职责则是进行具体服务的提供。因为非政府组织在提供公共服务方面具有多样化和灵活性等多方面的优点，更能够满足公众多元化、个性化的需求。

三 服务型政府的组织形式

在服务型政府中，与之对应的组织形式是合作制组织。在管理型社会治理模式中，组织形式主要采取官僚制组织形式。这种组织是一种中心—边缘的结构，组织文化属于一种控制文化，组织成员缺乏信任，组织成员之间是控制与被控制的关系。正是因为官僚制存在众多问题，导致其无法适应后工业化高度复杂条件下的社会治理。官僚制组织必然被合作制组织取代。合作制组织是张康之教授所提出的一种概念。与官僚制组织相比，合作制组织具有多种优点，它在结构、成员关系、组织文化上都与官僚制组织有显著不同的地方。构建合作制组织对于建设服务型政府具有重要意义，它能使政府的效率得到提高，同时能够实现政府瘦身的重要目标。

现代社会所采取的组织形式主要是官僚制组织。官僚制组织具有管理的非人格化、规则导向、层级节制等理性特征，这些特征使官僚制组织具有稳定性、合理性、严密性和适用性广等一些特点。因而，官僚制组织在社会治理特别在工业社会中发挥了巨大的作用。但不可否认，官僚制的缺点也是不容置疑的，特别是随着人类社会逐渐从工业社会向后工业社会转型，官僚制变得机构臃肿，效率低下，官僚制组织失灵现象日渐严重。正基于此，人们纷纷从理论或实践上提出了对官僚制组织的改革措施。譬如，新公共管理提出了打破官僚制，引入竞争机制；参与治理理论主张打破官僚制组织的封闭性，主张在社会治理中引入公民参与；组织理论则主张从组织形式入手，把线性的官僚制组织转变为扁平组织。但实际上，这些对官僚制组织的改造措施虽然能够在一定程度上改善官僚制的困境，但实际上并不能从根本上破除官僚制的困境。改变官僚制组织困境的出路在于建立合作制组织。

合作制组织在结构上具有构成性特征，在组织形态上形成了一个网状的结构。张康之教授认为,"合作制组织可以看作是一种构成性的组织,正是它的构成性特征决定了它不同于官僚制组织"。① 也就是说官僚制组织是一种中心—边缘结构,官僚制组织的这种组织结构导致任何对官僚制的完善方案实际上都在强化这个结构。而中心—边缘结构决定了官僚制是一种控制导向的组织,官僚制组织的这种结构决定了这种组织无法适应高度复杂的社会环境。张康之教授指出,官僚制对环境的感知是比较迟钝的,因为官僚制是以整体的方式来感知环境的,所以,即使组织的某一部分感知到环境的变化,但作为整体的组织仍很难发现和做出反应,即使组织整体能够感知到环境的变化,但组织仍难做出回应。② 显然,官僚制的现实与这段论述是相符的。合作制组织与官僚制组织不同,它是一种构成性的组织,这种组织结构具有一种非中心化的特征。这种组织结构使合作制组织在感知环境变化方面优于官僚制组织。"网状结构把组织整体与环境互动的单一通路分解到组织的每一构成要素之中,环境压力总能被及时地觉察并能够做出无时滞的回应。"③ 合作制组织的网状结构之所以优于官僚制,还在于这个网状结构不是一个中心—边缘结构,也就是说,它的结构不是层级式和命令式的。正是因为网状结构的这种民主性质,使这个结构中的每一个节点都能够发挥作用。网状的组织结构能够保证组织充分地应对外界环境的挑战,当组织中任何一个部分感受到外界环境的变化时,都会积极主动地去处理问题。概言之,合作制组织网状结构对外界具有较强的适应能力,合作制组织是一种与后工业社会相适应的一种组织形式。

合作制组织是一种以信任为基础的组织,同时合作制组织也能促进信任的生成。"合作制组织建立在信任的基础之上,因而它在信任中自然生成合作。"④ 合作制组织的成员如何进行合作?显然,组织成员之间的彼此信任是一个重要的前提,没有组织成员间的彼此信任,至多只能产生低效率的协作。信任度低的既不能产生合作行为,更无法产生合作制

---

① 张康之:《行政伦理的观念与视野》,中国人民大学出版社2008年版,第264页。
② 同上书,第263页。
③ 同上。
④ 同上书,第265页。

组织。另外，合作制组织也能够促进信任的生成。"合作制组织比传统组织优越的地方，恰恰表现在这种组织的非中心结构包含着生成信任关系的机制，这种组织的运行机制本身，就是信任关系调整和健全的过程。"①也就是说，合作制组织结构中民主性和平等性是形成和强化信任关系的关键，正是这种充满着平等价值的结构促使组织成员之间生成信任关系。而官僚制组织由于存在着等级结构，导致官僚制组织是一个不能产生信任，而只能产生怀疑与冷漠的组织类型。

与网络结构相适应，合作制组织中将不会出现层级和控制体系。官僚制组织是一个控制体系，这个控制体系通过层级化的组织结构、规章制度体系来实现的。官僚制的组织机构是直线制的金字塔结构，这种组织结构与它的层级节制原则是一体的，相互建构的。虽然人们后来对官僚制组织做了很多的改革，但它层级节制原则和控制导向并没有发生本质性的变化。合作制组织的网状结构与官僚制组织的线性结构有很大的不同。在这种结构中，人们之间不再是命令关系或控制关系，而是一种合作关系。换言之，人们之间的关系不再是上下级关系，而是平等合作的关系。如果这时人们之间还存在着一定权威服从关系的话，但这种权威服从更多是因为对知识和经验的自觉自愿的服从，而且，当知识和经验的主体发生转移的时候，这种权威和服从关系也会同时发生变向。之所以合作制组织不会出现层级节制，主要原因在于，在合作制组织中，组织成员之间彼此信任，每个组织成员为实现组织的目标而努力，每个成员都自觉地服从知识和经验权威，而不是等级权威。

合作制组织是与后工业社会相适应的一种组织类型，因此在服务型政府建设过程中，政府需要致力于建设合作制组织。在服务型政府的合作体系中，无论是政府还是非政府组织，都应该属于一种合作制组织类型，或者说，服务型社会治理模式中的所有组织都应该是合作制组织类型。首先，政府需要把建设合作制组织作为主要目标。在管理型政府中，政府是以官僚制组织为主要形式，这种组织形式决定了管理行政的控制导向和规则取向，从而造成了政府的低效。合作制组织通过把控制转变为合作和信任，从而赋予组织成员以自主性，使组织能有效地应对环境

---

① 张康之：《行政伦理的观念与视野》，中国人民大学出版社 2008 年版，第 265 页。

的挑战。其次，对于非政府组织来说，也应该致力于把自身建设为合作制组织。一般而言，非政府组织由于其自身的特殊性，它受官僚制组织的影响比较小，因而更容易成为合作制组织。从这个意义上来讲，非政府组织能够对政府建设合作制组织产生示范或推动作用。因而，从这个意义上来讲，非政府组织促进了服务型政府的生成。

总之，合作体系中的服务型政府建设需要在不同社会治理主体之间建立一种平等的合作关系，赋予不同社会治理主体平等的社会治理地位；同时，为使这种合作关系能够持续发展，政府需要建立一种道德的制度，使服务型政府的制度设计充满公平、正义和平等精神，而且，在道德制度的基础上，政府也要构建和制定政府与非政府组织的合作机制，为二者合作提供机制保障；在组织形式的选择上，服务型政府要以合作制组织代替官僚制组织，通过合作制组织这一先进组织类型的建立为政府与非政府组织的合作提供组织保障。

第三节　服务型政府与非政府组织的互构

非政府组织勃兴是 20 世纪后叶以来人类社会的一个重大进步，它标志着市民社会的重新勃兴，也标志着社会结构已经发生了较大的改变。更为重要的是，非政府组织的出现促进了服务型政府的产生。非政府组织促进了公共性的扩散，非政府组织促进了领域融合，非政府组织促进了合作治理，非政府组织促进了伦理精神的生成，概言之，非政府组织的历史意义在于它促进、催生和导致了一种新的政府类型——服务型政府的产生。换言之，非政府组织从诸多方面催生和促使服务型社会治理模式的产生，导致和促使政府从管理型政府转变为服务型政府。当然，另外，服务型政府对非政府组织也具有促进作用。二者之间的关系在一定程度上是相互建构的。服务型政府对非政府组织的建构主要体现在政府对非政府组织的引导上。政府需要为非政府组织创造一个理想的发展环境，特别在我国，非政府组织仍然处于发展阶段，这需要政府在多方面对非政府组织进行引导。

一 服务型政府的实践探索与论争

服务型政府理论产生有其既定的时代背景,服务型政府理论是我国学者在我国行政改革实践过程中进行的理论总结和理论创新,服务型政府理论自产生以来,它引起了广泛的讨论,不同学者对服务型政府的理解也各有侧重。

服务型政府理论产生的时代背景是人类社会从工业社会向后工业社会的历史转型。随着人类社会从20世纪进入新的世纪,从传统的工业社会向后工业社会进发,人类社会出现了新的变化,产生了一些新的特点。"后工业社会的概念并不是一幅完整的社会秩序的图画;它是描述和说明社会上社会结构(即经济、技术和等级制度)中轴变化的一种尝试。"[①]丹尼尔·贝尔认为,后工业社会具有这样一些新的特质:理论知识更加重要;新技术知识纷纷涌现;知识阶级将会产生;服务经济将会更加重要;妇女更加重要等。[②]但随着后工业社会的即将到来,它的特征已经不仅仅限于上述特征,而主要体现为危机事件频繁发生,社会的风险程度的加大。这些新的特征给政府管理形成了新的挑战。实际上,自20世纪后期开始,人类社会便开始从工业社会向后工业社会转型的进程,特别是发达国家已经迈入了后工业化时期。而对于我国而言,我国既面临着从农业社会向后工业社会的转型,同时也面临着从工业社会向后工业社会转型的压力。人类社会正在迈向后工业社会,这种社会转型时期的主要特点是社会变得高度复杂。正是社会复杂程度的增加,给社会治理带来了极大的挑战,导致以官僚制为组织形式的管理型社会治理模式出现了危机,管理型政府已经不能适应高度复杂的社会现实了。因为管理型政府是一种强调规则取向的政府类型,这种政府类型倾向于通过控制性规则来实现社会秩序的稳定,虽然这种控制导向的社会治理模式能够适应工业社会低度复杂情况下的社会治理,却不能适应高度复杂和高度不确定的风险社会。在工业社会,社会复杂性和不确定性程度处于相对较

[①] [美]丹尼尔·贝尔著:《后工业社会的来临——对社会预测的一项探索》,新华出版社1997年版,第132页。

[②] 同上书,1976年版前言,第12—15页。

低的水平，因而此时的社会治理模式以一种确定的思维和确定的方式来管制整个社会，即在社会治理理念上强调法治，在组织形式上采用具有规则导向的，具有形式合理性和工具理性的理性官僚制。这是一种以统治为目标和获得管制秩序为目的的政府模式或社会治理模式，即管理行政模式或管理型社会治理模式。在人类社会后工业化这种大的环境背景下，由于高度复杂风险社会的莅临，已经导致管理型政府的失效和失灵，管理型社会治理模式已经无法有效应对后工业化所带来的社会治理方面的挑战了。而且，在一定程度上，管理行政的管理方式、组织形式、价值取向等一系列特点正是导致社会风险放大的因素或原因。所以，新的时代需要不同于管理型政府的新的政府类型，也需要不同于管理型社会治理模式的新的社会治理模式类型，这种新的政府类型就是服务型政府或服务行政模式，新的社会治理模式就是服务型社会治理模式。换言之，风险社会要求社会治理模式从管理型社会治理模式向服务型社会治理模式转变，政府类型需要从管理型政府走向服务型政府。相比较而言，工业社会属于一种低复杂性的社会形态，所以工业社会更注重效率、理性，因而，工业社会的治理模式属于崇尚法律控制和权力控制的社会治理模式。这种模式通过严格的制度设计和精密的组织网络达到对社会的控制，从而获得统治秩序。这种治理模式在工业社会发展初期确实起到了促进社会进步和提升组织效率的作用，但随着工业社会的发展，这种治理模式也造成了对人性的压抑、严重的政治疏离感、官僚的腐败、组织规模的臃肿以及官僚主义的横行等问题，特别当人类社会自20世纪后期以后，随着危机事件的频发，社会的复杂性和不确定性逐渐增大，管理型社会治理模式越来越不能应对新的社会现实了。后工业社会需要一种新的政府类型——服务型政府。服务型政府是强调服务精神的政府，它注重伦理精神和道德取向，是一种注重德治和法治共生的政府类型。服务型政府的制度类型上是一种"德制"类型，它克服了管理型社会治理模式中效率中心主义和工具理性主义的价值倾向，在组织类型上，它追求建立一种基于信任关系和合作关系的新的组织类型——合作制组织，它主张政府要改变原来干预主义的模式，转而建立起一种引导型的政府职能。因此，在人类社会后工业化进程开启之际，政府必须从控制取向的管理型政府转变为服务取向的服务型政府。也就是说，管理型政府必须要转变为服务型政府，这是复杂社会现实以及社会治理的状况所决定的。正是这种高度复杂性的社会现实导致了管理型政府的失灵，同时也呼唤着服务型政府的产生。

服务型政府理论的产生既是我国在行政改革过程所提出的政府改革目标，也是我国学者的理论创新。根据我国行政改革的内容，我国的行政改革大致可以分为两个阶段。以党的十六大为界，十六大之前的改革主要是以机构改革为主，十六大之后的改革主要以行政体制改革为目标。[①] 十六大以前的改革，其改革的焦点主要集中在政府机构改革等技术性的改革方面。改革以精简机构规模为主要目标，改革的主要目的是为政府瘦身，从而建立一种与市场经济相适应的政府类型。所以，十六大之前的改革主要是对计划经济下的政府进行改造瘦身，减少政府的职能，精简政府机构。十六大之后的改革则突破原来机构改革的局限，改革的目标则是以建立一种新的行政体制，把进行行政体制改革作为主要的改革目标。与以前的机构改革相比，十六大以后的改革则是如何建立一个和谐社会的问题，如何在社会治理中实现科学发展的问题，因此，简单的技术性的改革已经不能适应改革的要求，改革面临的主要问题是如何实现政府类型的创新。在这种情形下，服务型政府的建设便成为改革的目标。2004年，时任国务院总理温家宝在中共中央党校干部毕业班的讲话中，提出了把服务型政府建设作为行政体制改革的主要目标。

在理论方面，我国的学者根据我国改革的现实进行了服务型政府的理论创新。张康之教授在1998年《浙江社会科学》的《行政道德的制度保障》这篇文章中阐述了服务型政府的概念，他认为，我国社会主义的公共行政应该是一种独特的模式，即服务行政模式，在服务行政模式里，服务既是一种行政理念，更是一种制度，在服务行政中，道德凸显出比法律更为重要的作用和地位。[②] 在随后的《行政论坛》上发表的文章《限制政府规模的理念》一文中，张康之教授系统地阐述了他的服务型政府的思想，他认为以前的政府改革之所以失败，主要在于没有找到建立一种控制政府规模的可行性的方案，因此，控制政府规模的根本措施是

---

① 张康之：《我们为什么要建设服务型政府》，《行政论坛》2012年第1期，第1—7页。
② 张康之：《行政道德的制度保障》，《浙江社会科学》1998年第4期。

建立一种完全不同于管理型政府的服务型政府。① 张康之教授在《关于服务型政府的几点原则性构想》一文中，提出了"第一，服务型政府要用服务导向取代管理行政的控制导向。第二，服务型政府应当从效率导向向公正导向的转变。第三，服务型政府应当实现从政府及其行政的工具定位向价值定位的转变。第四，服务型政府需要确立起一个合作和信任的整合机制。第五，服务型政府需要谋求德治与法制的统一。第六，服务型政府需要用行政程序的灵活性来取代行政程序的合理性。第七，服务型政府需要用前瞻性取代回应性"②。从以上原则性的构想可以看出，张康之主要把政府的服务价值理念和强调公正导向作为构建服务型政府的基点，以此来克服管理行政"效率中心主义"和"工具理性"的弊端；同时构建以"合作和信任"为特点的组织文化，来激发行政人员的"道德意识"和"道德存在"，促使其最大限度地发挥"公共人"潜能和本质；通过注重德制和法制的融合来构建一种新的社会治理模式——德治，以此在制度层面消除各种妨碍社会进步的消极因素。

与此同时，我国其他一些学者也对服务型政府提出了自己的看法。刘熙瑞教授认为，服务型政府是我国行政改革的方向，管制型政府在我国加入WTO的背景下已经变得不能适应现实社会的需求了，管制型政府亟须转变为服务型政府，即政府要实现从原来的政府本位向社会本位的转变。③ 在后来的文章中，刘熙瑞教授进一步指出，服务型政府就是一种公民本位并承担服务责任的政府。④ 迟福林则是以公共服务型政府概念为基础来理解服务型政府，他认为公共服务型政府就是为人们提供全面而基本的公共服务这样一种制度安排，公共服务型政府是对经济建设型政府的纠偏，政府的本质应该是服务，为社会和企业提供经济性的服务、社会性的服务以及制度性的服务。⑤ 从以上的分析可以看出，服务型政府

---

① 张康之：《限制政府规模的理念》，《行政论坛》2000年第4期。

② 张康之：《关于服务型政府的几点原则性构想》，《上海城市管理职业技术学院学报》2007年第4期，第A7—10页。

③ 刘熙瑞：《加入WTO与服务型政府建设》，《国家行政学院学报》2002年第1期。

④ 刘熙瑞：《服务型政府——经济全球化背景下中国政府改革的目标选择》，《中国行政管理》2002年第7期。

⑤ 迟福林：《全面理解"公共服务型政府"政府的内涵》，《人民论坛》2006年第5期。

实际上是我国学者所进行的理论创新。不但如此，对于服务型政府的概念，我国学者还进行了进一步的探讨，形成了服务型政府概念的理论体系。黄健荣等在《公共管理新论》一书中认为，建设以人为本的公共服务型政府需要向八个方向努力："第一，建设我国以人为本的公共服务型政府必须转变观念。第二，公共服务型政府意味着政府要建立以人为本的价值理念，同时要转变政府职能。第三，公共服务型政府意味着政府必须进行各种制度方面的创新，增加制度的有效供给。第四，公共服务型政府需要建立其对政府的有效平衡机制，建立监督政府的制度体系。第五，公共服务型政府要重视法治，提倡依法行政，加强法治建设。第六，公共服务型政府的建设要注重官员的道德教育。第七，公共服务型政府是一种责任政府，因此必须建立政府的问责制度。第八，建设以人为本的公共服务型政府，必须以善治理念促进合作共治"。[①] 显然，黄健荣主要强调服务型政府需要注重以人为本的价值取向和突出政府行政的人本意识，同时在此基础上通过注重法制和相关制度的健全来规范和监督政府行为，把政府职能转移到提供公共物品和公共服务等方面，培育和发展公民社会，以此来实现与公民社会的合作共治。刘祖云教授认为，服务型政府"是回应人民需要的政府，是重视人民参与的政府；是接受人民制约的政府，是实现人民民主的政府"。[②] 李景鹏认为，服务型政府应该包括：第一，要把服务作为政府的天职，不求回报，不做宣传；第二，要建立服务的问责制，政府要对服务中的失职承担责任；第三，在服务中要贯彻平等的原则，从政府方面说，不能居高临下……一律对待；第四，服务要注重服务的质量和品质；第五，服务要考虑社会公众的真实需要，既不能臆断，也不能强加服务和以进行服务为名行政绩工程之实际。[③]

以上学者大都从价值理念、制度、政府职能等方面对服务型政府未来发展路径提出了自己的思考。综合张康之教授等学者的论述，可以看

[①] 黄健荣：《公共管理新论》，社会科学文献出版社2005年版，第568—581页。

[②] 刘祖云：《论"服务型政府"的根据、内涵与宗旨》，《江汉论坛》2005年第9期，第68页。

[③] 李景鹏：《从管制型政府到服务型政府的转变》，《新视野》2004年第5期，第42页。

出，服务型政府是与后工业社会相适应的政府模式，它代表着人类社会未来治理的方向，也是我国政府改革未来发展的方向。

第一，服务型政府要建立以服务价值为"中心"的价值体系。服务型政府的价值体系是由多种价值元素构成的，既包括服务价值，也包括公正、和谐、富强、民主、公平和社会正义价值、以人为本价值、效率和效益价值，其中，"服务作为公共管理的核心价值或主导价值是人类社会发展的结果，体现了历史的必然"①，由这一价值可以派生出公正和公平等社会正义价值。在服务型政府的价值体系中，效率价值仍然是重要价值，但它不再是社会治理的中心价值。这与管理行政存在显著的不同，在管理行政中，效率和理性是一种处于中心地位的价值，其他价值处于价值体系的"边缘"，但管理行政价值体系与公共行政的"公共性"存在严重冲突。服务型政府通过服务价值来统领效率价值，从而实现了对"效率至上"这一效率中心主义范式的纠偏。总之，服务型政府与管理型政府的最大区别在于是重视效率价值还是服务价值，这是区分服务型政府和管理型政府的关键所在。因此，建设服务型政府首先要在价值体系上实现对管理型政府的改造，即要建立以"服务价值"为中心价值的价值体系。

第二，服务型政府要充分发掘行政人员的"公共人"特质，激发其道德存在和伦理精神，赋予其行使公共权力的灵活性和自主性。社会是人的社会，政府也同样是由行政人员构成，行政人员的言行必然会影响到政府的使命和职能的发挥。但对于行政人员的属性，存在着不同的假设。传统公共行政理论认为，政治家和行政人员与私人领域中的个体不同，他们是为公众利益服务的，但同时认为决策等政策制定行为是由政治家做出的，而行政人员应该价值中立地执行相关决策。为了保证相关法律和政策得到中立无偏的执行，国家制定了大量的规则和程序对行政人员进行规制。以公共选择理论为理论基础的新公共管理理论倾向于把行政人员、民选官员和选民视为"理性人"或"经济人"，主张政治领域中的行为主体与市场中的人存在相似的地方，他们都是理性的经济人，

---

① 张康之：《论公共管理中的服务价值》，《中共福建省委党校学报》2003年第4期，第3页。

所以，新公共管理运动主张对政治领域中的人施加制度的约束——通过创造一种竞争机制打破政府在公共物品方面的垄断。无论是传统公共行政还是新公共管理，政府部门所采用的组织形式都是官僚制，虽然新公共管理声称突破官僚制，但本质上它的改革措施只是对官僚制的修修补补，未能实现对官僚制的超越。总体上，基于不同的人性假设，社会治理要么采取加强规则和制度的制度设计，要么采取放松规制的措施，但这两种措施都不能实现社会治理效率的最终提升，前者只能导致政府的僵化和低效率，后者则只能获得一时效率的提升，但改革最终转向了对官僚体制的进一步加强，从而使改革回到了原点。传统公共行政认为行政人员是"公共人"，但却在官僚制体制中对其进行"捆绑"，使其丧失提供公共产品和公共服务的积极性；新公共管理片面强调人性中自私的一面，将市场中的竞争机制引入公共领域，虽然能取得一定的效果，但对公共领域的核心价值却造成了巨大损失。服务型政府通过强调服务价值，激发行政人员的伦理精神，充分发掘行政人员处于潜在状态的道德存在，使其具有权为民所用和利为民所谋的自觉。在此基础上，服务型政府通过赋予行政人员行政执行和提供公共服务的自主权，最大限度地发挥行政人员的积极主动性，从而能够充分实现公共利益。由于我国的社会性质，所以政府需要为人民的利益着想，公务人员需要把为人民谋福祉当作自己的最大使命，与此同时，认真积极地为人民服务而采取积极行动。

第三，服务型政府要建设一种新的组织类型——合作制组织，用合作制组织取代官僚制组织形式。在管理型社会治理模式下，官僚制等常规型组织是政府组织形式的常态。官僚制组织以其科学性、高效性、规则导向、形式理性以及工具理性在政府部门中有很强的适应性。在工业社会低度复杂性的情形下，无论在公共部门，还是私人组织，官僚制都具有极强的适应性，特别在公共部门尤为如此。但是，官僚制组织是有缺陷的，它的规则导向导致行政人员易产生"官僚主义"问题，也使官僚制组织效率低下，反应迟钝。尤其当社会变得高度复杂之时，官僚制组织越发显得行动迟缓、功能失调、应对乏力，从而造成政府失灵了。另外，正是官僚制组织的控制思维和控制行为是导致社会风险进一步放大的主要原因。因为，官僚制组织的特点是用"规则"和程序来应对社会的不确定性和复杂性,以不变应万变;在后工业化时代,这种组织模式和行为方式不但不能化解各种社会风险,反而使社会风险进一步放大,进而导致社会风险事件的频繁发生。所以,后工业时代需要新的组织类型——合作制组织。合作制组织是一个非控制导向的组织。[①] 合作制组织是一种建立在信任关系上的组织类型。合作制组织的主要特点在于它突破了等级制,打破了不平等的中心—边缘结构,为组织成员创造了一种彼此平等的环境。合作制组织能够最大限度地发挥组织成员的主观能动性,从而能够更好地应对风险社会所带来的各种挑战。所以,服务型社会治理模式的主要组织形式是合作制组织,通过合作制组织这一高效组织类型来进行社会治理。当然,在建立合作制组织的过程中,还存在着另外一种组织类型——任务型组织,这种组织类型能够在高度复杂的社会环境下发挥一定的作用。"任务型组织是一类以任务为导向的,具有临时性特征的组织,它在资源获取、组织结构、运行机制、人力和物力的安排使用、管理的方式和方法等各个方面,都不同于常规组织。"[②] 换言之,任务型组织比常规组织更具有灵活性和适应性,它对那些非常规的任务更具有灵活性。因此,在风险社会来临之际,常规组织应对常规任务,非常规任务则由任务型组织承担,通过二者的共存共在,我们才能有效应对风险社会所带来的各种各样的挑战。但必须指出的是,任务型组织仍然是一种过渡类型的组织,随着服务型政府的建立和合作制组织的成熟,它最终还是将会被合作制组织所代替。

第四,建设服务型政府要促进以非政府组织为代表的市民社会的发展,培育社会自治组织,实现多中心的合作治理。服务型政府要以"服务"为中心价值,同时要以实现公共利益为最大目标。在对待市民社会方面,政府要创造条件促进市民社会的发展,进而实现市民社会的自治。当前就是要充分促进非政府组织发展。非政府组织代表一种新生的社会力量,显示了市民社会的觉醒。在特定阶段,非政府组织具有以下功能:培育公民精神;实现人的价值;实现社会自治;应对社会风险。正是由

---

① 张康之:《论组织的转型:从控制到合作》,《西北大学学报》(哲学社会科学版)2009年第2期,第111—117页。

② 张康之:《任务型组织》,中国人民大学出版社2009年版,第9页。

于非政府组织的这些功能与服务型政府理念具有内在契合性,使非政府组织成为政府构建服务型政府的天然伙伴。因此,非政府组织、政府组织以及其他类型组织能够形成一种多中心的治理模式,在合作与信任的原则下共同进行合作治理,从而达到社会的善治和良性运行的目的。从这个角度来看,当前社会管理的着力点应该是大力培育非政府组织等社会自治组织,促进市民社会的发育与成长,而不应该仍然局限于"管理型政府"的思维理念,用管制的办法对社会加以"鸽笼"式的管理。"'市民社会'的核心机制是由非国家和非经济组织自愿基础上组成的"①,正是由于非政府组织的这种性质,使非政府组织将国家与市民社会连接起来。在服务型政府建设中,政府要与非政府组织形成和构建合作关系和合作机制,最大限度地为人民服务,进而实现社会治理的善治。

第五,在制度设计上要实现"法制"和"德制"的有机统一,在行政执行上给予行政人员更多的"自由裁量权"。管理行政以官僚制为主要组织形式,强调规则导向,注重程序设计。管理行政在社会治理特征上具有"法制"的特点,因而管理行政属于一种法治的社会治理模式。由于官僚制片面发展"法制",导致了法制的异化。为了应对各种小概率事件,管理行政模式需要不断地制定规则,从而导致政府组织和行政人员自主能动性不断地流失,造成组织效率的下降。服务型政府是一种实现了对管理行政扬弃的政府类型,服务型政府既要继承管理行政的合理"内核"——"法制",也要克服它的缺陷,即服务型政府在强调"法的精神"的同时,更强调建立一种具有"伦理精神"的制度类型——"德制"。在行政执行层面,德制赋予行政人员在行政执行过程中更大的灵活性,帮助其摆脱过多行政程序的约束,张扬其自身的道德存在和道德意识,为行政人员实现公共利益提供善的制度基础。

第六,服务型政府在政府职能定位上,需要建立一种引导型政府职能模式。当前政府职能要实现从重视经济职能向注重公共物品和公共服务供给的转变,特别需要注重基本公共服务的均等化。引导型政府职能是介于保护型职能和干预型职能之间的一种政府职能模式,它既要重视

---

① [德]哈贝马斯:《公共领域的结构转型》,曹卫东等译,学林出版社1999年版,第29页。

市场的力量，也要发挥政府的引导作用，"引导型政府职能模式的特征在于它既能保证社会的独立性和自主性，又能充分发挥政府作为社会总体利益代表而对社会经济生活的协调与控制"①。引导型政府职能是一种与社会主义市场经济相对应的政府职能类型，它是我国政府在对计划经济全能型政府职能模式反思中逐渐摸索而来的。② 在具体职能上，引导型政府职能需要政府把服务职能放在职能体系的核心，同时，引导型政府职能也要求政府职能从原来的控制和计划转变为对经济、社会的引导。

二 非政府组织促进服务型政府生成的四维分析

非政府组织的出现，代表着社会结构发生了新的变化，同时也表示一种新的社会治理模式的生成。非政府组织在多个方面促进了服务型政府的产生。

非政府组织促进了伦理精神的产生。非政府组织是一种非营利性的组织。非政府组织同时也是具有伦理精神的组织，非政府组织的这种组织目标意味着它及其成员都具有伦理精神和道德取向。非政府组织的非营利性说明非政府组织不把营利作为组织的主要目标，这意味着效率不是非政府组织的主要价值，非政府组织的主要价值是服务价值和公平正义。显然，非政府组织的伦理价值取向和服务精神对政府服务价值的生成具有重要作用。我们可以看到，在现实生活中，非政府组织通过行动改变了政府的很多决策和行为，使政府从过于注重经济效益逐渐转变为在重视经济价值的同时，也非常重视环境保护、社会公平以及人的价值。这些实际上就是非政府组织的伦理价值对政府产生影响的具体表现。另外，非政府组织也能够促进行政人员服务意识和伦理精神的生成。非政府组织的成员有相当部分是具有奉献精神的志愿者，从某种程度上来讲，非政府组织的成员比一般社会成员更具有服务意识、伦理精神和奉献精神。在与政府的合作中，非政府组织成员的服务意识和伦理精神在一定程度上可以促进行政人员发扬服务意识和伦理精神。另外，行政人员的道德意识和为人民服务理念也对非政府组织及其成员的道德意识和服务

---

① 张康之：《公共行政中的哲学与伦理》，中国人民大学出版社2004年版，第229页。
② 张康之：《建立引导型政府职能模式》，《新视野》2000年第1期，第44—46页。

理念有较大的促进作用。概言之，在道德意识和为人民服务的理念生成方面，行政人员与非政府组织成员之间能够彼此促进。

非政府组织促进了道德制度的产生。服务型政府的德制与服务型政府建设一样，需要人们自觉地去建构它。在道德制度的产生过程中，非政府组织具有重要作用。非政府组织在道德制度的产生过程中起到一种促进作用。在服务型政府建设过程中，非政府组织和政府是平等的社会治理主体，所以，非政府组织能够参与到政策和各种规章制度制定过程中来。在非政府组织参与政策制定的过程中，能够使政策和制度更为合理，在一定程度上也使政策和制度更加公平。更为重要的是，由多元主体共同制定的政策在本质上是一种德制，这种制度不再是对多元主体的束缚和限制，而是能够激发人们的道德责任感和参与社会治理的热情。

非政府组织促进了合作治理。非政府组织的兴起为合作治理创造了条件。第一，非政府组织数量大大增加为合作治理创造了条件。自20世纪末以来，非政府组织数量急剧地增加，数目众多的非政府组织是非政府组织参与社会治理的重要条件。第二，非政府组织拥有不同于政府的治理能力。一般而言，政府所提供的公共物品和公共服务具有标准化、规模化等特点，但是，它却不能满足人们个性化的服务需求。而非政府组织却能弥补政府组织的这个缺点。非政府组织能够提供种类繁多、各种各样的公共服务。同时由于非政府组织来自市民社会，所以，非政府组织更能够迅速地发现市民社会的需求，也能够有效地提供各种个性化的公共服务，进而提高公共服务的质量和水平。显然，与政府具有互补作用的非政府组织在社会治理中能够发挥重要作用，能够帮助政府有效应对后工业化所带来的社会治理挑战。多元主体合作关系的建立需要三个条件：一是共同的目标；二是相同的价值观；三是功能的互补性。非政府组织与政府都是非营利性的组织，它们有着相似的目标，都把实现公共利益作为组织的重要目标。尤其重要的是，政府与非政府组织二者具有互补性，政府和非政府组织彼此能够弥补对方在社会治理功能上的一些不足，从而使二者实现优势互补。换言之，政府和非政府组织合作是非政府组织的特性与功能使然，因为二者合作能够应对复杂社会所带来的社会治理挑战。从这个意义上来讲，非政府组织促进了合作治理，催生了服务型社会治理模式。

非政府组织促进了公共性的扩散。在以往的社会治理中，政府是唯一具有合法性的治理主体，它垄断着大部分社会事务，也就是说，政府成为实现公共性的单一垄断主体。但随着非政府组织的出现，非政府组织能够承担原来由政府承担的公共服务职能，由此，非政府组织也具有了公共性。所以，非政府组织促进了公共性的扩散。另外，非政府组织的出现也促进公共性的实现。管理行政所实现的只是一种形式的公共性，它虽然也会通过一些民主制度设计来增加公民个人的参与，但是，由于管理型政府在本质上是一种控制导向的政府，它一切行动的出发点都是为了实现政府的管理秩序和管理效率，而不是把公共利益作为政府行为的出发点，因此，管理型政府所具有的公共性只是一种形式公共性。管理型政府的形式公共性主要表现在：第一，行政人员只能被动地遵守规章制度。官僚制是一个效率取向的等级控制体系，在这个体系中，行政人员被各种各样的规则所束缚，行政人员没有自主性，只是被动地执行相关命令和规则的机器。虽然政府的宗旨是实现公共利益，但是，缺乏自主性的行政人员是无法有效实现公共利益的。第二，官僚制的效率取向导致公共行政公共性缺失。官僚制存在强烈的效率取向，它非常注重投入和产出的效率，而这种片面的效率观容易导致公共性的缺乏。"传统公共行政是一种效率主导型的公共行政，它所持有的是片面而且狭隘的效率观，在一定程度上是工业社会'投入—产出'相对应的'制造业'模式在公共行政中的反映，因而，它的全部精力就放在组织层级结构的合理性和系统运行的高效率方面来了，然而，却造成了周期性的机构膨胀、职能交叉和权责混乱的局面。结果，效率目标不能得到实现，而公共性也丧失了。"[①] 此外，官僚制的效率导向容易使其忽略社会公平和社会公平等价值，同时也容易忽略公众的个性化需求，从而使政府缺乏公共性。官僚制的效率取向往往使政府部门只注重投入和产出等目标，而对公民的需求缺乏有效的回应，使政府活动无法有效反映民众的需求。非政府组织的出现，使政府从管理型政府转变为服务型政府。服务型政府是以服务价值为中心价值的政府类型。在服务行政中，行政人员具有

---

① 张康之：《论"公共性"及其在公共行政中的实现》，《东南学术》2005年第1期，第49—55页。

充分的道德自主性，从而能够最大限度地实现公共利益。同时，非政府组织与政府的合作治理，能最大限度地满足人们的公共服务需求，所以非政府组织能够帮助政府实现实质公共性。

总之，非政府组织的出现代表着社会结构的变动，表示市民社会的结构已经出现了变化。在社会治理的层面上，非政府组织的兴起则代表着一种新的社会治理主体的兴起，它的出现改变着社会治理的模式，预示着一种不同于管理行政的服务行政的出现。非政府组织促使了政府改变原来的控制导向，从管理走向服务；非政府组织促使政府与其合作进行合作治理。概言之，非政府组织的出现为合作治理创造了条件，其导致的一个直接结果就是催生了服务型政府。当然，服务型政府也对非政府组织产生了一定的作用。二者的作用是相互的。服务型政府对非政府组织的作用主要表现在对非政府组织的引导方面。

三 服务型政府对非政府组织引导的几个维度

非政府组织促进和催生了服务型政府的产生，但是，服务型政府也对非政府组织成长具有引导和促进作用，即政府与非政府组织是相互建构的。服务型政府对非政府组织的影响主要表现为服务型政府对非政府组织的引导和促进方面。

在建设新型政府类型——服务型政府的进程中，政府需要加强对非政府组织的引导。第一，目前我国非政府组织从整体上还不很成熟。我国非政府组织发展不成熟性主要表现在这些非政府组织起步比较迟，我国非政府组织的发展还有相当的提升空间。我国目前存在着大量社会组织，这些社会组织还存在着很多不成熟的地方。这些社会组织不成熟首先表现在它们独立性比较缺乏。是否具有独立性是判断社会自治组织的重要指标，是其发挥自身功能的重要保障。我国社会组织目前还缺乏一定的独立性，这主要表现为社会组织对政府存在一定的依附现象。有学者把我国社会组织的发展模式概括为依附式发展，我国社会组织发展时间较短，社会组织在许多方面发育都不成熟，而社会组织所面临的各种社会主体都比较强大，任何强势的一方如政府和企业等都能对社会组织产生较强的影响，从而对社会组织产生较强的控制，导致社会组织缺乏自主性或独立性不足,由此导致了社会组织依附式发展的局面。① 也就是说,社会组织发展不成熟主要由两个因素决定的,一是发展起步较迟。我国由于长期的计划经济体制和全能型的政府模式导致市民社会发育不成熟,社会组织发育程度比较低。二是政府控制着大多数的社会资源,导致社会组织缺乏社会资源从而形成了社会组织对政府的依赖。社会组织独立性不足会导致很多负面影响,社会对社会组织缺乏信任就是其中一个重要的负面影响。社会组织的信任来源主要包括政府与社会两个方面。一般而言,在我国目前阶段,由于相当一部分社会组织由政府创立或受到政府的控制,这些社会组织一般与政府的关系比较融洽,与政府有着较多的协作关系,所以,这些社会组织一般受到政府的信任。但是,由于这些社会组织的独立性差,官方背景较强,有着较明显的"类行政组"的特点,所以,这些社会组织往往存在一定程度的社会信任危机,从而影响到社会组织功能的实现,导致社会组织社会治理能力较弱。我国社会组织社会信任程度低还因为我国社会组织存在较为明显的志愿失灵现象。志愿失灵概念是非政府组织专家莱斯特·萨拉蒙所提出的一个概念,主要是指非政府组织也像市场和政府一样,也存在着失灵现象,志愿失灵主要表现为家长制作风等方面。② 我国社会组织也存在志愿失灵现象,这些问题的存在导致社会对我国社会组织缺乏信任感。同时,部分社会组织还存在过于市场化的现象,即社会组织经常参与到一些市场化的营利行动中去,变成一种假慈善而真营利的假社会组织,这些都对社会组织的社会信誉造成很大的影响。

第二,与前者相对应,我国非政府组织的社会治理能力还有待于提高。由于我国社会组织比较缺乏独立性,导致我国社会组织自治能力不足,从而在一定程度上使社会组织缺乏社会治理能力。我国学者王名认为,社会组织应该具有这样一些功能:社会组织与政府和企业相比,它更能够动员社会资源,能够有效吸纳社会财力资源和人力资源;社会组织能够提供各种公共服务,比如它能够根据其宗旨提供一定的公共服务,

---

① 康晓光:《依附式发展的第三部门》,社会科学文献出版社 2011 年版,第 92—96 页。
② [美]莱斯特·M.萨拉蒙:《公共服务中的伙伴——现代福利国家中政府与非营利组织的关系》,田凯译,商务印书馆 2008 年版,第 46—50 页。

非政府组织也可以与政府建立合同关系以承担部分公共服务供给职能；社会组织也能够参与到危机管理等社会管理中来，由于社会组织属于一种社会自发组成的组织类型，所以更能够反映民意和传递民意，从而起到一种缓解社会矛盾的作用；社会组织由于其志愿性的特点，在调节社会纠纷方面更有其优势；同时，通过参与组织活动，有利于提高社会组织成员的各方面素质，这在一定程度上提高了社会成员的综合素质；社会组织还具有一些政策制定和政策动员能力，社会组织作为关注社会公益的主体，能够发起一些政策议程，以及监督一些政策议程，使政策制定更具有公益性和公正性。[1] 社会组织发挥功能的前提是其必须要具有社会独立性和自治性，也就是说，它必须要转化为真正的非政府组织。但是，目前我国社会组织普遍存在着自治性不足的问题，特别是那些具有浓厚官办色彩的社会组织更是如此。对于这些社会组织来说，由于其自治性、社会性和独立性的不足，其基本上无法起到反映、沟通和表达民意的作用，也很难真正起到优化社会治理、化解社会矛盾的作用。在政策制定过程中，这些社会组织由于缺乏独立性，也很难起到增强社会公益和维护社会公平的作用。同样，在提供公共服务的过程中，由于社会组织缺乏社会性、自发性、独立性的特点，它们在提供公共服务的过程中往往也会存在服务种类单一、无法有效满足社会多样化个性化需求的问题。因此，社会组织需要政府加以引导，促使其向真正的社会自治组织转变。

第三，非政府组织发展缺乏相应的制度空间。非政府组织社会治理功能是以非政府组织的成熟为前提条件的，在这种情况下，政府需要发挥一定的引导作用，给予非政府组织提供良好的成长空间，促进非政府组织健康成长，进而使非政府组织融入社会治理的合作体系中来。当前，我国非政府组织制度建设还存在一些问题。首先，对于社会组织制度设计，我国存在着宏观上鼓励、微观上却给予严格的制度约束等问题。俞可平认为，我国自改革开放以来，实际上对社会采取的是一种宏观上鼓励，而在具体的制度上，则采取一种约束的行为；这主要表现在，我国各级政府对社会组织各项政策，大都是以管理为主，而比较少出现鼓励

---

[1] 王名：《非营利组织的社会功能及其分类》，《学术月刊》2006年第9期，第8—11页。

性的措施，政府在社会组织的成立方面，设置了比较高的门槛，对社会组织的各方面管理都给予了严格的规定，导致社会组织受到过多的约束，压抑了社会组织的自治性和积极性。[①] 其次，社会组织管理体制采取双重管理，导致社会组织的制度环境不佳。非政府组织作为一种组织类型，它具有一定的行为能力和社会治理功能，因此，非政府组织能够承担一定的公共责任。所以，世界上大多数国家都通过立法对非政府组织进行支持、鼓励、规制和管理。我国对社会组织实行一种严格的双重管理体制，社会组织既要接受民政部门的领导，也要接受业务主管部门的领导，成立社会组织必须要有业务主管单位挂靠，才能获得社会组织的正式资格。显然，这是一种非常严格的社会组织建立标准。因此，在这样一种制度环境下，社会组织很难得到有效发展，社会组织也很难发展壮大，且很难取得独立性和自主性。因此，给予这些组织适当制度空间，是社会组织转化为非政府组织重要的制度条件。

因此，为了使社会组织能够发挥其应有的作用，社会治理必须实现这些组织的转化，使其成为真正的非政府组织。现代社会治理结构发展演变的根本在于自治社会团体的发展与存在；自治与控制的矛盾以及中间层政治所产生的问题，从某种视角审视，正是公民社会发展不成熟所导致的。[②] 为此，需要发挥政府在社会治理中的引导功能，促使这些组织成为具有治理功能的社会治理主体。

服务型政府对非政府组织的引导作用首先表现在为非政府组织提供自治的环境。正如我国学者俞可平所指出的，社会自治对于国家的长治久安具有重要作用，社会自治一方面能够培养现代社会公民的参政议政能力，还能够培养公民的主人公精神，提升公民的社会责任感和理性精神；社会自治还能够把政府从繁重的社会治理中解放出来，提高政府效率和降低政府支出，因此，当前需要培养一种自治意识，培养公民的自治能力，不断扩大社会自治的范围和力度，同时也要大力地培养各种社

---

① 俞可平：《中国公民社会：概念、分类与制度环境》，《中国社会科学》2006年第1期，第115—116页。

② 孔繁斌：《公共性的再生产》，凤凰出版传媒集团、江苏人民出版社2008年版，第249页。

会自治组织。① 显然，培养社会自治需要政府对社会自治加以引导，通过多种措施促使社会自治的生成。其中最为重要的是政府要为社会自治组织提供一个较为宽松的自治环境。非政府组织是一种社会自治组织，非政府组织的这种社会自治环境需要政府来提供。张康之教授认为，"还应看到，在现阶段的社会历史条件下，社会自治是有条件的，无条件的社会自治是对政府的蔑视，是对政府所欲建构的公共秩序的威胁。但是，社会自治的条件需要由政府来提供，而政府及其公共行政的努力方向恰恰在于提供这些条件。"② 也就是说，在服务行政还未形成之时，政府还需要为非政府组织的社会自治提供条件，为社会自治创造一个良好的空间。政府要为非政府组织营造一个较好的自治环境，这是政府的重要责任所在。同时，合作关系形成的重要基础是社会自治力量的不断发展和成熟，所以，为非政府组织营造一个优良的环境对其发展非常重要。因此，建设服务型政府必须为非政府组织营造一个优良的自治环境，从而促使非政府组织不断发展与成熟。

　　政府需要培养非政府组织的自治精神。非政府组织属于社会自治组织，因此非政府组织必须具有自治精神。在我国，相当部分社会自治组织由于多种原因缺乏自治的传统或能力。其主要是因为几千年的封建社会使我国社会自治发展较为缓慢，我国仅存的乡村社会自治，在本质上只能属于一种宗法自治，而不属于现代意义上社会自治的范畴。另外，新中国成立后，长期的计划经济也使我国社会自治几乎处于停滞的状态，由此导致我国社会组织自治精神不足，独立性不强。我国研究第三部门的学者康晓光曾经指出，我国第三部门发展处于一种依附式发展的状态，康晓光指出，依附式发展的主要特征在于，一方面第三部门无法进行自我治理，第三部门无法控制自己的命运，它受到外力的强烈干预；另一方面，在各种外力控制中，政府的控制力量尤为强大，由此而导致第三部门缺乏自治权力和自治能力。③ 显然，这种依附式发展模式无法产生自

---

① 俞可平：《更加重视社会自治》，《人民论坛》2011年第2期，第8—9页。

② 张康之：《论参与治理、社会自治与合作治理》，《行政论坛》2008年第6期，第1—6页。

③ 康晓光：《依附式发展的第三部门》，中国社会科学出版社2011年版，第97页。

治精神，更难以产生真正的社会自治。因此，当务之急是培养非政府组织的自治精神和自治能力。非政府组织缺乏自治能力主要原因在于政府对非政府组织控制与干预。所以，培养非政府组织自治精神和自治能力的第一步，就是放弃政府对非政府组织的干预，给予其自治的空间，使其成为真正的社会自治组织。不但如此，政府还要培育非政府组织的自治能力和自治精神。因为，长期的政府干预会导致非政府组织产生自治能力不足和依赖政府的倾向，而且，非政府组织也会出现萨拉蒙所说的志愿失灵问题。而这些问题的解决需要政府给予引导，从而使非政府组织能够真正实现社会自治，具有自治精神和自治能力。概言之，培养非政府组织的自治能力和自治精神，需要政府从管理型政府转变为服务型政府，政府要加强对非政府组织的引导，帮助非政府组织参与公共服务提供，使其具有自治能力和自治精神。

建设服务型政府还需要政府加强制度供给，以促进非政府组织发展。在管理行政下，政府对非政府组织有诸多的规章制度约束，这些规章制度在一定程度上阻碍了非政府组织的正常发展。因此，政府需要为非政府组织提供一个良好的制度环境。在我国当前，政府需要降低非政府组织的设立门槛，为非政府组织的成立创造一个良好的制度环境，从制度设计上促进非政府组织健康发展。政府应该制定以下制度：首先，制度设计应该鼓励非政府组织的成立。政府需要将那些妨碍非政府组织成立的制度予以废除，同时要在制度设计上鼓励非政府组织成立，给非政府组织的成立和发展创造良好条件。其次，在制度设计上政府要注重为非政府组织长远发展创造条件。在美国里根政府时期，政府曾经出台政策鼓励非政府组织参与公共服务的提供，但后来这些政策却成为非政府组织发展的阻碍。其中主要原因在于，虽然政府仍然鼓励非政府组织在公共物品等方面发挥作用，但是，政府在公共服务领域的退却与对非政府组织资助的减少却造成了非政府组织缺乏发展资源和条件，从而造成非政府组织发展减速。这说明为非政府组织提供一个良好的制度平台具有非常重要的作用。

建设服务型政府需要政府促进非政府组织的组织建设。非政府组织是一个社会自治组织，非政府组织的最大优点是它相对比较了解社会需求，能够提供多样化和个性化的公共服务。但是，所有这一切都是以非政府组织具有一个良好治理结构为前提。正如莱斯特·萨拉蒙所言,志愿组织存在着志愿失灵现象,即志愿组织存在慈善不足、慈善的特殊主义、慈善的家长制作风、慈善的业余主义等问题。[①] 萨拉蒙所说的志愿失灵实际上是管理行政模式中其他社会组织受到官僚制影响而产生的组织失效。这说明,虽然服务行政最终能够代替管理行政,但是,管理行政的影响还将在一定时期内存在,因此,在服务型政府建设过程中,政府需要防止非政府组织也出现类似的志愿失灵现象。这需要政府加强对非政府组织的引导,使非政府组织能够成为真正的社会自治组织、服务型组织和合作制组织,避免非政府组织官僚制化。加强非政府组织的组织建设,其核心在于建设合作制组织,特别要防止非政府组织出现志愿失灵而成为一种官僚制组织。官僚制组织的中心—边缘结构决定了官僚制组织的低效率。因此,政府要加强对非政府组织的引导,促使非政府组织成为网络化的合作制组织,使非政府组织所有成员都能够为了组织的共同目标而精诚合作。

  政府要为非政府组织提供一定的资源保障。政府与非政府组织共同进行合作治理,政府在其中主要负责政策和制度供给,而非政府组织主要进行具体公共服务的供给。那么,是不是意味着政府与公共服务提供无关了呢?或者说,政府就从此逃脱公共服务供给的职责了呢?显然,不是这样的。政府在公共服务供给体系中仍然承担着重要的责任。一些大规模的、全国性的公共服务仍然需要政府来承担。非政府组织所承担的公共服务主要是那些个性化的公共服务提供。非政府组织在承担公共服务供给的过程中,政府还需要担负着重要的资源扶持和供给的职能。虽然非政府组织能够获得一部分的社会资源,但是,社会资源在非政府组织资金来源中占比非常有限,而且这些社会资源并不稳定,政府对非政府组织的资助在非政府组织的资金来源中仍然占据着重要的地位。也就是说,在政府与非政府组织的合作过程中,政府与非政府组织各自角色不同,政府有较强的资源配置能力,而非政府组织则长于发现社会需求与善于提供公共服务,二者能够彼此互补,共同合作。同时,也必须注意到,虽然非政府组织需要政府为其提供一定的资源,但是,非政府

---

① [美]莱斯特·萨拉蒙:《公共服务的伙伴》,商务印书馆2008年版,第47页。

组织也不能过度地依赖政府而导致自身自主性缺失。有学者认为，非政府组织过度依赖政府，会导致非政府组织产生以下一些问题：由于非政府组织对政府资金过于依赖，会导致非政府组织产生强化公文流程，注重管理控制，强调规则制定等官僚化行为，从而使非政府组织更像一个官僚组织，使非政府组织变得效率低下；伴随着政府对非政府组织的资助，政府不可避免地产生一些控制行为，这在一定程度上干扰了非政府组织的自治性和独立性，甚至在一定程度上导致非政府组织背离其组织目标；接受政府的资助还有可能导致非政府组织的财务不稳定，因为政府资助存在着延迟或者过度投资等不确定性因素，这些也会对非政府组织的财务安全和财务稳定性造成影响。①

---

① Knaapp M. Robertson E. Thomason C. Public Money, Voluntary Action: Whose Welfare? [A] Helmutk, Anheier Wolfgang S. *The Third Sector: Comparative Studies of Non-profit Organization* [C], Berlin: Berlin de Gruyter, 1990, pp. 183–218.

参考文献

译著

[1] [法] 卢梭：《社会契约论》，何兆武译，商务印书馆 2003 年版。

[2] [法] 孟德斯鸠：《论法的精神》（上册），张雁深译，商务印书馆 1978 年版。

[3] [法] 皮埃尔·卡蓝默：《破碎的民主：试论治理的革命》，高凌翰译，生活·读书·新知三联书店 2005 年版。

[4] [法] 托克维尔：《论美国的民主》，董果良译，商务印书馆 1991 年版。

[5] [德] 哈贝马斯：《交往与社会进化》，张博树译，重庆出版社 1989 年版。

[6] [德] 哈贝马斯：《公共领域的结构转型》，曹卫东等译，学林出版社 1999 年版。

[7] [德] 哈贝马斯：《在事实与规范之间——关于法律与民主法治的商谈理论》，童世骏译，生活·读书·新知三联书店 2003 年版。

[8] [德] 黑格尔：《法哲学原理》，范杨、张启泰译，商务印书馆 1961 年版。

[9] [德] 康保锐（Berthold Kuhn）：《市场与国家之间的发展政策：公民社会组织的可能性与界限》，隋学礼校译，中国人民大学出版社 2009 年版。

[10]《马克思恩格斯选集（第三卷）》，中央编译局译，人民出版社 2012 年版。

[11] [美] 艾赅博、百里枫：《解开行政之恶》，白锐译，中央编译出版

社 2009 年版。

[12] [美] 埃莉诺·奥斯特罗姆：《公共事务的治理之道》，余逊达等译，上海三联书店 2000 年版。

[13] [美] 安东尼·唐斯：《官僚制内幕》，郭小聪等译，中国人民大学出版社 2006 年版。

[14] [美] 安瓦沙：《公共服务提供》，孟华译，清华大学出版社 2009 年版。

[15] [美] 保罗·C. 莱特：《持续创新：打造自发创新的政府和非营利组织》，张秀琴译，中国人民大学出版社 2004 年版。

[16] [美] 本杰明·巴伯：《强势民主》，彭明等译，吉林人民出版社 2006 年版。

[17] [美] 查尔斯·蒂利：《信任与统治》，胡位军译，上海世纪出版集团 2010 年版。

[18] [美] C. 米尔斯：《社会学的想象力》，陈强、张永强译，生活·读书·新知三联书店 2010 年版。

[19] [美] 戴维·奥斯本：《改革政府——企业精神如何改革着公营部门》，上海市政协编译组、东方编译所译，译文出版社 1996 年版。

[20] [美] 戴维·H. 罗森布鲁姆、罗伯特·S. 克拉夫丘克：《公共行政学：管理、政治和法律的途径》，张成福等译，中国人民大学出版社 2002 年版。

[21] [美] E. S. 萨瓦斯：《民营化与公私部门的伙伴关系》，周志忍等译，中国人民大学出版社 2002 年版。

[22] [美] F. J. 古德诺：《政治与行政》，王元译，华夏出版社 1987 年版。

[23] [美] 弗里德里克森：《公共行政的精神》，张成福译，中国人民大学出版社 2003 年版。

[24] [美] G. A. 阿尔蒙德：《比较政治学》，曹沛霖等译，上海译文出版社 1987 年版。

[25] [美] 盖伊·彼得斯：《政府未来的治理模式》，吴爱明等译，中国人民大学出版社 2001 年版。

[26] [美] 戈登·塔洛克：《官僚体制的政治》，柏克、郑景胜译，商务

印书馆 2010 年版。

[27] [美]汉娜·阿伦特:《公共领域与私人领域》,刘锋译,生活·读书·新知三联书店 1998 年版。

[28] [美]汉娜·阿伦特:《人的条件》,竹乾威译,上海人民出版社 1999 年版。

[29] [美]杰·D. 怀特:《公共行政研究的叙事基础》,胡辉华译,中央编译出版社 2011 年版。

[30] [美]莱斯特·萨拉蒙:《全球公民社会:非营利部门视界》,贾西津等译,社会科学文献出版社 2007 年版。

[31] [美]莱斯特·萨拉蒙、S. 沃加斯·索可洛斯基等著:《全球公民社会——非营利部门国际指数》,陈一梅等译,北京大学出版社 2007 年版。

[32] [美]莱斯特·萨拉蒙:《公共服务中的伙伴——现代福利国家中政府与非营利组织的关系》,田凯译,商务印书馆 2008 年版。

[33] [美]丽莎·乔丹(Lisa Jordon)、彼得·范·图埃尔(Peter Van Tuijl)主编:《非政府组织问责:政治、原则和创新》,康晓光等译,中国人民大学出版社 2008 年版。

[34] [美]罗伯特·达尔:《论民主》,李博光、林猛译,商务印书馆 1999 年版。

[35] [美]罗伯特·达尔:《民主理论的前言》,顾昕、朱丹译,生活·读书·新知三联书店 2006 年版。

[36] [美]罗伯特·帕特南:《使民主运转起来:现代意大利的公民传统》,王列、赖海榕译,江西人民出版社 2001 年版。

[37] [美]罗纳德·德沃金:《至上的美德:平等的理论与实践》,冯克利等译,江苏人民出版社 2003 年版。

[38] [美]罗西瑙:《没有政府统治的治理》,张胜军等译,江西人民出版社 2001 年版。

[39] [美]尼古拉斯·亨利:《公共行政与公共事务》,孙迎春译,中国人民大学出版社 2002 年版。

[40] [美]乔万尼·萨托利:《民主新论》,冯克利、阎克文译,上海世纪出版集团 2009 年版。

[41]［美］塞缪尔·P. 亨廷顿:《变化社会中的政治秩序》,王冠华、刘为等译,上海世纪出版集团2008年版。

[42]［美］塞拉·本哈比:《民主与差异:挑战政治的边界》,黄相怀等译,中央编译出版社2009年版。

[43]［美］唐纳德·凯特尔:《权力共享:公共治理和私人市场》,孙迎春译,北京大学出版社2009年版。

[44]［美］特里·L. 库伯:《行政伦理学:实现行政责任的途径》,张秀琴译,中国人民大学出版社2010年版。

[45]［美］沃尔多:《公共行政的事业》,加利福利,钱德勒与夏普出版社1980年版。

[46]［美］西摩·M. 李普塞特:《政治人:政治的社会基础》,张绍宗译,上海译文出版社1997年版。

[47]［美］谢里尔·西姆拉尔·金、卡米拉·斯蒂福斯:《民有政府:反政府时代的公共管理》,李学译,中央编译出版社2010年版。

[48]［美］尤金·巴达赫:《跨部门合作:管理"巧匠"的理论与实践》,周志忍、张炫译,北京大学出版社2011年版。

[49]［美］约·埃尔斯特:《协商民主:挑战与反思》,周艳辉译,中央编译出版社2009年版。

[50]［美］约翰·罗尔斯:《正义论》,何怀宏译,中国社会科学出版社1988年版。

[51]［美］詹姆斯·菲什金、［英］彼得·拉斯莱特:《协商民主论争》,张晓敏译,中央编译出版社2009年版。

[52]［美］詹姆斯·博曼,威廉·雷吉:《协商民主:论理性与政治》,陈家刚译,中央编译出版社2006年版。

[53]［美］詹姆斯·汤普森:《行动中的组织——行政理论的社会科学基础》,敬父嘉译,上海世纪出版集团、上海人民出版社2007年版。

[54]［美］珍妮·V. 登哈特、罗伯特·B. 登哈特:《新公共服务》译者前言,丁煌译,中国人民大学出版社2010年版。

[55]全球治理委员会:《我们的全球伙伴》,牛津大学出版社1995年版。

[56]［日］夫马进:《中国善会善堂史》,伍跃、杨文信、张学锋译,商

务印书馆 2005 年版。

[57] [英] 达霖格里姆塞、[澳] 莫文 K. 刘易斯：《公私合作伙伴关系：基础设施供给和项目融资的全球革命》，济邦咨询公私译，中国人民大学出版社 2005 年版。

[58] [英] 罗德黑格、马丁哈罗普：《比较政府与政治导论》，张小劲等译，中国人民大学出版社 2007 年版。

[59] [英] 洛克：《政府论》（下篇），叶启芳、曲剧弄译，商务印书馆 1964 年版。

[60] [英] 罗素：《西方哲学史》（上、下卷），何兆武、李约瑟译，1963 年版。

[61] [英] 简·莱恩：《新公共管理》，赵成根译，中国青年出版社 2004 年版。

[62] [英] 约翰·基恩：《公共生活与晚期资本主义》，刘利圭等译，社会科学文献出版社 1999 年版。

中文著作

[1] 陈雷：《社会资本：社会资本视角下的社区主导型发展研究》，中国社会出版社 2011 年版。

[2] 程倩：《论政府信任关系的历史类型》，光明日报出版社 2009 年版。

[3] 邓正来主编：《国家与公民社会：中国视角》，格致出版社 2011 年版。

[4] 丁煌：《西方公共行政管理理论精要》，中国人民大学出版社 2005 年版。

[5] 高小平、王立平：《服务型政府导论》，人民出版社 2009 年版。

[6] 何增科、包雅君：《公民社会与治理》，社会科学文献出版社 2011 年版。

[7] 李本公主编：《自国外非政府组织法规汇编》，中国社会出版社 2003 年版。

[8] 李佃来：《公共领域与生活世界——哈贝马斯市民社会理论研究》，人民出版社 2006 年版。

[9] 李寿祺：《利益集团与美国政治》，世界知识出版社 1988 年版。

[10] 康晓光：《依附式发展的第三部门》，社会科学文献出版社 2011 年版。

[11] 孔繁斌：《公共性的再生产》，凤凰出版传媒集团 2012 年版、2008 年版。

[12] 唐士其：《国家与社会的关系》，北京大学出版社 1998 年版。

[13] 汪晖、陈燕谷：《文化与公共性》，生活·读书·新知三联书店 1998 年版。

[14] 王名：《非营利组织管理概论》，中国人民大学出版社 2002 年版。

[15] 王名、李勇、黄浩明等：《德国非营利组织》，清华大学出版社 2006 年版。

[16] 王名等：《日本非营利组织》，北京大学出版社 2007 年版。

[17] 汪锦军：《走向合作治理：政府与非营利组织合作的条件、模式和路径》，浙江大学出版社 2012 年版。

[18] 王浦劬、莱斯特·萨拉蒙：《政府向社会组织购买公共服务研究》，北京大学出版社 2010 年版。

[19] 王绍光：《多元与统一——第三部门国际比较研究》，浙江人民出版社 1999 年版。

[20] 谢庆奎：《服务型政府与和谐社会》，北京大学出版社 2006 年版。

[21] 郁建兴、江华、周俊：《在参与中成长的中国公民社会》，浙江大学出版社 2008 年版。

[22] 张凤阳：《政治哲学关键词》，江苏人民出版社 2006 年版。

[23] 张康之、张乾友：《公共生活的发生》，高等教育出版社 2010 年版。

[24] 张康之：《论伦理精神》，凤凰出版传媒集团、江苏人民出版社 2010 年版。

[25] 张康之、张乾友：《公共行政的概念》，中国社会科学出版社 2013 年版。

[26] 张康之：《寻找公共行政的伦理视角》，中国人民大学出版社 2012 年版。

[27] 张康之：《行政伦理的观念与视野》，中国人民大学出版社 2008 年版。

[28] 张康之：《任务型组织》，中国人民大学出版社 2009 年版。

[29] 张钟汝、范明林:《政府与非政府组织合作机制建设——对两个非政府组织的个案研究》,上海大学出版社 2010 年版。

[30] 周志忍、陈庆云:《自律与他律:第三部门监督个案研究》,浙江人民出版社 1999 年版。

中文论文

[1] 安建增:《对自治施以控制的正当性——基于政治哲学的考察》,《社会主义研究》2012 年第 1 期。

[2] 陈家刚:《协商民主概念的提出及其多元认知》,《公共管理学报》2008 年第 3 期。

[3] 迟福林:《全面理解公共服务型政府的基本涵义》,《人民论坛》2006 年第 03/A 期。

[4] 丁宏:《全球化、全球治理与国际非政府组织》,《世界经济与政治论坛》2006 年第 6 期。

[5] 鄂晓梅:《国际非政府组织对国际法的影响》,《政法论坛(中国政法大学学报)》2001 年第 3 期。

[6] 付永军:《韦伯合理性理论评议》,《文史哲》2002 年第 5 期。

[7] 甘峰,叶江:《试论"全球治理"理念的学术争论》,《上海交通大学学报》(哲学社会科学版)2007 年第 2 期。

[8] 高小平:《服务型政府建设下一步怎么走》,《人民论坛》2006 年第 03/B 期。

[9] 格里斯托克:《作为理论的治理:五个论点》,《国际社会科学》(中文版)1999 年第 2 期。

[10] 何增科:《公民社会与第三部门研究引论》,《马克思主义与现实》2000 年第 1 期。

[11] 胡传胜:《现代化理论的三个视角》,《南京大学学报》2001 年第 3 期。

[12] 胡大平、杨春福:《程序正义和形式法治——读罗尔斯〈正义论〉》,《南京大学法律评论》1997 年第 2 期。

[13] 黄月琴:《公共领域的观念嬗变与大众传媒的公共性——评阿伦特、哈贝马斯和泰勒的公共领域思想》,《新闻与传播评论》2008 年第

［14］金志霖：《论西欧行会的组织形式和本质特征》，《东北师范大学学报》（哲学社会科学版）2001年第5期。

［15］康晓光：《分类控制：当前中国大陆国家与社会关系研究》，《社会学研究》2005年第5期。

［16］刘建成：《哈贝马斯的公共性概念探析》，《教学与研究》2004年第8期。

［17］刘鹏：《嵌入性控制：当代中国国家——社会关系的新观察》，载于康晓光《依附式发展的第三部门》，社会科学文献出版社2011年版。

［18］刘熙瑞：《服务型政府——经济全球化背景下中国政府改革的目标选择》，《中国行政管理》2002年第7期。

［19］刘祖云：《服务型政府价值实现的制度安排》，《江海学刊》2004年第3期。

［20］刘祖云：《论"服务型政府"的根据、内涵与宗旨》，《江汉论坛》2005年第9期。

［21］罗茨：《新治理：没有政府的管理》，《政治研究》1996年第154期。

［22］南姆·卡普库：无等级的合作：《公共部门与非营利组织的合作关系》公共行政，2004年第4期。

［23］徐增阳：《论马克思的自治思想》，《当代世界与社会主义》2009年第6期。

［24］杨炳霖：《"黑堡宣言"于今日中国之意义 对建设公共行政规范理论的启示》，《公共行政评论》2012年第6期。

［25］叶江：《试论国际非政府组织参与全球治理的途径》，《国际观察》2008年第4期。

［26］王名：《NGO在环保领域内的发展及作用》，《环境保护》2003年第5期。

［27］王名：《非营利组织的社会功能及其分类》，《学术月刊》2006年第9期。

［28］郁建兴：《黑格尔的市民社会理论》，《人文杂志》2000年第3期。

[29] 郁建兴、周俊:《中国公民社会研究的新进展》,《马克思主义与现实》2006 年第 3 期。

[30] 俞可平:《治理与善治引论》,《马克思主义与现实》1999 年第 5 期。

[31] 俞可平:《全球治理引论》,《马克思主义与现实》2002 年第 1 期。

[32] 俞可平:《论全球化与国家主权》,《马克思主义与现实》2004 年第 1 期。

[33] 俞可平:《中国公民社会:概念、分类与制度环境》《中国社会科学》2006 年第 1 期。

[34] 张康之:《公共行政拒绝权利》,《江海学刊》2001 年第 4 期。

[35] 张康之:《论行政人员的自主性》,《南京社会科学》2002 年第 3 期。

[36] 张康之:《论新型是治理模式中的社会自治》,《南京社会科学》,2003 年。

[37] 张康之:《社会治理中的价值》,《国家行政学院学报》2003 年第 5 期。

[38] 张康之:《论公共性及其在公共行政中的实现》,《东南学术》2005 年第 1 期。

[39] 张康之:《在领域分离与融合中看制度》,《探索》2006 年第 1 期。

[40] 张康之:《论行政发展的历史脉络》,《四川大学学报》(社会科学版) 2006 年第 2 期。

[41] 张康之:《把握服务型政府研究的理论方向》,《人民论坛》2006 年第 3 期。

[42] 张康之:《行政人员的道德自主性及其合作治理》,《中共福建省委党校学报》2006 年第 8 期。

[43] 张康之、程倩:《作为一种新型社会治理模式的服务行政——现实诉求、理论定位及研究取向》,《学习论坛》2006 年第 5 期。

[44] 张康之:《时代特征中的复杂性和不确定性》,《学术界》2007 年第 1 期。

[45] 张康之:《关于服务型政府的几点原则性构想》,《上海城市管理职业技术学院学报》2007 年第 4 期。

[46] 张康之：《领域融合与公共生活的重建》，《中国人民大学学报》2008 年第 3 期。

[47] 张康之：《论参与治理、社会自治与合作治理》，《行政论坛》2008 年第 6 期。

[48] 张康之、张乾友：《趋向公共性的近代政治发展逻辑》，《学海》2009 年第 1 期。

[49] 张康之：《论超越了协作体系的合作体系》，《理论学刊》2009 年第 3 期。

[50] 张康之：《民主的没落与公共性的扩散——走向合作治理的社会治理变革逻辑》，《社会科学研究》2011 年第 2 期。

[51] 张康之：《我们为什么要建设服务型政府》，《行政论坛》2012 年第 1 期。

[52] 张康之：《在后工业化进程中构想合作治理》，《哈尔滨工业大学学报》（社会科学版）2013 年第 1 期。

[53] 张康之：《面向后工业社会的德制构想》，《学海》2013 年第 3 期。

[54] 张康之：《合作是一种不同于协作的共同行动模式》，《文史哲》2013 年第 5 期。

[55] 张璋：《20 世纪 80 年代以来的全球行政改革：背景、理论、举措与经验》，《北京行政学院学报》2002 年第 4 期。

[56] 赵玉华：《收入再分配中非政府组织和公民个人的作用探讨》，《理论探索》2012 年第 3 期。

[57] 朱士群：《公共领域的兴衰——汉娜·阿伦特的哲学述评》，《社会科学》1994 年第 4 期。

[58] 卓越：《当代美国政府总统扩张权力的基本途径》，《西安交通大学学报》（社会科学版）2009 年第 3 期。

学位论文

[1] 程倩：《论政府信任关系的历史类型》，学位论文，中国人民大学，2006 年。

[2] 杜倩萍：《当代中国草根非政府组织的社会功能》，博士学位论文，中央民族大学，2011 年。

［3］付金鹏：《我国公益性社会组织提供公共服务的问责逻辑》，博士学位论文，复旦大学，2012年。

［4］冷功业：《中国公共物品非营利组织供给研究》，博士学位论文，西南财经大学，2010年。

［5］刘雪华：《论公共管理的公共性——一种公共权力的视角》，博士学位论文，吉林大学，2004年。

［6］马奔：《协商民主问题研究》，博士学位论文，山东大学，2010年。

［7］彭向刚：《构建服务型政府进程中的第三部门发展研究》，博士学位论文，吉林大学，2009年。

［8］任慧颖：《非营利组织的社会行动与第三域的建构》，博士学位论文，上海大学，2005年。

［9］宋敏：《新公共行政学研究——兼及对我国行政改革的启示》，博士学位论文，山东大学，2010年。

［10］田屹：《论第三部门的经济干预权》，博士学位论文，西南政法大学，2007年。

［11］徐贵宏：《非政府组织与中国政府部门的信任与合作关系的实证研究》，博士学位论文，西安交通大学，2008年。

［12］姚华平：《国家与社会互动：我国社会组织建设与管理的路径选择》，博士学位论文，华中师范大学，2010年。

［13］张晖：《当代中国非政府组织与人权保护》，博士学位论文，中共中央党校，2009年。

［14］周爱萍：《非营利组织与其外部环境的互动关系研究》，博士学位论文，上海大学，2011年。

［15］周浩集：《改革开放以来党与社会组织的关系研究》，博士学位论文，中共中央党校，2010年。

英文著作

［1］Benjamin Gidron, Ralph Kramer, Lester M Salamon, *Government and The Third Sector*, San Francisco: Josser-Bass Publishers, 1992.

［2］Brenda D Phillips, David M. Neal, Gary R Webb, *Introduction to Emergency Management*, Boca Raton, FL: CRC Press, 2011.

[3] Clark, M., *Democratizing Development: The Role of Voluntary Organizations*, London: Earthscan Publications, 1991.

[4] Hansmann. H., *Economic theories of nonprofit organizations*, in W. W. Powell (ed.), *The Nonprofit Sector: A Research Handbook*, New Haven: Yale University Press, 1987.

[5] H. George Frederickson, *New Public Administration*, The University of Alabama Press, 1980.

[6] Iztok Prezelj, *The Fight Against terrorism and Crisis Management in the Western Balkans*, Amsterdam: IOS Press, 2008.

[7] James Buchanan, *Theory of Public Choice*, Ann, Arbor: The University of Michigan Press, 1972, .

[8] John Keane, *Democracy and Civil Society*, London: Verso, 1988.

[9] Kuhnle. S., P. Selle, *Government and Voluntary Organizations: A Relational Perspective*, Aldershot, Hants, England; Brookfield, Vt: Ashgate, 1992.

[10] Lester M. Salamon, *Partners in Public Service: Government-Nonprofit Relations in the Modern Welfare State*, Baltimore: The Johns Hopkins University Press, 1995.

[11] Luther Gulick andu L. Urwick, *Papers and the Science of Administration*, New york: Columbia University Press, Institute of Public Administration, 1937.

[12] Robert Dahl, *Dilemmas of Pluralist Democracy: Autonomy vs. Control*, New Haven: Yale University Press, 1982.

[13] Shafritz, Jay, and Albert Hyde, *Classics of Public Administration*, 2nd ed. Fort Worth, TX: Harcourt Brace, 1997.

[14] Elster J., *Deliberative Democracy*, Cambridge: Cambridge University Press, 1998.

[15] Susan Allen Nan, Zachariah Cherian Mampilly, and Andrea Bartoli, editors, *Peacemaking, From Practice to Theory*, Santa Barbara, Calif: ABC-CLIO, 2011.

[16] Tandon, R., *Ngo-Government Relations: A Source of Life or a Kiss of D*

Eeath, New Delhi: PERA, 1989.

[17] Tripatna Vasavada, *Navigating Networks, An Examination of the Relationship between Government and Nonprofit Organization*, Ann Arbor: ProQuest Information and Learning Company, 2007.

[18] Wolch, J. R., *The Shadow State: Government and the Voluntary Sector in Transition*, New York: The Foundation Center, 1990, pp. 3 – 96.

英文论文

[1] A. Najam, " The Four-C's of Third Sector -Government Relation: Cooperation, confrontation, Complementarity, and Co-optation", *Nonprofit Management & Leadership*, Vol. 10, No. 4, 2000, pp. 381 – 383.

[2] Benjamin Gidron, Ralph Kramer, Lester M Salamon, *Government and The Third Sector*, San Francisco: Josser-Bass Publishers, 1992, pp. 17 – 18.

[3] Bratton, M., "The Politics of Government-NGO Relations in Africa", *World Development*, Vol. 17. No. 4, 1999, pp. 576 – 579.

[4] Bruce R. Kingma, " Public Good Theories of the Non-Profit Sector: Weisbord Revisited", *Voluntas*. Vol. 8, No. 2, 1997, pp. 135 – 148.

[5] Coston J M. A., " Model and Typology of Government-NGO Relationships", *Nonprofit and Voluntary Sector Quarterly*, Vol. 27, No. 3, 1998, pp. 22 – 32.

[6] Frederickson, H. George, Toward a Theory of the Public for Public Administration. *Administration and Society*, Vol. 22, No. 4, 1991, pp. 415 – 416.

[7] H. George Frederickson, The: Recovery of Civism in Public Administration, *Public Administration Review*, Vol. 49, No. 2, 1982, pp. 501 – 509.

[8] Hildy Teegen, Jonathan P. Doh and Sushil Vachani, The Importance of Nongovernmental Organizations (NGOs) in Global Governance and Value Creation: An International Business Research Agenda, *Journal of International Business Studies*, Vol. 35, No. 6, 2004, pp. 463 – 483.

[9] Hood, Christopher, A Public management for all aeasons? *Public Admin-*

istration, 1991, Vol. 64, No. 1, p. 3.

[10] Pamela R. Aall, "United States Institute of Peace", *NGOs and Conflict Management*, Vol. 31, No. 5, 1996, pp. 16 – 36.

[11] Lester M. Salamon, and Helmut K. Anheier, "Social Origins of Civil Society: Explaining the Nonprofit Sector Cross-Nationally, *Voluntas: International Journal of Voluntary and Nonprofit Organizations*, Vol. 9, No. 3, 1998, pp. 213 – 248.

[12] Lester M. Salamon and Helmut K. Anheier, "In search of the non-profit sector: The question of definitions", *International Journal of Voluntary and Nonprofit Organizations*, Vol. 3, No. 2, November 1992, pp. 125 – 151.

[13] Kalimullah, Nazmul Ahsan, "Islamic Non – Government Organisations in Bangladesh With Reference to Three Case Studies", *Islamic Quarterly*, Vol. 34, No. 2, 1990, p. 71.

[14] Peter Van den Bossche, "NGO Involvement in the WTO: A Comparative Perspective", *Journal of International Economic Law*, Vol. 11, 2008, p. 717.

[15] Sen, Siddhartha, Housing NPOs, the State and the Poor: The Case of India, *Third World Planning Review*, 14: 2 (1992: May), p. 149.

[16] Siddhartha Sen, " Some Aspects of State-NGO Relationships in India in the Post-Independence Era", *Development and Change*, Vol. 30, No. 3, 1999, pp. 327 – 355.

后　　记

　　本人对非政府组织的研究，主要始自2011年。当时我导师张康之教授让我研究非政府组织与服务型政府之间的关系。直到现在，非政府组织仍然是我研究的主要方向。因此，在一定程度上，本书是对我研究非政府组织的一个总结。

　　在本书即将完成之际，我要特别感谢我的导师张康之教授。感谢张老师在学术上对我的指导。在遇到张老师之前，我在学术研究上缺乏方向和焦点。经过张老师的指点和帮助，我确立了我的研究方向。同时，也感谢张老师教给我治学的方法。曾几何时，我对于学术研究和论文写作感到非常地困惑，不知道如何进行学术研究和论文写作。但张老师告诉我，学术研究一定要多读，多想，同时也一定要读好书，多做笔记，写作则一定要等有了思考，有了想法之后才去写，不要为了写文章而写文章。正是张老师的指导，使我对学术研究和论文写作有了新的认识。

　　受限于本人的学识和理论水平，本书对非政府组织与服务型政府的研究还存在着一些不足，还有一定的完善空间，敬请读者批评指正。

马全中

2017年10月